FACULTÉS CATHOLIQUES DE LILLE

COURS PUBLICS

MOLIÈRE

LA CRITIQUE IDÉALE ET CATHOLIQUE

PAR M. AUGUSTE CHARAUX

Docteur ès lettres, Professeur de Littérature française aux Facultés catholiques
de Lille, chevalier de l'Ordre de Saint-Grégoire le Grand.

Esquisse de la vie de Molière.
Les Précieuses ridicules. — L'Avare. — Les femmes savantes.
Le Bourgeois gentilhomme. — Tartuffe.
Le malade imaginaire. — Le Misanthrope.

LIBRAIRIE DE J. LEFORT

IMPRIMEUR ÉDITEUR

LILLE | PARIS

rue Charles de Muyssart, 24 | rue des Saints - Pères, 30

MOLIÈRE

LA CRITIQUE IDÉALE ET CATHOLIQUE

FACULTÉS CATHOLIQUES DE LILLE
COURS PUBLICS

MOLIÈRE

LA CRITIQUE IDÉALE ET CATHOLIQUE

PAR M. AUGUSTE CHARAUX

Docteur ès lettres, Professeur de Littérature française aux Facultés catholiques
de Lille, chevalier de l'Ordre de Saint-Grégoire le Grand.

Esquisse de la vie de Molière.
Les Précieuses ridicules. — L'Avare. — Les Femmes savantes.
Le Bourgeois gentilhomme. — Tartuffe.
Le Malade imaginaire. — Le Misanthrope.

LIBRAIRIE DE J. LEFORT
IMPRIMEUR ÉDITEUR

LILLE | PARIS
rue Charles de Muyssart, 24 | rue des Saints-Pères, 30

Propriété et droit de traduction réservés.

AUX FACULTÉS CATHOLIQUES

DE FRANCE

JE DÉDIE CE VOLUME

COMME UN HOMMAGE

DE MON PROFOND DÉVOUEMENT

ET DE MON INALTÉRABLE ESPÉRANCE

A. CHARAUX.

PRÉFACE

Plus d'un s'est dit, en songeant à Molière : Suffit-il au poëte comique de nous égayer aux dépens de nos ridicules et d'être un observateur pénétrant du mal, pour remporter le prix de son art? Est-il un vrai chef-d'œuvre qui se passe de morale? un drame achevé où nous ririons du vice, sans que notre cœur batte pour le bien? Vit-on jamais, en un mot, dans le monde des lettres, un grand écrivain sans religion, sans principes, et qui ait pu connaître, à fond, les hommes, sans les aimer? Le croire, ce serait flétrir les lettres.

Qu'est-ce, en effet, que les lettres? Napoléon les définissait : l'esprit humain lui-même; l'*esprit*, c'est-à-dire le *souffle* divin ou l'*âme*, qui unit inséparablement le cœur, l'intelligence, la volonté. Car nul ne peut comprendre sans vouloir et sans aimer. Et l'écrivain se passerait de son cœur, pour embrasser l'âme humaine, pour atteindre pleinement la vérité? Non, certes. Mais à quelle source puisera-t-il l'amour? Sont-ce les philosophes qui lui apprendront à aimer? Rendons justice à la philosophie; elle développe la raison; elle habitue l'écrivain à serrer sa pensée dans l'étau du syllogisme; elle a produit Socrate, Aristote et Platon. Mais a-t-elle jamais gagné le cœur de la multitude? Et qui n'est pas de la multitude?

Nous avons tous besoin d'être persuadés; la vérité, dont nous avons le sens, veut des cœurs d'écrivains qui nous la résument avec feu et nous la fassent aimer. Ce Dieu abstrait de la philosophie, reculé au-dessus des nuages, dans un ciel sévère; ce Dieu qui n'a pas de corps, qui n'a pas de regard, je lui dirais volontiers : *qu'il reste chez lui, et moi chez moi.* Il en est un autre qui a pour nos yeux une forme visible, et dont le sacrifice appuie nos immolations. Est-ce donc ce Dieu fait pour ma faiblesse que m'offrira la philosophie? Hélas! non. Mais si, diminuant l'ampleur de sa robe, elle se fait la servante de la foi, elle prendra quelque chaleur à son contact; elle pourra même faire briller la vérité à la lumière d'un peu d'amour.

Il faut, en un mot, que le philosophe, pour inspirer

l'écrivain, soit doublé du chrétien, je dirais presque du théologien.

Nourrie, en effet, du Verbe divin, la théologie le commente, l'explique, le développe avec cette enviable indépendance que limite seulement la voix infaillible de l'Eglise. Quelle ressource pour dilater le cœur et la pensée! Et qu'est-ce que le Dieu théorique de Descartes pour alimenter mon esprit, pour m'aider à donner un corps à la vérité, auprès de ce Dieu qui s'est fait homme, et dont je vois les traits, la vie, l'agonie, la mort, la triomphante résurrection? Ce Dieu de la croix, le théologien qui l'étudie ne l'aimerait pas? il ne saurait le faire aimer? Ecrivain de génie, il ne saurait le faire vivre et palpiter? J'en prends à témoin saint Thomas, le métaphysicien de l'Eucharistie, et dont l'amour cherchait la vérité dans les traits de Dieu crucifié. J'en prends à témoin saint Augustin qui plongea si avant son regard dans les insondables mystères de la foi. A-t-il, pour cela, rien perdu des qualités extérieures de son génie? C'est un poète. Mais que dis-je? Le Dante a-t-il rien perdu de la magie de son style, pour avoir célébré, en s'inspirant de la théologie, le ciel, le purgatoire, l'enfer? Corneille n'est-il plus Corneille, quand il peint et définit la grâce dans *Polyeucte*? Bossuet cesse-t-il d'être orateur parce qu'il appuie « son éloquence sur les *infaillibles oracles de la vérité?* » Pour tout dire, la science de Dieu peut-elle jamais dessécher dans l'âme la source divine de la beauté? Et l'imagination refuserait-elle au génie ses brillantes couleurs, parce qu'il aurait vu de plus près, dans la théologie, l'éclat du Verbe divin? C'est un paradoxe contre lequel s'élèvent les plus célèbres des philosophes, des poètes, et des orateurs.

Je ne prétends pas néanmoins que tout écrivain doive être théologien. Les lettres sacrées éclairent les lettres humaines ou profanes de haut, comme le soleil éclaire le monde. Mais si la comédie, en particulier, n'a aucune relation apparente avec la théologie, elle est inséparable de la morale, comme la morale l'est de la religion. Or Molière, la comédie incarnée, repoussa Jésus-Christ pour Epicure, et préféra aux préceptes de la foi le catéchisme de la nature pervertie; son intelligence s'en abaissa d'autant. Il ne vit que le mal, sans contraste, dans un monde sans Dieu. Ah! s'il avait eu, avec son talent infini, la foi de son frère, R. Poquelin, docteur et doyen de la Sorbonne, voire même un peu de sa théologie, son œuvre en eût-elle moins valu? L'insinuante douceur de la religion, en tournant ses regards vers le Ciel, eût peut-être guéri son âme ulcérée, et fait passer l'espérance dans son génie.

En somme, il faut aimer Dieu pour aimer l'homme, comme il faut aimer l'homme pour le comprendre. Molière, qui ne l'a pas aimé, ne l'a peint qu'à demi, et, (si j'en excepte Alceste ou quelque personnage secondaire) dans sa laideur seulement. Il a enlevé à la comédie sa beauté morale. Sous prétexte de nature, il nous a dénaturés; sous mine de nous faire rire, il nous décourage.

Si Corneille fait penser; si, pour dernier effet, cet esprit sublime règle nos passions sous le joug de la raison (1); si le tendre Racine, en nous touchant,

(1) Vauvenargues prétend que les personnages de Corneille *raisonnent* trop, au contraire de ceux de Racine qui se peignent dans toute l'activité et le naturel de leurs passions. — Les héros de Corneille sont encore plus personnels, en un certain sens, que raisonneurs. Je veux dire qu'ils parlent souvent d'eux-mêmes. C'est nécessaire. Chargés par leur héroïque auteur de donner des exemples de vertu, ils doivent, avant de s'immoler, raisonner longtemps contre leurs passions, et s'estimer assez pour y résister. Ils ne le peuvent sans nous entretenir de leur personne, de leur vertu, et sans nous peindre au large le combat que se livrent en eux la puissance de l'égoïsme et la force du devoir appuyé sur la raison. Les héros de Racine, qui, dans la plupart de ses pièces profanes, succombent si facilement, nous peignent leur ivresse, leurs troubles,

risque, à la longue, de nous énerver, hormis dans certaines tragédies où il élève notre volonté jusqu'au sacrifice des plus chastes affections, Molière qui nous asservit à nos sens, Molière noircit notre imagination, abaisse notre intelligence, trouble notre cœur et l'afflige; il nous calomnie; souvent il nous désespère.

leurs violents désirs. Ils ont des rivaux d'amour; leurs passions luttent avec d'autres passions. Ils n'ont que faire de raisonner; ils ne raisonnent point. Ils sont tout sentiment. Les personnages de Corneille luttent contre le sentiment par la raison.

PREMIER COURS

Esquisse de la vie de Molière. — Influence de sa vie sur ses œuvres. — Coup d'œil sur quelques-unes de ses comédies.

PREMIER COURS

Esquisse de la vie de Molière. — Influence de sa vie sur ses œuvres. — Coup d'œil sur quelques-unes de ses comédies.

Quand on dit d'un écrivain qu'il a du génie, on ne l'entend pas d'une seule manière. Il y a de bons et de mauvais génies, dans le monde imaginaire créé par les conteurs, aussi bien que dans le monde sérieux des lettres vouées de droit au service de la vérité. Le génie est un présent de Dieu, dont on peut user ou abuser.

Il y a de sinistres esprits, dont la profondeur est toute au service du mal, qui ne connaissent de l'âme que les mauvais penchants, qui se plaisent à désespérer l'homme, ou encore à embellir ses moins belles passions. Bien différent de Corneille, dont les « sublimes poussées », pour parler son langage, portent le lecteur à des cimes où il paraît jouir de ses propres immolations, un mauvais génie prend plaisir à égarer l'homme pour le rendre semblable à lui, et aussi malheureux que lui; il l'entraîne familièrement à des abîmes, en le faisant rire; ou bien, d'un air plus grave, il trouble son cœur, chatouille sa sensibilité, et le revêt, à ses yeux, d'une fausse grandeur, en idéalisant, sur la scène, ce qu'il a de pire dans l'âme, sous les apparences de l'héroïsme.

Si le génie dépend de l'intelligence, il n'en est pas moins vrai que le cœur l'achève ou le corrompt. C'est même dans le cœur de Molière et dans sa vie que nous irons chercher d'abord le dernier mot de son génie, et conclure, d'une façon générale, (ce qui est la souveraine utilité d'une œuvre de critique élevée), quel but il atteignit, bon ou mauvais, s'il fut généreux pour l'homme, ou s'il aida à le pervertir. C'est donc une esquisse morale, à grands traits, de la vie de Molière que nous allons essayer; ce n'est pas, à proprement parler, une œuvre d'érudition.

Molière, ou plutôt J.-B. Poquelin, naquit à Paris, le 14 janvier 1622 (1). Il eut le malheur de perdre, à l'âge de dix ans, sa mère, Marie de Cressé; mais il la conserva assez, pour puiser

---

(1) A l'angle des rues Saint-Honoré et des Vieilles-Étuves.

dans son cœur, s'il l'eût voulu, un peu de cette tendresse chrétienne que l'homme est impuissant à insinuer avec une douceur aussi pénétrante que la femme. Son père, Jean Poquelin, dont les ancêtres exerçaient depuis longtemps, à Paris, la profession de tapissier, obtint, neuf années après la naissance de notre futur comique, cet aîné de cinq enfants, l'office de valet de chambre du roi; il cumulait. Ce Parisien de vieille roche, qui n'avait pas dérogé, se proposait d'engager son fils Jean, par droit d'aînesse, dans sa profession. Il est probable que les mœurs de notre âge y auraient gagné. Mais Louis de Cressé, autre tapissier, grand-père maternel de Jean, amateur plus ou moins lettré « de la Comédie, » détourna l'enfant, sans y prétendre, de l'antique vocation des Poquelin, en le menant à l'hôtel de Bourgogne. Corneille n'avait pas encore élevé le théâtre, *et purgé les passions*. Est-ce là que le jeune Poquelin commença à se perdre, avant d'en corrompre beaucoup d'autres? Je n'oserais l'affirmer, car nous sommes ici dans la légende plutôt que dans l'histoire. Il était certainement tapissier, et d'un esprit médiocrement cultivé, vers l'âge de treize ou quatorze ans. C'est le moment où son père, sans doute assez mal soutenu par cet ouvrier peu zélé, se décida enfin à lui ouvrir, loin de l'atelier, les portes d'un collège, celui de Clermont, dirigé par les Jésuites, à Paris. Nous ne lui en faisons pas le moindre reproche. — En ce temps de royal despotisme, aucun décret n'expulsait les religieux et la religion. Molière put donc entrer librement dans la voie du bien sous les auspices d'un père chrétiennement inspiré. Si la pure doctrine occupait alors la chaire des professeurs, l'esprit ne manquait pas sur les bancs. Le jeune Poquelin eut pour condisciples, entre autres, le prince de Conti, qui a écrit contre les spectacles, Bernier, médiocre philosophe et grand voyageur, l'anacréontique Hesnaut, enfin le fameux Chapelle, fils naturel d'un riche épicurien de ce temps-là, nommé Luilier, qui entraîna à sa suite, dans les molles habitudes de la vie facile, son enfant, futur amant de la vigne, et Molière, futur comédien. Ce père complaisant, sans vouloir faire un savant de son fils, essaya du moins de forcer sa paresse à quelque travail, par l'émulation. Il lui donna, au sortir du collège, (avec plusieurs condisciples, à titre gratuit, parmi lesquels Molière), un professeur de philosophie richement payé, Gassendi, à qui il avait plu d'enseigner et d'adopter le système d'Epicure, sans renoncer entièrement aux pratiques de la vie chrétienne.

On voit de ces inconséquences, surtout aux époques de transition où l'on commence à douter et à innover d'après l'antique. Descartes fit de même. L'orgueil des théoriciens n'oublie qu'une chose, la faiblesse humaine. Poquelin et Hesnaut, en même temps qu'ils écoutaient leur professeur, ébauchaient, chacun à part, une traduction de Lucrèce (1); ils commençaient à mener, fort logiquement, une vie assez conforme à leur philosophie. Chapelle les suivait de très près, s'il n'était leur maître. Cet homme, si lourd d'ordinaire, n'avait, dit-on, d'esprit qu'après avoir bu. Pour Molière, qui fut toujours sobre, il ne trouva jamais dans le libertinage qu'une profonde tristesse, comme Lucrèce lui-même. Né avec une âme supérieure et naturellement bonne, il dut, plus qu'un autre, sentir sa

---

(1) Il reste de la traduction de Hesnaut une invocation à Vénus, et de celle de Poquelin un passage du 4° livre, sur l'aveuglement de l'amour, qu'il a glissé dans le *Misanthrope*.

Le libraire Thierry qui avait acheté, pour cent cinquante écus, certains papiers posthumes de Molière, où se trouvait, avec la comtesse d'*Escarbagnas*, etc., la traduction en vers et en prose du poème de Lucrèce, la supprima, estimant que « cela était trop fort *contre l'immortalité de l'âme.* » On la retrouvera peut-être.

dégradation. Mais j'anticipe sur l'avenir. Jusqu'alors Poquelin n'est pas encore Molière. Même il redevient tapissier, et suit, en qualité de valet de chambre, Louis XIII dans son voyage à Narbonne. Il remplace son père empêché par ses affaires ou malade. Revenu dans le Nord, au bout d'un an, fit-il son droit? suivit-il les cours de l'école d'Orléans ? fut-il reçu avocat à Paris? C'est vraisemblable ; c'est à peu près certain. Mais ceux qui lui font suivre un cours de théologie sont dans l'erreur. Quand on a dévoré Lucrèce, et rêvé, sans aucun doute, les félicités de la passion, il est très rare que l'on devienne un élève, pour ne pas dire un enfant chaste des Pères de l'Eglise. Il est plus naturel que l'on se fasse comédien, ou même directeur de théâtre, puisque le théâtre est le temple de l'amour. Ainsi pensa Molière. Fidèle habitué des spectacles, peut-être admirateur de Scaramouche, il se mit à la tête de l'*Illustre Théâtre*, et transporta ses tréteaux des fossés de la porte de Nesle au port Saint-Paul, de là au faubourg Saint-Germain. Il cessa de s'appeler Poquelin, par pudeur sans doute, et pour ne pas obliger son père indigné à rougir de son propre nom. C'était déjà trop d'avoir embrassé, malgré sa désolation, un état réputé infâme par l'opinion.

Du reste, l'*Illustre Théâtre*, où l'on jouait également la tragédie et la comédie, ne fit pas long feu, malgré l'*Artaxerce* d'un certain Magnon, daté de 1645. Faute de fonds, il s'écroula dans ses dettes, et Molière, qui avait répondu de tout, comme directeur, fut mis sous les verrous, en attendant mieux. Heureusement pour lui, un brave homme, du nom de Léonard Aubry, paveur des bâtiments du roi, et, pour le moins, aussi riche que lettré, paya la dette de l'infortuné gérant, cent quarante-deux livres ; il le rendit à la liberté. Si Molière fût resté en prison et Voltaire à la Bastille, nous n'en serions pas moins libres. Ces deux écrivains, en effet, ont plus contribué que d'autres, en raison même de leur génie, à nous réduire en servitude, sous le joug de nos passions. Ils ne nous ont affranchis que de l'autorité. Sorti de prison et bientôt de Paris, Molière se mit à parcourir la province avec les acteurs et les actrices qui avaient survécu à la ruine de l'*Illustre Théâtre*. C'étaient d'abord les Béjart, et Madeleine, leur sœur. Madeleine fut la première amie de Molière dont il ne soit pas permis de parler avec estime. Il en eut d'autres aussi équivoques ; nous ne pouvions le taire ; mais nous n'insisterons pas davantage. Parmi les acteurs, il faut citer aussi Du Parc, surnommé Gros-René, et de Bric, que leurs légères épouses, actrices renommées, firent passer, sans qu'ils y songeassent, à la postérité, par le ridicule. Dans cet équipage, Molière, sous le couvert d'Epicure et nanti des grâces frivoles, parcourut la province et l'exploita, en premier lieu, de Paris à Nantes, puis de Nantes à Bordeaux, où il vit misérablement périr sur la scène, à ce que l'on rapporte, le premier et dernier fruit de son commerce avec la muse tragique. En effet, la *Thébaïde*, malgré la protection du duc d'Epernon, gouverneur de Guyenne, mourut en naissant. On perd à peu près la trace de Molière nomade jusqu'en 1653. Revint-il, un instant, à Paris ? Est-ce pendant cet intervalle de sept ans, que sa fantaisie imagina, en voyage, les *Trois Docteurs rivaux*, le *Maître d'Ecole*, le *Médecin volant* et la *Jalousie du Barbouillé* ? La chose ne vaut pas la peine d'être approfondie. Il est certain que la troupe ambulante était à Lyon, en 1653, où fut représenté l'*Etourdi*. Molière avait alors un an de plus que Corneille à la date du *Cid*, et le début du *Cid* vaut mille fois celui de l'*Etourdi*. Ce n'est pas à dire que le génie de Molière soit inférieur au génie de Corneille.

Quoi qu'il en soit, Molière amassait son butin d'observations, par étapes. Il allait, avec sa principale confidente, la de Brie, et sa suite bigarrée, de Rouen à Bordeaux, à Lyon, passait par Avignon, Montpellier et Pézénas. J'oubliais Narbonne et Béziers qui vit représenter le *Dépit Amoureux*. On y lit, avec plaisir, une scène où deux amants de haute lignée se brouillent et se réconcilient. Il n'y a là rien de si extraordinaire ; mais leurs domestiques respectifs, soubrette et valet de chambre, en font autant, dans un langage moins fin et plus franc. Le contraste est divertissant, la nature prise sur le fait. Quant au grand fauteuil de bois, d'où Molière, chez un perruquier de Pézénas, observait la ville et la campagne, je souhaiterais volontiers qu'il fût relégué dans les premières oubliettes venues, avec la robe de Rabelais et toutes les reliques de la Révolution. C'est assez d'en souffrir, sans en adorer la poussière. Un dernier carnaval passé en province, à Grenoble, ramena Molière à Paris. Bientôt, sur le théâtre du Petit-Bourbon, sa troupe de comédiens, dite troupe de Monsieur, sacrifia au bon goût les grâces affectées des *Précieuses ridicules*. Du Petit-Bourbon Molière passa au Palais-Royal, souvent applaudi par

Louis XIV lui-même et par la cour, aussi heureux que peut l'être un acteur en froid avec l'Eglise, un mari doté d'une épouse infidèle, le serviteur avili des plaisirs coupables d'un prince. Expliquons-nous. Ce n'est pas le lieu de faire l'histoire des pièces de Molière ; nous étudions d'abord son âme. Cette âme faible crut ne pouvoir jamais assez louer le roi, jusque dans ses plus scandaleuses passions. A l'époque où Louis chassait la duchesse de Navaille de sa cour, parce qu'elle avait protégé contre lui l'innocence des filles d'honneur commises à sa garde ; à l'heure où M. de Montespan figurait la réputation défunte de sa femme dans une sorte de corbillard qu'il promenait à travers les rues de Paris, Molière écrivait *Amphytrion*. Il vengeait son roi de l'austère vertu de ses contradicteurs, en faisant descendre du ciel même l'exemple du crime ; il déifiait l'adultère. Il écrivait *Tartuffe*, dont le monarque était obligé, quelles que fussent ses secrètes pensées, de suspendre la représentation durant plusieurs années, tant la réprobation était universelle, à la ville et à la cour. Ici l'impudicité ne s'élevait plus jusqu'à l'état divin ; mais le divin dans les âmes, et les pratiques extérieures de la religion se trouvaient bafoués méchamment, sous prétexte d'hypocrisie. C'était encore flatter le roi, en donnant aux adversaires chrétiens de ses mœurs, le masque odieux de Tartuffe. C'était aussi se venger lui-même, en injuriant la pureté des dévots, d'une chasteté qu'il avait depuis longtemps négligée, et que sa femme méprisait plus encore.

Cette femme était Armande Béjart, fille de l'ancienne maîtresse de Molière, Madeleine Béjart, ou sa sœur, suivant l'acte de mariage. Mais alors Armande, née en 1645, aurait eu vingt-huit ans de moins que son aînée ; c'est peu probable. Il était facile d'ailleurs, à cette époque où la bonne foi valait un titre officiel, d'abuser la pieuse bonhomie d'un prêtre, et la crédulité d'un père. L'honnête Poquelin, dont Molière n'avait plus osé porter le nom, signa comme témoin, un acte menteur peut-être. La rumeur publique, qui exagère tout, prétendit même que Molière s'était rendu coupable d'un inceste, en épousant sa propre fille. Cette rumeur s'appuyait sur la date où Molière avait connu Madeleine. Mais, sans aller si loin, quelqu'indigne qu'ait été notre comique du nom de chrétien, nous n'hésitons pas à le déclarer incapable d'une pareille infamie. Ajoutons que le roi, si l'opinion n'avait pas menti, se serait bien gardé de tenir sur les fonts baptismaux le premier né du nouvel époux. Nous aimons même à croire, qu'en cette circonstance, il ne voulut pas récompenser l'auteur d'*Amphytrion*, mais simplement réfuter une odieuse calomnie. En tout cas, le mariage insensé de Molière, époux à quarante et un ans d'une comédienne légère qui avait un quart de siècle, ou environ, de moins que lui, porta bientôt ses fruits naturels. Notre comique, assez disposé par l'observation, et aussi par son propre caractère, à juger l'humanité en noir, ne dut pas la juger mieux, en observant sa femme. Elle en fit le plus malheureux des maris, comme il en était le plus tendre et le plus débonnaire. Il était, du reste, mélancolique par tempérament, et sa physionomie exprimait bien l'état ordinaire de son âme. Mignard nous a donné de lui un portrait qu'il avait fait, dans le comté d'Avignon, où il rencontra Molière. L'œil est doux, profond, la mine tant soit peu efféminée. « Il avait, dit un contemporain, la taille plus grande que petite, le port noble; il marchait gravement, avait l'air bien sérieux, le nez gros, la bouche grande, les lèvres épaisses, le teint brun, les sourcils noirs et forts. » Voilà l'homme. Quant au comédien,

« il l'était depuis les pieds jusqu'à la tête. Il semblait qu'il eût plusieurs voix ; tout parlait en lui, et, d'un pas, d'un sourire, d'un clin d'œil et d'un remuement de tête, il faisait plus concevoir de choses que le plus grand parleur n'aurait pu dire en une heure. » N'est-il pas vraiment pitoyable que d'un si grand génie on ait pu faire un si petit éloge ? Et même nous n'avons pas dit tout : « Les divers mouvements qu'il donnait à ses sourcils lui rendaient la physionomie extrêmement comique. » C'est le comble. — Mal paré d'une gaieté bouffonne sur un visage malheureux, tel se montrait Molière, le soir, sur les planches, après des journées que dévoraient l'inquiétude, la jalousie, le travail et la maladie. Son âme avait usé son corps. A force de souffrir et de contempler, le *contemplateur* se mourait, malgré la fortune, la richesse même, à la grande satisfaction des médecins joués et immortalisés. *Tartuffe*, entre autres pièces, avait beaucoup rapporté à son auteur; il y jouait le rôle d'Orgon, le bourgeois dévot et crédule jusqu'à la stupidité. C'est pendant les représentations pressées de cette comédie que mourut le père de Molière. La chronique du théâtre, si pleine de détails, ne dit pas qu'il ait cessé alors, pour un temps, au moins, de paraître sur la scène. En tout cas, les devoirs d'un comédien, si devoirs il y a, sont bien cruels! Notre écrivain avait beau posséder une maison de campagne à Auteuil, où il respirait un air plus pur, et où il réunissait ses amis, Boileau, Chapelle, Lafontaine, Lulli et bien d'autres. Sans pouvoir même, tant il était soumis à un régime sévère, partager avec eux les plaisirs de sa propre table, il ne jouissait dans leur compagnie que d'une seule satisfaction, celle de leur confier ses peines. Il ne voyait plus sa femme que sur la scène, et souvent dans des rôles jaloux, bien conformes à la jalousie légitime dont il souffrait. Il riait cependant : un jour on le vit, monté sur un âne, comme le voulait je ne sais quelle comédie, retenir en vain sa monture, qui fit irruption sur la scène, avant l'heure déterminée. Quand il avait fait rire son parterre, alors le plus infortuné des comiques, harassé de fatigues, la tête encore pleine de tous les détails d'une direction pénible et compliquée, celle d'un théâtre et d'une troupe volage d'acteurs, rentrait chez lui, dans son hôtel de la rue Richelieu, vis-à-vis la maison où naquit Voltaire, pour y trouver la solitude, l'abandon, les souvenirs irritants d'une sensibilité aiguisée par le malheur et le génie. Molière n'avait qu'un bonheur, trente mille francs de rentes. C'était merveilleux pour l'époque, étonnant pour un auteur, inouï pour un comédien ; mais il possédait la faveur du roi, et celle du peuple qu'il captivait par des sacrifices grossiers et quotidiens faits à la morale. — Je laisse la légende de côté et les anecdotes invraisemblables ; je m'en tiens à ce qui peint l'âme de l'écrivain, et son âme aigrie explique les écarts de son profond génie. Malheureux, Molière le fut en tout. Il perdit son petit Louis, le filleul du roi. Je ne sais trop si sa fille vivait avec lui, ou si elle était livrée aux mains corruptrices de la fameuse Armande Grésinde Béjart, l'épouse adultère d'un époux qui avait laissé se consumer les facultés les plus élevées de son âme et toutes les joies de son cœur dans le libertinage. Il est à croire qu'entre un père trop occupé, et une mère plus que frivole, la jeune Madeleine s'éleva seule, et comme elle put. Elle avait environ vingt ans, quand le comte de Montalan, après l'avoir enlevée d'un couvent où la reléguait sa mère, l'épousa pour sa beauté. Elle finit jeune, sans enfants ; elle n'avait pas entièrement répudié les traditions maternelles.

Reprenons Molière qui travaillait et se

mourait, affaibli par une extrême délicatesse de poitrine qui ne lui permettait plus guère que de boire du laitage. Un soir, le 17 février 1673 (on jouait le *Malade Imaginaire*), en prononçant le mot *juro*, au dénoûment de la pièce, pris d'une convulsion, il essaya d'en dissimuler la douleur sous la grimace d'un rire forcé, de même qu'il avait caché les angoisses de sa vie manquée sous la fausse gaieté du comique et du comédien. On meurt très souvent comme on a vécu. Molière fut transporté rue Richelieu, à sa demeure. Là, dans un accès de toux, un des vaisseaux de sa poitrine se rompit. Deux vicaires de l'église Saint-Eustache refusèrent, dit-on, de venir lui administrer les derniers Sacrements. Un autre prêtre n'arriva pas à temps, et le malade expira, malgré les soins de deux pauvres Sœurs de Charité qu'il avait, plusieurs jours avant, recueillies dans sa maison. C'était durant le Carême qu'un des soutenants du sensualisme entrait subitement dans l'éternité, presque sous la livrée de son métier. On accusa de cette mort si peu chrétienne le jansénisme de deux ecclésiastiques. Il n'est pas prouvé d'une façon absolument certaine qu'ils aient été appelés au chevet de Molière, dans le court intervalle qui sépara son agonie des planches du théâtre (1). En tout cas, le curé de Saint-Eustache, la paroisse de l'acteur défunt, persista à refuser son ministère à ses funérailles. Molière avait cinquante et un ans.

Sa déplorable veuve, accompagnée du curé d'Auteuil, alla se jeter aux pieds du roi, et lui rappela, sans adresse, que si « son mari était criminel, ses crimes avaient été autorisés par Sa Majesté même. » C'était exagéré, ou, tout au moins, indiscret. Malgré tout, Louis XIV intervint, et deux prêtres purent, du consentement de l'archevêque de Paris, sans chanter ni passer par l'église, précéder le cercueil de Molière, suivi de cent personnes portant chacune un flambeau. Cet enterrement, presque civil, gagna, à la faveur de la nuit tombante, le cimetière de Saint-Joseph, rue Montmartre. La matinée ou la veille avait vu, sous les fenêtres du mort, une émeute populaire dissipée, à force d'argent, et par les mains de la veuve elle-même. Chapelle faillit ne pas survivre à son ami, et Lafontaine le chanta. Ils sont aujourd'hui réunis, le fabuliste et le

(1) La requête à l'archevêque Harlay de Champvallon, qui affirme les intentions chrétiennes de Molière, et le refus des deux vicaires d'assister le mourant, est signée par J. Aubry, beau-frère du défunt, et Le Vasseur notaire de la famille. Ces témoignages sont-ils tout à fait désintéressés?

comique, au cimetière du Père-Lachaise. De ces deux Epicuriens l'un est mort repenti, et l'autre n'a pu trouver, même sous la terre, l'éternel repos d'Epicure. Dieu l'a jugé. Bossuet a dit : « La postérité saura peut-être la fin de ce poète comédien qui, jouant son *Malade imaginaire*, reçut la dernière atteinte de la maladie dont il mourut peu d'heures après, et passa des plaisanteries du théâtre, parmi lesquelles il rendit presque le dernier soupir, au tribunal de Celui qui dit : « Malheur à vous qui riez, car vous pleurerez (1). » A ces paroles sévères on a répondu que Molière malade avait voulu paraître au théâtre, pour ne pas ravir, même un jour, aux acteurs leur pain quotidien. Est-ce sérieux? et moururent-ils de faim, quand mourut leur maître? C'est en vain qu'on tenterait d'embellir la mort de Molière. Ce que nous pouvons espérer, c'est que sa dernière pensée fut chrétienne, et qu'au découragement habituel d'une âme délabrée succéda un élan d'espérance repentante vers le Ciel (2).

Nous connaissons peut-être l'âme de Molière ;

(1) Bossuet : *Maximes et réflexions sur la Comédie*.
(2) Quelque temps avant sa mort, Molière avait été parrain, à Saint-Sauveur, de la fille du comédien Beauchamp. La requête adressée à l'archevêque prétend qu'il avait fait ses Pâques à Saint-Germain, l'année précédente.

voyons ce que sa plume a écrit sous l'inspiration de son cœur. Apprécions d'abord, d'une façon précise, quoique générale, certaines de ses œuvres moins essentielles que d'autres, ou qui ne souffrent pas une analyse développée.

Cette prétendue comédie de l'*Ambitieux* (1), égarée dans les manuscrits de Molière, et qui ne fut point retrouvée, a-t-elle jamais existé ? C'est très incertain. Son titre, si elle fut composée, indique une fin élevée. Il n'en est pas autrement de l'*Ecole des femmes* et de l'*Ecole des maris*. Là, comme dans toutes ses grandes comédies, Molière se propose notre éducation. Ce n'est pas seulement un observateur profond, un critique littéraire, c'est un professeur de morale, même un réformateur. Un mot d'abord de l'*Ecole des maris*.

Deux tuteurs, qui sont deux frères, et de plus restés célibataires, élèvent chacun une pupille. Ils ont franchi, l'un et l'autre, le Rubicon des cinquante ans, au delà duquel il n'est pas facile de plaire. Pourtant, des deux tuteurs, celui qui n'a pas nom Sganarelle

(1) On doit aux recherches de M. Paul Lacroix la découverte d'un ouvrage de Molière, *Le ballet des Incompatibles*, qui date de 1654.

(Sganarelle est presque toujours, dans Molière, un imbécile amoureux ou prétentieux), se fait aimer de sa pupille Léonor, au point d'en devenir l'époux. Il est vrai qu'il lui a tout passé, plaisirs, bals, promenades et romans. Pas de lois, pas de défenses, pas de verrous. La confiance est au bout, et le bonheur. L'autre, celui qui s'appelle Sganarelle, n'a rien permis; l'auteur en a fait, avec infiniment d'esprit, un être entièrement ridicule, et dont la prudence tyrannique forme un contraste saisissant avec la bonhomie de son frère. Il est puni : sa pupille Isabelle lui échappe; elle se laisse enlever, malgré les clefs et les défiances. Elle épousera son ravisseur, à la barbe de son tuteur désolé. A cette pièce j'ai cherché vainement une autre morale que celle-ci : « Laissez faire, » comme on dit aujourd'hui : « Laissez passer. » Il faut espérer que le libre échange ira rejoindre le « laisser-faire. » Mais Molière n'en est pas moins coupable.

Est-il question de l'*Ecole des femmes?* Ici Sganarelle se nomme M. de La Souche ou Arnolphe; il a l'âge voulu pour être ridicule en amour; il a une très jeune pupille qui s'appelle Agnès. Il l'a élevée dans l'ignorance, afin de s'assurer d'elle, et de pouvoir compter, quand

elle sera son épouse, sur sa complète fidélité.
Il est à remarquer, dans le grand nombre des
pièces de Molière, qu'un personnage y joue
le rôle que l'auteur jouait dans son ménage,
ou, du moins, qu'il souffre les angoisses
d'un mari jaloux. Le comique semble se venger
de son infortune, en la faisant passer sur
des êtres imaginaires qu'il expose à la risée
du public. Il fallait aussi amuser le peuple grossier, aux dépens de l'honneur, ce qui ne vaut
pas mieux. Pour Agnès, M. le marquis de La
Souche n'a pu détruire en elle ni une native coquetterie, ni la finesse naturelle de son sexe, ni
cette intelligence féminine qui se joue dans les
détails et n'est jamais à court d'expédients. Il a
beau offrir à ses yeux les chaudières infernales
où brûleront plus tard les femmes coupables,
Agnès n'en aime pas moins Horace, un jeune et
franc cavalier, aussi étourdi qu'Agnès est ingénieuse à réparer ses étourderies; elle sait lui
faire connaître son amour, trompe son tuteur et les
verrous eux-mêmes, avec un naturel charmant,
et nous range tous, plus ou moins, de son côté,
par l'agrément de ses mensonges, la tyrannie
imbécile de son fiancé quinquagénaire, l'ingénuité
de ses adresses et la sincérité de son amour.

Rien de plus raisonnable pourtant que certains vers de M. de La Souche, ceux-ci en particulier :

> Le mariage, Agnès, n'est pas un badinage ;
> A d'austères devoirs le rang de femme engage :
> ... Gardez-vous d'imiter ces coquettes vilaines
> Dont, par toute la ville, on chante les fredaines,
> Et de vous laisser prendre aux assauts du malin...
> Songez qu'en vous faisant moitié de ma personne,
> C'est mon honneur, Agnès, que je vous abandonne,
> Que cet honneur est tendre et se blesse de peu ;
> Que sur un tel sujet il ne faut point de jeu...

Il n'en est pas moins vrai que nous tenons pour l'intéressante Agnès contre son vieux tuteur, et que les ridicules dont l'a affublé Molière ridiculisent la raison elle-même, quand elle parle sur ses lèvres. La conclusion, n'est-ce pas qu'Agnès a d'autant plus menti qu'elle a été emprisonnée dans une plus stricte ignorance des choses du monde ? car elle n'ignore pas sa religion. En supposant que l'auteur ait eu en vue le Jansénisme d'une certaine éducation, fallait-il, par une antithèse exagérée, livrer aux rires injurieux du public, en les travestissant, la raison, l'honneur, de saints préceptes, et l'innocence elle-même ? Que dis-je ? la contrefaçon de l'innocence. Molière était incapable de connaître l'innocence et de la peindre. Agnès, déjà fort avancée pour un siècle chrétien, si elle vivait en nos temps heureux, devrait pour se parfaire, entrer dans un lycée de jeunes filles, et Molière a contribué à les ouvrir.

Poursuivons. Qu'est-ce que Georges Dandin ? Un homme de la campagne qui a eu le malheur, étant riche, de vouloir s'élever jusqu'à la fille d'un noble devenu pauvre. Il est trompé par sa traîtresse de femme, mais d'une si comique façon que nous ne pouvons ne point rire, au moins du bout des lèvres, tant l'impure Angélique a d'esprit et de désinvolture, tant son époux, mis adroitement à la porte de chez lui, par la vraie coupable, et convaincu de passer la nuit, on ne sait où, a de lamentations grotesques. Finalement, Georges Dandin ne peut rentrer dans sa propre demeure qu'après avoir demandé pardon à ses beaux-parents, les plus ridicules gens du monde, et à sa femme adultère.

Quand le but de Molière aurait été honnête, l'impression dernière ne l'est pas ; car cette femme intéresse notre nature, plus que son triste mari, déjà vieux, assez sot, finement dupé, et comiquement humilié. Sous un faux semblant de morale, la concupiscence a tous les profits dans cette comédie où sont joués les droits du mariage, où l'on pardonne tout à l'esprit.

Et le *Médecin malgré lui?* Que dire de ce Sganarelle, fait médecin, contre son gré, par une vengeance très naturelle de sa femme, et qui aide je ne sais quel amoureux de théâtre à tromper l'autorité paternelle, à voir celle qu'il aime, en se revêtant des fausses apparences d'un pharmacien appelé à soigner une malade qui ne l'est point? Sur ce fond dégoûtant l'auteur a brodé force plaisanteries obscènes; et, sous prétexte que Molière a parfaitement imité la nature, de siècle en siècle, jusqu'aujourd'hui, nous applaudissons. Que notre comique ait fait parler à chacun le langage de son état ou de sa condition, rien n'est plus vrai. Ce qui est encore plus exact, c'est que son génie a fait servir notre gaieté française à rendre l'immoralité immortelle.

Il nous faut parler, ne fût-ce qu'en passant, du *Mariage forcé*. Un vieux célibataire, riche, et c'est là son seul mérite, *Sganarelle*, en un mot, s'avise d'aimer une jeune fille, Dorimène, qui ne demande pas mieux que de l'épouser. Celle-ci n'est pas muette, comme sa voisine du *Médecin malgré lui;* au contraire, elle est franche jusqu'à l'impudence et console son véritable amant, *coram populo*, en lui faisant savoir qu'elle l'épousera avec les écus du vieux, une fois trépassé, « car il n'en a pas pour six mois dans le ventre. » Le vieux qui a conçu, mais trop tard, certains doutes sur la vertu de sa fiancée, hésite et recule ; il voudrait bien éviter l'autel du mariage, qui lui semble devoir être celui de son sacrifice. Il n'est plus temps, un spadassin s'avance, Alcidas, le frère de la jeune première, qui annonce à Sganarelle, en relevant les crocs de sa moustache, qu'il faut ou épouser ou se battre. L'ancien amoureux, qui n'est pas brave, épouse. Il ne se battra pas. Puisse-t-il n'être que battu ! Je vous fais grâce des détails. Le fond est grossier ; de l'esprit il y en a. Quand il serait toujours fin, il ferait penser à un point de Venise sur une soie fripée.

Pour l'*Amour médecin*, un père dupé, (l'éternel Sganarelle), sa fille Lucinde qui le trompe, de concert avec son amant Clitandre, deux médecins, dont l'un bredouille et dont l'autre bégaie, en font tous les frais. J'oubliais une certaine Lisette qui joue un rôle prépondérant. Elle soutient les droits de l'amour contre les droits paternels; sa morale facile, sous les dehors charmants de la franchise, fait le bonheur de Lucinde. Lucinde est guérie, les médecins moqués, Sganarelle aussi.

Quelques lignes, pour finir, sur *Don Juan* ou le *Festin de Pierre*. Ce Don Juan est un athée élégant, spirituel, héroïque, gai et franc, beaucoup plus Français qu'Espagnol, un aimable libertin, qui nous fait rire aux dépens de la vertu, de l'honnêteté, de l'innocence et de la foi conjugale. Il s'élève du haut de son libertinage, contre l'hypocrisie des dévots, insulte même la mort et Dieu, par un excès de courage que nous sommes bien près d'admirer, et tombe dans les flammes de l'enfer, sans que nous soyons bien émus d'un châtiment artificiel et convenu d'avance. Si Sganarelle tient le parti de la vertu et du ciel contre l'athéisme de son maître, c'est pour les tourner en moquerie; tant Molière l'a fait poltron, grotesque et ridicule. Ce même Don Juan, qui nous fait, ou peu s'en faut, aimer le mal et rire du bien (1), ne donne pas, dans une scène

(1) M. Despois, ancien professeur de l'Université de l'Etat, mort en 1876, et dont l'enterrement fut laïque, témoigne ainsi contre le *Don Juan* et Molière :

.... « Ce qui fut regardé comme plus scandaleux encore, ce fut l'athéisme, marqué en traits audacieux. La comédie ne semblait pas faite pour des peintures si fortes. On se demanda si, dans son irritation contre l'intolérance religieuse, l'auteur n'en était pas venu à se jouer de toute croyance en Dieu Que ne s'était-il contenté de nous montrer, comme Tirso de Molina, un libertin frivole, qui demeure, au fond, comme tout Espagnol, un croyant, un catholique,

fameuse, à un pauvre qu'il voudrait forcer à blasphémer, la charité pour l'amour du vrai Dieu qu'il méprise, mais pour l'amour d'un nouveau Dieu, l'humanité. Et cependant Don Juan nous plaît quand même. Il devance 1789, et connaît trop bien les droits de l'homme, pour ne pas fouler aux pieds les droits de Dieu. Ces droits eux-mêmes de Dieu, si la Révolution les a méconnus, c'est que les révolutionnaires du passé, Molière ou d'autres, avaient préparé son avènement, depuis de longues années, et consommé son éducation impie, avant le jour de sa royauté.

Dans cette vue rapide de plusieurs comédies, où l'honnêteté apparente d'une fin morale cache l'impiété du fond, ce qui domine trop souvent pour l'observateur, c'est *l'éloge grossier de la nature mauvaise;* ce qui devait répugner au grand nombre, c'est l'ordure de la plaisanterie. Cette courte étude suffira, je l'espère, à faire connaître jusqu'où a pu s'abaisser quelquefois

et qui offense la religion sans la nier? On ne pouvait nier, non plus, que dans la catastrophe, l'impénitence de Don Juan, plus altière encore chez Molière, ne laissât une impression de grandeur sauvage, qui pouvait paraître dangereuse ; et que, sous le feu céleste qui l'écrase, ce Prométhée à la perruque blonde n'eût le regard trop ferme pour ne donner aucun doute sur l'effet cherché par l'auteur.

l'esprit de Molière humilié par Epicure et Lucrèce, sali par le commerce impur de certaines actrices, découragé par l'alliance insensée d'Armande-Grésinde Béjart, que la postérité a nommée justement la Béjart! Sur la tombe de sa victime on aurait pu graver ces paroles de Molière lui-même à Rohaut l'un de ses amis! « Je *fus* le plus malheureux des hommes, et je *n'eus* que ce que je *méritais*. » — L'Académie lui avait fermé ses portes, pendant sa vie d'acteur, comme l'Eglise lui ferma les siennes, après sa mort.

DEUXIÈME COURS

Les Précieuses ridicules.

DEUXIÈME COURS

Les Précieuses ridicules.

Le bonhomme Gorgibus a une fillle, Madelon, et une nièce, Cathos. Il les veut marier à deux honnêtes prétendants, Du Croisy et La Grange. Les deux minaudières ont l'air de donner la préférence au marquis Mascarille et au vicomte Jodelet, qui sont des valets déguisés par la vengeance des prétendants éliminés. Leurs maîtres les font battre, sous leurs yeux, par des spadassins, et sous les yeux des précieuses elles-mêmes, confuses et punies. C'est dans la maison de Gorgibus que se passe l'action.

Mais d'abord, qu'est-ce qu'une précieuse? Imaginez une boîte à bijoux dont vous voulez faire connaître les merveilles à quelque visiteur ou visiteuse. Avec quelles précautions vous l'ouvrez! Avec quel soin délicat vous en faites sortir l'objet précieux, diamant, rubis, or ciselé, que vous proposez à l'admiration! Ainsi d'une personne précieuse ; elle semble sortir d'une boîte à bijoux. Son pas, sa démarche, son attitude, sa physionomie, son œil, son sourire, sa coiffure même, et le pli de sa robe, tout est composé, compassé, raffiné, subtilisé. Que votre rire, devant elle, ne dépasse pas la mesure exquise du bout des lèvres, si vous ne voulez point voir ses sourcils froncés se rapprocher d'un air majestueux et sévère, et sa bouche renforcer le courroux dédaigneux de son regard.

Une variété de la précieuse, c'est la précieuse littéraire ainsi nommée à Paris, et *pecque* en province (1), toujours ridicule, en province comme à Paris. Molière prétendit cependant n'avoir voulu peindre et « berner » que les « mauvais singes » d'une excellente chose. Mais personne ne s'y trompa, ni Ménage, ni Scudéri, ni sa sœur Madeleine, ni son platonique ami, M. Pellisson, qui assistaient à la représentation avec bien d'autres fidèles d'une École frappée à mort, en un clin d'œil, à la lumière des chandelles du théâtre.

(1) Chapelle et Bachaumont, dans leur *Voyage*, nous font assister à une conversation ridicule des Précieuses de Montpellier.

Un homme du parterre cria-t-il de sa place à l'acteur : « Courage ! Molière, voilà la bonne comédie » ? La foule a de ces inspirations soudaines. Mais peu nous importe. Il fallut, et rien n'est plus certain, « brûler ce qu'on avait adoré, adorer ce qu'on avait brûlé. » Le roman était fini, ou plutôt il allait subir une nouvelle transformation. C'en était fait de la carte du royaume d'Amour, du fin du fin, du fleuve d'Inclination, de la mer d'Inimitié, du lac d'Indifférence, du village de Billets-Galants, du hameau de Billets-Doux, du château de Petits-Soins qu'il fallait traverser, assiéger, prendre ou forcer, avant d'arriver devant la ville de Tendre, et de s'y consumer en longs efforts pour la conquérir. *La Clélie, Cyrus, Cléopâtre*, ne tardèrent pas à tomber dans l'oubli, et à s'ensevelir dans la poussière des bibliothèques. Le roman toutefois ne se désintéressa pas du cœur humain ni de l'amour ; il prit un air nouveau et plus simple en apparence, avec Mme de Lafayette, auteur de *La Princesse de Clèves*, Son livre est une étude trop délicate de la passion de l'amour. Le style en est sobre, les descriptions de la campagne y sont rares, courtes, avec des traits bien choisis. On a eu tort de dire absolument que le grand siècle, absorbé dans l'étude de l'âme, avait oublié la nature. Jamais ouvrage ne fut plus loué, même de notre temps, que *La Princesse de Clèves*. « C'est du Corneille, » a-t-on dit. Résumons et voyons :

Une jeune personne, c'est la princesse de Clèves, inspirée par la sagesse d'une mère positive, épouse un homme admirable, riche et bien doué, pour lequel elle n'a senti que de l'indifférence. A peine mariée, le commerce de la cour lui présente, dans la personne d'un certain duc de Nemours, l'idéal de son cœur. Je passe les détails. Tout ce que la passion a de satanique délicatesse, Nemours séduit l'emploie pour séduire la princesse. Elle n'est pas coupable au sens vulgaire du mot; mais Nemours a son cœur, et son mari ne l'a pas. Effrayée, elle se décide, un jour, à se jeter à ses pieds, en lui faisant l'aveu de ce qu'elle éprouve. L'époux généreux n'a que de l'indulgence pour le martyre de sa femme; mais il meurt de chagrin. Sa veuve refuse d'épouser Nemours et se retire dans un cloître.

« Voilà qui est cornélien, dit la critique agenouillée devant la passion; *elle pouvait*

épouser Nemours, elle ne l'a pas fait! »
Quoi! cette femme ne devait-elle pas, en vraie chrétienne, repousser, dès l'abord, par la prière, les premières insinuations de l'amour? Elle a fait de son mari une victime, en somme, et parce qu'elle n'a point épousé celui que j'appellerais volontiers un meurtrier, vous la trouvez admirable! — *La Clélie* a immortalisé le ridicule littéraire de son auteur; elle a pu chasser l'insomnie, elle n'a tué personne. Mais ces psychologiques finesses et délicatesses de l'amour dont nous n'avons que faire, où Mme de Lafayette nous initie, sous un air de vertu, me font l'effet d'un poison délicieux et mortel.

Malgré tout, ce livre un peu monotone, intéressant et fin, avec son air aristocratique et langoureux, sera lu plus d'une fois encore, et son faux brillant me fait songer à ces lueurs phosphorescentes qui sillonnent l'abîme de l'Océan, pendant les belles nuits d'été. — Mais cette digression ne nous a pas tellement éloignés des précieuses. Revenons à celles de Molière.

Rien de moins précieux que Gorgibus, père de Madelon, oncle de Cathos :

« Où sont vos maîtresses ?

MAROTTE.

Dans leur cabinet.

GORGIBUS.

Que font-elles ?

MAROTTE.

De la pommade pour les lèvres.

GORGIBUS.

C'est trop pommadé. Dites-leur qu'elles descendent. Ces pendardes-là, avec leur pommade, ont, je pense, envie de me ruiner. Je ne vois partout que blanc d'œuf, lait virginal, et mille autres brimborions que je ne connais point. Elles ont usé, depuis que nous sommes ici, le lard d'une douzaine de cochons pour le moins, et quatre valets vivraient tous les jours des pieds de mouton qu'elles emploient. »

Ce Gorgibus qui s'empare si brusquement de la scène, nous le connaissons. Il a l'œil bleu, à fleur de tête, la lèvre gaie, le teint coloré, les cheveux plantés droit, les épaules carrées, la taille courte, l'air rude, mais bon homme. Il a péniblement amassé sa petite fortune, en aunant le drap ou la toile. Il en veut jouir, sans phrases. Il a une fille et une nièce ; il les mariera comme il s'est marié, honnêtement, sans emphase. Sa parole nette et populaire jusqu'à la grossièreté, contraste vivement avec le langage apprêté de ses deux filles. *C'est la leçon.* Elle éclate du premier coup :

« Il est bien nécessaire vraiment de faire tant de dépense pour vous graisser le museau. Dites-moi un peu ce que vous avez fait à ces messieurs (les prétendants Du Croisy et La Grange), que je les vois sortir avec tant de froideur? Vous avais-je pas commandé de les recevoir comme des personnes que je voulais vous donner pour maris? »

J'aime, sous une apparence vulgaire, cette ferme autorité du père et du tuteur. — Mais Madelon n'a-t-elle pas raison?

« Et quelle estime voulez-vous, mon père, que nous fassions du procédé irrégulier de ces gens-là ?

GORGIBUS.

Qu'ont-ils donc fait ? »

Cathos, encore plus animée que sa cousine :

« Le moyen, mon oncle, qu'une fille un peu raisonnable se pût accommoder de leur personne? »

L'honnête Gorgibus s'étonne :

« Et qu'y trouvez-vous à redire? »

Madelon indignée :

« La belle galanterie que la leur. Quoi! débuter d'abord par le mariage! »

C'est fort précieux. La réponse ne tarde pas, aussi prompte qu'un coup de marteau sur l'enclume :

« Et par où veux-tu donc qu'ils débutent? par le concubinage!... »

Ici, le génie c'est le bon sens.

GORGIBUS.

« N'est-ce pas un procédé dont vous avez sujet de vous louer toutes deux aussi bien que moi? Est-il rien de plus obligeant que cela? Et ce lien *sacré* où ils aspirent n'est-il pas un témoignage de l'honnêteté de leurs intentions? »

Ce langage d'un très petit bourgeois du xviie siècle est beau. Sachons gré à Molière d'avoir, une fois au moins, fait entendre, en termes fort simples, que le mariage est un sacrement. La scène n'en est pas moins gaie, et la religion n'est pas moquée. A Madelon qui voudrait que son père fût moins « bourgeois », et apprît « le bel air des choses », Gorgibus riposte avec un redoublement de franchise chrétienne qui nous le fait aimer :

« Je n'ai que faire ni d'airs ni de chansons.

Je te dis que le mariage est une chose *sainte et sacrée*, et que c'est faire en honnêtes gens que de débuter par là. »

Le brave homme ne connaît rien au roman. C'est le propre du christianisme de former, dans le peuple, des esprits élevés, je dirais bien aristocratiques et positifs. Mais écoutons Madelon nous débiter le programme des précieuses en fait d'amour :

« Mon père, voilà ma cousine qui vous dira aussi bien que moi que le mariage ne doit jamais arriver qu'après les autres aventures. Il faut qu'un amant, pour être agréable, sache débiter les beaux sentiments, pousser le doux, le tendre et le passionné, que sa recherche soit dans les formes. Premièrement, il doit voir au temple ou à la promenade, ou dans quelque cérémonie publique, la personne dont il devient amoureux; ou bien être conduit fatalement chez elle par un parent ou un ami, et sortir de là tout rêveur et mélancolique. Il cache un temps sa passion à l'objet aimé, et cependant lui rend plusieurs visites, où l'on ne manque jamais de mettre sur le tapis une question galante qui exerce les esprits de l'assemblée. Le jour de la déclaration arrive, qui se doit faire dans une allée de quelque jardin, tandis que la compagnie s'est un peu éloignée ; et cette déclaration est suivie d'un prompt courroux qui paraît à notre rougeur, et qui, pour un temps, bannit l'amant de notre présence. Ensuite il trouve moyen de nous apaiser, de nous accoutumer insensiblement au discours de sa passion, et de tirer de nous cet aveu qui fait tant de peine. Après cela viennent les aventures, les rivaux qui se jettent à la traverse d'une inclination établie, les persécutions des pères, les jalousies conçues sur de fausses apparences, les plaintes, les enlèvements et ce qui s'en suit. Voilà comme les choses se traitent dans les belles manières ; et ce sont des règles dont, en bonne galanterie, on ne saurait se dispenser. Mais en venir de but en blanc à l'union conjugale, ne faire l'amour qu'en faisant le contrat de mariage, et prendre justement le *roman* par la queue ; encore un coup, mon père, il ne se peut rien de plus marchand que ce procédé, et j'ai mal au cœur de la seule vision que cela me fait. »

D'un mot, Gorgibus a jugé la tirade :

« Quel diable de jargon entends-je ici? »

En effet, c'est du jargon, du *roman*, pour parler comme Madelon elle-même. — On a dit que le génie était *vulgaire* ; cela signifie qu'il a souvent une façon populaire d'exprimer des vérités utiles ou élevées, et encore, qu'il ne dépasse jamais dans son langage, quelque sublime qu'il soit, la portée du commun des hommes.

Du reste, c'est dans le peuple que la vérité résiste au temps et s'immobilise, en quelque sorte, sous la forme d'un grossier bon sens, même aux jours où elle s'effémine et diminue dans les classes raffinées par le luxe et le scepticisme. Je comprends donc qu'un homme de génie, homme de vérité s'il en fut, aime le peuple, le bon, sans aucun doute, et retrempe quelquefois son langage dans le sien, sa pensée dans la sienne, comme s'il était sorti de ses rangs et lui appartenait encore.

Avant de donner la parole, de nouveau, à Gorgibus ou Molière, il reste une autre réflexion à faire. Il semble que dans le grand siècle, les erreurs elles-mêmes, littéraires et sociales (c'est le cas des précieuses), ne manquaient pas d'un grain de vérité. On dit que c'est de tous les temps ; ajoutons, du temps de Louis le Grand surtout. Je m'explique :

Sans doute les précieuses, et celles de la province en particulier, malgré quelques heureux néologismes, sous prétexte de bon ton et de délicatesse, risquèrent de fausser l'éducation, les mœurs et la langue. De la vie elles firent un roman compliqué d'où elles exclurent toute simplicité d'action; leur féminine subtilité multiplia les finesses du sentiment, les rigueurs de l'amour, les difficultés de la conquête, au delà de toute expression. Il parut impossible à l'homme le plus déterminé de faire autre chose qu'aimer sans espérance, pendant des années et des années; ce fut un travail gigantesque pour l'amant le plus intelligent, pour la politesse la plus consommée, de ne point manquer, combien de fois par jour, aux lois de la galanterie ou du beau langage. Cependant les précieuses firent moins de la femme, en particulier, une idole adorée, que l'objet d'un respect profond et jusqu'à un certain point chrétien. Seulement elles raffinèrent ce respect, comme elles avaient raffiné la parole. A défaut d'une force plus visible, elles affectèrent de mettre entre elles et l'homme, l'intervalle presque infini d'une insatiable dignité, et de ne se donner qu'après les attentes prolongées d'une pudeur rebelle à l'amour le plus pur. Il y avait bien là un souvenir de la femme régénérée. Mais si l'entreprise était belle, l'effort manqua le but, à défaut d'une précision et d'une simplicité de moyens qui manquent souvent à la femme. D'ailleurs, la vanité s'en était mêlée. — Cela n'était pas moins très supérieur à la manière dont le grand nombre considère la femme dans notre siècle. Si nous lui dressons un autel, c'est pour l'adorer en chair et en os, comme les anciens adoraient Vénus ; mais les anciens ne connaissaient pas Jésus-Christ. — Cette nouvelle digression terminée, revenons au peu précieux Gorgibus :

« Je pense qu'elles sont folles, toutes deux, et ne puis rien comprendre à ce baragouin. Cathos, et vous Madelon... »

Elles l'interrompent ; elles s'écrient :

« Eh ! de grâce, mon père, défaites-vous de ces noms étranges, et nous appelez autrement. »

Elles voudraient s'appeler, Madelon, du nom d'Aminte, sa cousine, du nom de Polixène.

« Comment, ces noms étranges ! riposte à son tour le bonhomme. Ne sont-ce pas vos noms de *baptême ?* Ecoutez, il n'y a qu'un mot qui serve. Je n'entends point que vous ayez d'autres noms que ceux qui vous ont été donnés par vos parrains et marraines. »

Comme ce bon Gorgibus est fidèle, en toute

simplicité, à sa religion! La comédie n'en vaut pas moins, pour nous rappeler à propos ce que nous devons tous savoir. Si certains docteurs épais d'orgueil, jansénistes ou autres, nous avaient remis en mémoire la foi primitive avec cette naïveté de bon cru, il n'y aurait jamais eu ni d'hérésie ni d'hérétiques. Disons aussi, à la louange de Molière, que, dans cette même scène, brille une richesse admirable de contraste moral entre les deux vaniteuses et leur honnête protecteur. Ah! si l'auteur avait su opposer partout le bien et le mal, comme il a su opposer les caractères, avec une vérité de génie, c'eût été le premier et le plus utile écrivain du monde profane. Car sa langue est celle de tous ; elle est aristocratique ou populaire à volonté, elle raille chacun en lui empruntant sa parole. Sganarelle ou Diafoirus, Alceste ou Philinte, n'ont pas tenu d'autres discours que ceux dont nous jouissons dans Molière. Molière a fait parler la nature. Pourquoi n'a-t-il fait parler souvent que la nature mauvaise? Ici, du moins, il est élevé. Gorgibus parle d'or; il est chrétien et positif. C'est permis. Les chrétiens ne sont pas des rêveurs :

« Pour ces messieurs dont il est question, je

connais leurs familles et leurs biens, et je veux résolûment que vous vous disposiez à les recevoir comme maris. Je me lasse de vous avoir sur les bras, et la garde de deux filles est une charge un peu trop pesante pour un homme de mon âge. »

A de nouvelles résistances des fières précieuses « qui désirent prendre un peu haleine parmi le beau monde de Paris où elles ne font que d'arriver et faire à loisir le tissu de leur roman, sans en presser la conclusion », l'excellent Gorgibus répond, à part soi, en murmurant:

« Il n'en faut point douter, elles sont achevées »; puis tout haut:

« Encore un coup, je n'entends rien à toutes ces balivernes; je veux être maître absolu, et, pour trancher toutes sortes de discours, ou vous serez mariées toutes deux avant qu'il soit peu, ou, ma foi, vous serez religieuses. J'en fais un bon serment. »

C'est un peu fort, et bien tranché, entre nous. Mais le bonhomme n'y entend pas finesse, et ne connaît pas les nuances. D'ailleurs, menacer les filles du couvent, c'est, dans sa naïveté, le moyen le plus sûr de les ramener sur la route prosaïque du mariage. Il a peut-être raison pour certaines. En tout cas, Molière ne l'a pas fait sortir de son état, n'a point élevé son entendement plus haut qu'il ne fallait. Gorgibus nous paraît, dans son genre, un type achevé et vraiment moral

Tournons la page. S'il y a des précieuses, il y a des précieux, des marquis et des vicomtes qui donnent dans la *préciosité*. Le marquis Mascarille s'est fait annoncer chez les deux demoiselles. Après avoir consulté « le conseiller des grâces » dont elles ne saliront pas la glace « par la communication de leur image » aimable, elles font voiturer par Almanzor « les commodités de la conversation ». Mascarille satisfait enfin « l'envie qu'a le fauteuil de l'embrasser ». Mais « il craint déjà quelque vol de son cœur, quelque assassinat de sa franchise. » On cause, on raffine : « Eh bien, mesdames, dit le marquis après s'être peigné et avoir ajusté ses canons, que dites-vous de Paris ? »

Alors Madelon :

« Hélas ! qu'en pourrions-nous dire ? Il faudrait être l'antipode de la raison, pour ne pas confesser que Paris est le grand berceau des merveilles, le centre du bon goût, du bel esprit, et de la galanterie. »

Mascarille, à son tour :

« Quel bel esprit est des vôtres ? »

Un bel esprit, c'était Voiture ou Balzac; c'était même Racine, suivant Boileau, qui le déclara un jour « le plus bel esprit de son temps ». Dans la suite, le terme s'est entendu en mauvaise part. L'abus du bel esprit en est cause, et Fénelon, vers 1715, le stigmatisait pour jamais. Les beaux esprits étaient encore, du temps de Molière, « les arbitres souverains des belles choses ». Ainsi les nomme Cathos dans son enthousiasme :

« Ils donnent le branle à la réputation dans Paris, et vous savez qu'il y en a tel dont il ne faut que la seule fréquentation pour vous donner bruit de connaisseur, quand il n'y aurait rien autre chose que cela. Mais, pour moi, ce que je considère particulièrement, c'est que par le moyen de ces visites spirituelles, on est instruit de cent choses qu'il faut savoir de nécessité, et qui sont de l'essence du bel esprit. »

Quelle est l'essence du bel esprit, suivant Cathos, que nous renverrions volontiers aux travaux essentiels du ménage ?

« C'est apprendre, chaque jour, les petites

nouvelles galantes, les jolis commerces de prose ou de vers. C'est savoir à point nommé : Un tel a composé la plus jolie pièce du monde sur un tel sujet. Une telle a fait des paroles sur un tel air. Celui-ci a fait un madrigal sur une jouissance. Celui-là a composé des stances sur une infidélité. Monsieur un tel écrivit hier soir un sixain à mademoiselle une telle, dont elle lui a envoyé la réponse ce matin, sur les huit heures, etc. — C'est là ce qui vous fait valoir dans les compagnies ; et, si l'on ignore ces choses, je ne donnerais pas un *clou* de tout l'esprit qu'on peut avoir. »

Ce *clou* détonne sur le reste, mais ce n'est pas Molière qui détonne. La langue de Cathos s'est retrouvée, un instant, par sa familiarité populaire, la langue de Gorgibus. Et c'était juste ; la langue du premier âge ne se désapprend pas. On dit qu'en Amérique, à je ne sais quelle tache sur l'ongle, imperceptible pour d'autres, un pur Américain reconnaît, malgré tous les raffinements du luxe et de l'éducation, l'origine exécrée de l'Indien. Si Mascarille était un vrai marquis, il aurait dû saisir au vol, en passant, ce mot qui sentait, pour un aristocratique odorat, le bon cru de la vieille bourgeoisie, et sourire impertinemment. Mais non. De la prose, nous passons aux vers, et le précieux de la poésie se rapporte bien au bel esprit de la conversation. C'est un impromptu :

> Oh! oh! je n'y prenais pas garde!
> Tandis que, sans songer à mal, je vous regarde,
> Votre œil en tapinois me dérobe mon cœur,
> Au voleur! au voleur! au voleur! au voleur!

Le bel esprit et la galanterie ont l'air trop souvent de ne faire qu'un. Si ce n'était pas si fade, je trouverais que c'est assez païen. Mais le fond importe moins à Molière que la forme. Il la critique, il y réussit admirablement. Ce moraliste fort imparfait est un persécuteur de l'affectation, un homme de goût, un amant du naturel, un ami exagéré de la nature.

Rien n'est méchant comme la satire du faux goût des précieuses, faite par la bouche enthousiaste de Madelon, ou sur les lèvres prétentieuses de Mascarille :

« Avez-vous remarqué ce commencement : oh! oh !... Voilà qui est extraordinaire. Oh! oh!... Comme un homme qui s'avise tout d'un coup. Oh! oh!... La surprise. Oh! oh !...

— Sans doute, dit Madelon, et j'aimerais

mieux avoir fait ce oh! oh! qu'un poème épique. »

Nous entrevoyons que Molière en veut peut-être moins aux précieuses qu'aux marquis eux-mêmes. On a prétendu qu'il en avait souffert. Leur représentant, Mascarille, poursuit avec une sottise littéraire de plus en plus marquée, un vide d'esprit de plus en plus profond :

« Mais n'admirez-vous pas aussi, *je n'y prenais pas garde? Je n'y prenais pas garde*, je n'apercevais pas cela; façon de parler naturelle, *je n'y prenais pas garde. Tandis que sans songer à mal*, tandis qu'innocemment, sans malice, comme un pauvre mouton, *je vous regarde*, c'est-à-dire je m'amuse à vous considérer, je vous observe, je vous contemple: *votre œil en tapinois...* Que vous semble de ce mot *tapinois?* N'est-il pas bien choisi? *Tapinois*, en cachette; il semble que ce soit un chat qui vient de prendre une souris, *tapinois?...* »

Alors Madelon :

« Tout à fait bien. »

Et Cathos :

« Il ne se peut rien de mieux. »

Boileau a dit :

Un sot trouve toujours un plus sot qui l'admire.

Ici, Mascarille trouve
> deux sottes qui l'admirent.

« Au voleur ! » excite surtout leur enthousiasme :
> Au voleur ! au voleur ! au voleur ! au voleur !

La sottise quatre fois répétée est quatre fois admirée ! Ce qui est spirituel, c'est la vive manière dont Molière a mis en relief, et sculpté pour l'immortalité, la sottise relevée par la prétention. Mais c'est exagéré ! Et pourquoi donc? En fait de comédie, celui qui n'a point exagéré, dans une certaine mesure, n'a rien fait. On doit grossir les objets pour les mieux mettre en lumière sous les lustres du théâtre. Aux défauts qui tranchent, comme l'imbécillité précieuse et littéraire, on est obligé d'opposer une critique tranchée. Ainsi disparaissent les ridicules. Quant à ces esprits honnêtes, écrivains sérieux, qui s'émeuvent à l'ordinaire, et travaillent dans l'uni, la postérité les estime, et c'est tout. Il faut autre chose pour plaire longtemps. Il faut sentir, il faut oser ; il faut, du moins, « élargir la règle, » comme dit Corneille, avoir le goût hardi. Tel fut Molière. Il n'aimait pas les marquis; ils étaient légers, vains, frivoles, et sa rancune excitait son génie. Voyez plutôt. L'éternel marquis, Mascarille, continue sa propre apologie :

« C'est la coutume ici qu'à nous autres, gens de condition, les auteurs viennent lire leurs pièces nouvelles, pour nous engager à les trouver belles, et leur donner de la réputation; et je vous laisse à penser si, quand nous disons une chose, le parterre ose nous contredire! Pour moi, j'y suis fort exact; et quand j'ai promis à quelque poète, je crie toujours : « Voilà qui est beau! » devant que les chandelles soient allumées. »

Ainsi la vanité, dans son entière confiance, se peint et se ridiculise elle-même. Rien de plus vrai.

Mais le vicomte Jodelet va renchérir sur le marquis Mascarille. Celui-là est un guerrier; par la faute de Molière, il se familiarise avec le public jusqu'à la trivialité. Aussi nous passerons vite. Nous touchons à la farce. De cette scène pourtant il y a un trait à retenir.

« Te souvient-il, dit Mascarille, de cette demi-lune que nous emportâmes sur les ennemis au siège d'Arras? »

Et le vicomte Jodelet :

« Que veux-tu dire avec ta demi-lune ? C'était une lune tout entière. »

Cette ignorance parfaite n'est pas d'un vrai vicomte. On pourrait le croire cependant ; car Molière est un railleur cruel.

On a salué, conversé, en prose et en vers ; on a chanté ; on va danser. Qu'on chante d'abord, et qu'on danse ensuite, c'est on ne peut plus naturel. La fourmi de Lafontaine nous l'apprend ; et la cigale, dans la voluptueuse oisiveté du siècle de Voltaire, rappelle plus d'un vicomte et plus d'un marquis.

Mais Mascarille et Jodelet ne sont pas même marquis et vicomte. Les bâtons qui pleuvent sur eux, au beau milieu du quadrille, ont été commandés par La Grange et Du Croisy, les prétendants évincés. La Grange et Du Croisy se sont vengés, non sans esprit, des sottes précieuses qui les avaient mis à la côte. Ils ont puni leur vanité, en saupoudrant de noblesse leurs valets déguisés, et puis ils les ont fait battre, comme des esclaves, au plus beau moment de la gloriole des précieuses, surprises, donnant leur main gantée à des laquais, ahuries, honteuses, et pour parler comme Cathos, « crevant de dépit. »

Le châtiment paraît cruel. Etait-ce vraiment La Grange et Du Croisy qui se vengeaient de Cathos et de Madelon, ou Molière qui se vengeait de certains marquis ou vicomtes, par l'intermédiaire des *Précieuses*, sur le dos de Mascarille et de Jodelet? On peut en douter. Du reste, Gorgibus lui-même, après avoir payé les musiciens d'une certaine « monnaie », en les battant, donne du haut de son honnêteté courroucée, avec une bonhomie attrayante, la leçon de la comédie; il la donne aux précieuses, ses filles, et à leur postérité:

Pour « vous, pendardes; je ne sais qui me tient que je vous en fasse autant (qu'aux violons); nous allons servir de fable et de risée à tout le monde, et voilà ce que vous vous êtes attiré par vos extravagances. Allez vous cacher, vilaines; allez vous cacher pour jamais! (*Seul.*) Et vous, qui êtes cause de leur folie, sottes billevesées, pernicieux amusements des esprits oisifs, romans, vers, chansons, sonnets et sonnettes, puissiez-vous être à tous les diables! »

Ainsi parle, pour finir, le héros très entier de la pièce, qui figure, sous une forme comique et bourgeoise, l'éternel bon sens, perfectionné, dans Gorgibus, par une certaine dose de christianisme. Je n'examinerai point si Molière, dans cette pièce, si fine et si plaisante, si familière, trop familière quelquefois, n'a pas exercé quelque vengeance privée, ou réalisé, pour le compte du roi, l'un de ses desseins qui consistait à fortifier son pouvoir par l'avilissement de la noblesse; je ne chercherai point si Louis XIV et Molière n'atteignaient pas indirectement, sans le soupçonner, l'autorité elle-même, en ridiculisant à l'excès une autorité secondaire, dans la personne des marquis. C'est inutile. Et d'ailleurs la verve comique pourrait perdre à trop se laisser gouverner par la prudence ordinaire. Ce qui est certain, c'est que Molière porta, non pas un coup mortel à la sottise et à la vanité qui sont immortelles, mais au ridicule des précieuses en vogue. Au seuil du grand règne, il éclaira le goût, et prépara même Racine. Il fut gai, utile et moral, sans cesser jusqu'à un certain point, d'être honnête et chrétien. Il châtia, en riant, le mauvais goût et les mœurs. Encore un peu, il nous offrait le type achevé d'une comédie morale et surtout littéraire.

TROISIÈME COURS

L'Avare (1669).

TROISIÈME COURS

L'Avare (1669) (1).

On ne peut calomnier les avares ; ils sont capables de tout. L'un d'eux,

>.... Le plus avare homme de Rennes
> Mourut tout exprès, le dernier jour de l'an,
> Pour ne pas donner des étrennes.

Un autre, poussé à bout par la maladie, sur le point d'expirer, sentit la pointe du remords dans son âme. Au bon prêtre qui l'exhortait, il montra une armoire ouverte, et, dans cette armoire, un sac d'argent, se le fit apporter, eut un instant l'idée d'en desserrer les cordons pour en tirer quelques écus, à l'intention d'une bonne œuvre ; il n'osa. D'autre part, sentant se ranimer en lui la vie, au voisinage de son trésor, il s'en fit un oreiller, s'endormit et... guérit. Cette anecdote, qu'un témoin oculaire nous a racontée,

(1) J'ai laissé de côté l'ordre chronologique des comédies de Molière, pour les ranger dans un ordre plus conforme aux besoins de la critique, et varié autant que possible.

prouverait qu'on peut tout croire d'un avare, même ce qu'en dit Balzac. Le sien, le père d'Eugénie Grandet, avançait des yeux et des mains avides vers le crucifix d'or offert par le prêtre au repentir de son agonie. Seulement le romancier, séparé à l'infini du comique, et plus brillant, mais moins vrai, n'a pas su toujours se renfermer dans les bornes de la nature et du bon goût. Le génie le plus hardi garde, jusque dans ses audaces, une mesure que les gens d'esprit ou d'imagination perdent souvent de vue. Molière lui-même a pu, en tel ou tel endroit, dépasser la vérité. Il n'en est pas moins profond, en général.

Molière serait le type achevé, depuis le commencement des temps, du poète comique, s'il avait connu l'homme tout entier, comme il a sondé jusqu'à la lie notre mauvaise nature. J'entends dire, après Aristote, que la comédie est la peinture du mal (1). Sans doute, mais pourquoi du mal seulement ? Quoi ! il sera défendu, en le représentant sur la scène ou ailleurs, d'y opposer

(1) La comédie, suivant Aristote, est l'imitation du mauvais, non du mauvais pris dans toute son étendue, mais du mauvais seulement qui *cause la honte*, et produit le ridicule. Le vice doit donc être ridiculisé ; son châtiment sera la honte. Cette honte infligée au vice ressort-elle du théâtre de Molière ?

le bien? N'est-il pas nécessaire même que la vertu l'emporte, pour qu'une œuvre soit utile? Mais elle a plusieurs manières de triompher. Nous ne devons pas voir l'enfer au théâtre, sans prendre, au moins, sur le ciel, quelque jour consolant. Il le faut; la nature l'exige. Il ne faut peindre le vice que pour nous faire aimer la vertu, soit qu'elle nous plaise et triomphe en nous, par l'éclat de sa beauté propre, lorsqu'elle est persécutée jusqu'au bout, soit qu'elle triomphe, même humainement, du mal vu dans toute sa profondeur, mais vaincu au dénoûment, après les péripéties émouvantes du drame; car la comédie est un drame, et qu'est-ce qu'un drame? C'est une action; le mot lui-même l'indique. Or, une action dramatique doit représenter ce qui se passe ou se fait dans le cours de la vie et des choses humaines. Pour que cette action soit réelle, malgré les embellissements de l'art, il est indispensable qu'elle offre aux yeux le pour et le contre, le bien et le mal, le vice et la vertu, en un mot cette lutte dramatique des deux principes opposés, dont nous sommes les témoins journaliers; autrement, il n'y a ni drame, ni action, ni tragédie, ni comédie. Je ne prétends pas, toutefois, que la part du bien doive y être faite avec une générosité exagérée. Ce serait juger l'homme légèrement et ne le point connaître. Mais encore le vice de notre nature nous a-t-il laissé des qualités et des vertus mêlées d'orgueil, qui ont permis, même aux sociétés anciennes, de s'établir et de durer par le triomphe d'un certain ordre moral très incomplet mais visible. La grâce de la loi nouvelle a perfectionné ce caractère et ces mœurs de l'humanité. Il tiendra compte de l'état réel et de l'histoire de l'âme humaine, celui qui la voudra peindre telle qu'elle est, dans une action tragique ou comique, dût-il avoir pour but principal de représenter le vice, afin de nous en écarter. Si l'opposition manque, la fin est aussi manquée. L'opposition des caractères suffit à l'intérêt ; elle ne suffit pas à la fin morale d'une comédie où le bien et le mal ne seraient point sérieusement en présence.

Nous pouvons déjà affirmer, par une précédente étude de plusieurs pièces, que Molière n'a pas toujours été assez préoccupé de remplir ce premier devoir d'un écrivain, qui consiste à être utile aux mœurs, ou, du moins, que son plan n'a pas eu d'heureuse exécution. Il nous faut entrer maintenant dans le détail des grandes comédies d'un auteur illustre, et même le plus populaire de tous, en France et dans le monde, pour juger s'il a mérité, au tribunal de la critique chrétienne, la seule vraie, cette gloire universelle et cette popularité incontestée. Nous négligerons même, ainsi que nous l'avons déjà annoncé, plus d'une œuvre de Molière, soit qu'il flatte seulement les instincts du peuple ou laisse éclater le rire de la farce grossière (1), soit qu'il sorte de son génie et de la vraie comédie, en tournant à la pastorale (2), soit qu'il célèbre l'amour païen et l'adultère, comme dans *Phsyché* et dans *Amphitryon*. Notre fin principale, c'est de faire connaître *le critique et le moraliste*. A ce but suffisent quelques grandes pièces de caractère. Nous y ajouterons le *Bourgeois gentilhomme*, qui peint un défaut trop général de notre nature, la vanité, pour être passé sous silence, et le *Malade imaginaire*, où, d'un cas particulier et très comique, nous tirerons une conclusion générale sur les effets de l'imagination. Etudions dès maintenant le moraliste dans l'*Avare*, comme nous

(1) *M. de Pourceaugnac* (1669).

(2) *Mélicerte* (1666), *Don Garcie de Navarre* (1661), *Les Amants magnifiques* (1670), etc.

avons examiné le critique dans les *Précieuses*.

L'avare de Molière, dont la demeure voit se développer l'action de la comédie, se nomme Harpagon. Harpagon vient d'un mot grec, qui signifie enlever, ravir, arracher. Harpagon a un fils nommé Cléante, une fille nommée Elise; mais il leur préfère le trésor qu'il a enterré dans son jardin. Toutefois, Harpagon est amoureux, et partant ridicule. Pouvait-on mieux mettre quelque joie dans un sujet aussi odieux que l'avarice? Je ne dirai pas, avec certains classiques : c'est du génie! On a abusé de ce mot. Disons que c'est bien imaginé, naturel, et d'un homme qui connaissait à fond son art. En effet, il n'est pas permis d'échapper au désir d'être aimé, fût-on Harpagon, l'homme le moins aimable du monde. Et d'ailleurs, à quel âge aura-t-on des illusions, sinon quand on n'a plus les moyens réels de plaire?

Or, Cléante, fils de l'avare, adore Marianne. Et même il le confie à sa sœur. C'est un vrai jeune homme, qui fait songer au Britannicus de Racine, sauf la différence des genres. Il est infiniment plus gai et n'est empoisonné par personne. Il est impétueux, sincère, amoureux jusqu'à l'impossible : il ne veut pas qu'on le contredise; il le déclare à Elise :

« Oui, j'aime. Mais, avant que d'aller plus loin, je sais que je dépends d'un père, et que le nom de fils me soumet à ses volontés ; que nous ne devons point engager notre foi sans le consentement de ceux dont nous tenons le jour ; que le ciel les a faits maîtres de nos vœux, et qu'il nous est enjoint de n'en disposer que par leur conduite ; que, n'étant prévenus d'aucune folle ardeur, ils sont en état de se tromper bien moins que nous, et de voir beaucoup mieux ce qui nous est propre ; qu'il en faut plutôt croire les lumières de leur prudence que l'aveuglement de notre passion ; et que l'emportement de la jeunesse nous entraîne le plus souvent dans des précipices fâcheux. Je vous dis tout cela, ma sœur, (il a dû le dire très vite, fort pressé de jeter ce fardeau d'une foule d'utiles vérités, que sa franchise avoue, et dont sa jeunesse ne veut pas), afin que vous ne vous donniez pas la peine de me le dire ; car, enfin, mon amour ne veut rien écouter, et je vous prie de ne point me faire de remontrance. »

Qui aime-t-il ?

« Une jeune personne qui loge depuis peu en ces quartiers, et qui semble être faite pour donner de l'amour à tous ceux qui la voient... »

Elle se nomme Marianne : « On voit briller mille grâces en toutes ses actions.... »

Sa mère est une veuve, toujours malade ; elle est pauvre. Raison de plus pour aimer Marianne. Cléante est généreux. Harpagon ne l'est pas autant. Il veut marier sa fille, *sans dot*, à un jeune homme de cinquante ans, riche et veuf, au seigneur Anselme. Elise fait la révérence à son père :

« Cela ne sera pas, mon père.

HARPAGON.

Cela sera, ma fille.

ÉLISE.

Je me tuerai, plutôt que d'épouser un tel mari.

HARPAGON.

Tu ne te tueras point, et tu l'épouseras. »
Peut-être.... Elise aime Valère. Qu'est-ce que Valère ? un homme de condition qui a arraché Elise à la fureur des eaux, comme il arrive dans plusieurs romans, et qui l'aime de toutes ses forces. Pour lui faire la cour plus aisément, il s'est couvert de la livrée d'un domestique ; il est l'intendant d'Harpagon ; c'est ainsi qu'il a obtenu l'entrée de la maison. Il flatte l'avare sur toutes

les coutures. C'est lui qui jugera entre Elise et Harpagon. Pour Cléante, il a tout à l'heure appris que son rival c'était son propre père, oui, son père amoureux de Marianne. C'est là le nœud de l'intrigue. Mais l'avare appelle son intendant :

HARPAGON.

Ici, Valère. Nous t'avons élu pour nous dire qui a raison de ma fille ou de moi.

VALÈRE, *dans son rôle.*

C'est vous, Monsieur, sans contredit. »
Encore s'il savait ce qu'a pu dire Harpagon.

HARPAGON.

Sais-tu bien de quoi nous parlons ?

VALÈRE.

Non, mais vous ne sauriez avoir tort, et vous êtes toute raison.

HARPAGON.

Je veux, ce soir, lui donner pour époux un homme aussi riche que sage, et la coquine me dit au nez qu'elle se moque de le prendre. Que dis-tu de cela ?

VALÈRE, *stupéfait et des plus embarrassés :*

Ce que j'en dis? »

Il a besoin de reprendre son sang-froid.

HARPAGON.

Oui.

VALÈRE.

Eh! eh! »

Il y a des interjections fort utiles.

HARPAGON.

Quoi ?

VALÈRE.

Je dis que, dans le fond, je suis de votre sentiment, et vous ne pouvez pas que vous n'ayez raison. Mais aussi n'a-t-elle pas tort tout à fait, et....

HARPAGON.

Comment ? le seigneur Anselme est un parti considérable; c'est un gentilhomme qui est noble, doux, posé, sage et fort accommodé, et auquel il ne reste aucun enfant de son premier mariage. Saurait-elle mieux rencontrer? »

A cette plate morale de la vieillesse avare répond, par la bouche de Valère, la morale de l'intérêt.

VALÈRE.

Cela est vrai. Mais elle pourrait vous dire que c'est un peu précipiter les choses, et qu'il faudrait au moins quelque temps pour voir si son inclination pourrait s'accommoder avec.... »

La morale de l'intérêt est double ; c'est peu dire ; elle multiplie ses nuances suivant les occasions. Naguère elle permettait à un gentilhomme, nommé Valère, de s'habiller en valet pour courtiser la fille et abuser le père. Tout à l'heure elle donnait raison à l'avare, d'une manière absolue ; et maintenant, elle se déclare pour Elise contre Harpagon. Valère veut tout concilier, même les inconciliables ; il a rêvé l'identité des contradictoires. Il est logique cependant, quelles que soient les apparences ; il fait varier sa phrase mobile, sur un fond immobile, son égoïsme, ou, si vous voulez, son amour. — La morale serait-elle donc faite d'une étoffe élastique, et qui se contracte et s'élargit à volonté? On l'a dit : il y a la morale appelée *stricto sensu*, morale sévère qui juge les choses, comme le christianisme, avec une austérité gênante. C'est maigre et petit. Mais une autre morale se nomme *lato sensu;* elle a toutes les couleurs du prisme ; elle varie autant que la lumière elle-même. Elle résout les questions les plus sérieuses, à la grande joie du cœur, selon le vent qui souffle ; elle est aussi grave et aussi fixe que la raison d'Etat ; elle possède la force théologique d'un portefeuille de ministre... libéral.

Mais, sans plus tarder, voyons-la en action, prenons-la sur le fait; entendons parler l'égoïsme de l'amour et l'égoïsme de l'avarice.

Celui-ci d'abord :

HARPAGON.

C'est une occasion qu'il faut prendre aux cheveux. Je trouve ici un avantage qu'ailleurs je ne trouverais pas : il s'engage à la prendre *sans dot.*

VALÈRE.

Sans dot ! »

Et quelle raison pour un avare ! *Sans dot !*

Elle est tout pour lui, cette raison ; elle n'est rien, dans le vrai ; mais elle peint, à fond, d'un mot, un caractère. Il y a là, sans effort, vérité, gaieté, contraste. Que voulez-vous de plus? La scène est achevée. — Valère sait à quelle forte partie il a affaire ; il rentre dans son rôle ; il répète avec un air de stupéfaction admirative, presque d'incrédulité :

« *Sans dot ?* »

Et l'avare, les yeux dilatés par la conviction, avec ce ton affirmatif qui veut en convaincre un autre :

« Oui. »

Alors l'interlocuteur :

« Ah! je ne dis plus rien. Voyez-vous : voilà une raison tout à fait convaincante ; il faut se rendre à cela. »

L'avare tout entier :

« C'est pour moi une épargne considérable. »

VALÈRE, essayant, mais en vain, de ramener Harpagon de son vice aride jusqu'aux espérances de son amour, *à lui*, Valère :

« Assurément ; cela ne reçoit point de contradiction. Il est vrai que votre fille vous peut représenter que le mariage est une plus grande affaire qu'on ne peut croire ; qu'il y va d'être heureux ou malheureux toute sa vie, et qu'un engagement qui doit durer jusqu'à la mort ne se doit jamais faire qu'avec de grandes précautions. »

C'est juste ; c'est même touchant. Harpagon, pour atteindre et mettre en pièces la raison, qui est l'ennemie de sa folie, n'a qu'un engin, mais il est formidable : *Sans dot!*

L'homme des deux morales est pris dans son propre piège ; il s'escrime en vain pour répondre oui à l'avare et oui à son amour :

« Il y a des gens qui pourraient vous dire, qu'en de telles occasions, l'inclination d'une fille est une chose, sans doute, où l'on doit avoir de

7

l'égard, et que cette grande inégalité d'âge, d'humeur et de sentiments, rend un mariage sujet à des accidents très fâcheux. »

Chacun tire de son côté.

« *Sans dot!* » riposte l'éloquent vieillard.

Que Valère est faible, en face de lui, malgré sa dialectique à deux tranchants ! Je suis tenté, pour ma part, d'opiner en faveur d'Harpagon contre le mensonge de l'imposteur; il fait de vains efforts pour sauver son amour du naufrage :

« Ah! il n'y a pas de réplique à cela; on le sait bien. Qui, diantre! peut aller là contre ? Ce n'est pas qu'il y ait quantité de pères qui aimeraient mieux ménager la satisfaction de leurs filles, qui ne les voudraient point sacrifier à l'intérêt, et chercheraient, plus que toute autre chose, à mettre dans un mariage cette douce conformité qui sans cesse y maintient l'honneur, la tranquillité et la joie, et que.... »

Cette insipide rapsodie Harpagon la brusque d'un mot. Il est brillant, ce mot, comme un louis d'or; il écarte le sophisme de Valère, comme le soleil dissipe les nuages :

« *Sans dot!* »

Il faut ici que l'artiste se fasse un instant, jusqu'au fond du cœur, avare sur la scène, comme un véritable avare, et que son inflexion vocale, son regard, ses lèvres, son geste triomphent de Valère et même du spectateur ; il faut que le comédien égale le peintre.

VALÈRE, *vaincu.*

Il est vrai ; cela ferme la bouche à tout : *Sans dot!* Le moyen de résister à une raison comme celle-là ! »

Sans dot est passé en proverbe. *Sans dot* fait peur sur la fin glaciale du XIXe siècle.

Les joies d'un avare, même s'il marie sa fille *sans dot*, ne sont pas de longue durée. Le soupçonneux Harpagon, demeuré seul, n'ose croire que son trésor soit en sûreté :

« Mais il me semble que j'entends un chien qui aboie. N'est-ce point qu'on en voudrait à mon argent ? »

Tout à l'heure il se croyait volé par son domestique La Flèche, et La Flèche avait beau lui riposter :

« Comment, diantre! voulez-vous qu'on fasse pour vous voler ? Etes-vous un homme *volable*, quand vous renfermez toute chose et faites sentinelle jour et nuit ? »

Harpagon répondait :

« Je veux renfermer ce que bon me semble et

faire sentinelle, comme il me plaît. Ne voilà pas de mes mouchards qui prennent garde à ce que je fais! (*Bas, à part.*) Je tremble qu'il n'ait soupçonné quelque chose de mon argent. (*Haut.*) Ne serais-tu point un homme à faire courir le bruit que j'ai chez moi de l'argent caché? »

L'amour et l'avarice sont prompts à se trahir. L'un et l'autre soupçonnent sans fin qu'on leur vole, celui-là un cœur, celle-ci son or. Leurs plus grandes jouissances et leurs peines les plus cruelles naissent de l'imagination. Et la passion de leur cœur rend ce cœur sec pour tout ce qui n'est pas leur passion.

Mais rien ne vaut la scène elle-même.

LA FLÈCHE.

Vous avez de l'argent caché!

HARPAGON.

Non, coquin, je ne dis pas cela! (*Bas.*) J'enrage! (*Haut.*) Je demande si, malicieusement, tu n'irais point faire courir le bruit que j'en ai?

LA FLÈCHE.

Eh! que nous importe que vous en ayez ou que vous n'en ayez point, si c'est pour nous la même chose?

HARPAGON, *levant la main pour donner un soufflet à La Flèche.*

Tu fais bien le raisonneur! Je te baillerai de ce raisonnement-ci par les oreilles! Sors d'ici, encore une fois!

LA FLÈCHE.

Eh bien, je sors.

HARPAGON.

Attends; ne m'emportes-tu rien?

LA FLÈCHE.

Que vous emporterais-je?

HARPAGON.

Viens, viens çà, que je voie! Montre-moi tes mains.

LA FLÈCHE.

Les voilà.

HARPAGON.

Les autres.

LA FLÈCHE, *étonné à bon droit.*

Les autres?

HARPAGON.

Oui.

LA FLÈCHE.

Les voilà. »

On s'est beaucoup récrié contre « les autres ; »

car La Flèche a montré ses deux mains; il n'en a pas d'autres à faire voir. Cependant, Molière a raison, quoique invraisemblable. Toute passion, en effet, par sa nature, pèche contre la vraisemblance; l'imagination principalement, quand elle est allumée par le soupçon ou la convoitise, n'a pas le devoir d'être raisonnable. N'est-elle pas, même en temps ordinaire, la folle du logis? Est-ce que la sottise d'un amoureux ne multiplie pas les qualités de la femme la plus ordinaire? L'avarice d'Harpagon multiplie les mains qui cachent son or Les deux mains de La Flèche ne viendront jamais à bout de satisfaire l'insatiable curiosité de l'avare; son éternel soupçon en veut d'autres. D'où : *les autres*.

Si Harpagon n'est pas tout à fait heureux, on l'est moins encore autour de lui. Son fils Cléante, pour entretenir son luxe de jeune homme, et aussi pour alléger le sort de Marianne et sa pauvreté, s'est fait joueur. Triste fonds que le jeu! Mais Harpagon ne donne rien à son fils. Ah! si Cléante savait que son père vient d'enterrer dans son jardin dix mille écus d'or « qu'on lui rendit hier! » Quelle tentation! Il le saura peut-être, grâce aux indiscrétions du vieillard, si préoccupé des voleurs qu'il en voit partout, qu'il en parle seul, et de son or aussi.

HARPAGON.

Vous avez entendu?

CLÉANTE.

Quoi, mon père?

HARPAGON.

Là....

CLÉANTE.

Quoi?

HARPAGON.

Ce que je viens de dire?

CLÉANTE.

Non....

HARPAGON.

Je vois bien que vous en avez ouï quelques mots. C'est que je m'entretenais en moi-même de la peine qu'il y a aujourd'hui à trouver de l'argent, et je disais qu'il est bien heureux qui peut avoir dix mille écus chez soi. Plût à Dieu que je les eusse, dix mille écus! »

Il se découvre plus à mesure qu'il se cache davantage.

Et puis il fait la morale à son fils :

« Est-il rien de plus scandaleux que ce somptueux équipage que vous promenez par la ville?

Je vous l'ai dit vingt fois, mon fils, toutes vos manières me déplaisent fort; vous donnez furieusement dans le marquis, et pour aller ainsi vêtu, il faut que vous me dérobiez.... Où pouvez-vous donc prendre de quoi entretenir l'état que vous portez?

CLÉANTHE.

Moi, mon père? c'est que je joue, et comme je suis fort heureux, je mets sur moi tout l'argent que je gagne. »

La réponse de l'avare peindra la sagesse de l'intérêt, la morale de l'égoïsme, la prudence du vice, l'ordre sans honneur, ou l'ordre dans le désordre.

HARPAGON.

C'est fort mal fait. Si vous êtes heureux au jeu, vous en devriez profiter, et mettre à honnête intérêt l'argent que vous gagnez, afin de le trouver un jour.... »

Le reste est surtout comique, mais n'est pas moins exact, et peint certains ridicules du temps : « Je voudrais bien savoir... à quoi servent tous ces rubans dont vous voilà lardé depuis les pieds jusqu'à la tête; et si une demi-douzaine d'aiguillettes ne suffit pas pour attacher un haut-de-chausses. Il est bien nécessaire d'employer de l'argent à des perruques, lorsque l'on peut porter des cheveux de son cru, qui ne coûtent rien ! Je veux gager qu'en perruques et rubans il y a, au moins, vingt pistoles ; et vingt pistoles rapportent par année dix-huit livres, six sous, huit deniers, à ne placer qu'au denier douze. »

C'est-à-dire avec un désintéressement méritoire, environ à neuf pour cent.

Aussi, doté d'un tel père qu'il n'ose ostensiblement voler, Cléante, sans doute malheureux au jeu, n'a qu'une dernière ressource, l'usurier. Un châtiment cruel se prépare pour l'avarice d'Harpagon déjà éprouvé par des soupçons perpétuels ; la comédie prend vie, l'action s'anime, la fin de l'auteur se laisse entrevoir. Nous allons rire cependant du prêteur, en attendant que nous connaissions son nom, quel qu'il soit. Cléante, par l'intermédiaire de La Flèche et du juif Simon, lui emprunte 15,000 francs. Là où il y a un crime, un meurtre, par exemple, on assure qu'il y a dans l'ombre, quelque Eve dégénérée ; là où il y a une question d'argent, prêté surtout, il y a souvent un juif, sinon de droit, de fait au moins. — Le juif a l'air aujourd'hui de gouverner le monde par la finance. Déjà, sous Louis XIV, il était à sa place, dans Molière, et dans une comédie de mœurs. Mais Simon est-il un juif? Son nom me l'a fait croire. Voyons à quelle condition l'usurier, plus juif que Simon, prête ses honnêtes écus au jeune étourdi, nommé Cléante. Ces conditions, La Flèche les lit à son maître : « Au denier quatre, c'est-à-dire à vingt-cinq pour cent. » Ce n'est pas tout : « Des quinze mille francs qu'on demande, le prêteur ne pourra compter en argent que douze mille livres, et, pour les mille écus restants, il faudra que l'emprunteur prenne les hardes, nippes, bijoux dont s'ensuit le mémoire. »

Ecoutons le mémoire, il est grotesque :

« Premièrement, un lit de quatre pieds à bandes de point de Hongrie, appliquées fort proprement sur un drap de couleur d'olive, avec six chaises et la courte-pointe de même; le tout bien conditionné et doublé d'un petit taffetas changeant rouge et bleu; plus, une tenture de tapisserie des amours de Gombaud et de Macée. »

J'en prends et j'en laisse.

« Plus, trois gros mousquets tout garnis de nacre de perle, avec les fourchettes assortissantes.... Plus, un luth de Bologne, garni de toutes ses cordes, ou peu s'en faut. »

C'est risible ; voici qui l'est davantage :

« Plus, un trou-madame et un damier avec un jeu de l'oie, renouvelé des Grecs, fort propre à passer le temps lorsque l'on n'a que faire.

» Plus, une peau de lézard.... »

C'est un vrai contrat, écrit avec la défiance d'un avare et la bonne foi de l'avarice, qui donne à tout ce qu'elle possède un prix inestimable, multiplié par la peine cruelle qu'elle souffre à s'en séparer, en le cédant, même à des conditions fabuleuses. Ce qui doit faire rire, c'est l'air de Cléante, moqueur et mortifié, sans doute, mais aussi le contraste de cette jeunesse dupée, avec la rapace vieillesse qui a imprimé son âme sur un dur parchemin. — On se demande comment la gaieté peut naître, pour nous, des ténèbres d'une âme cupide : Dieu a permis que le vice fût souvent ridicule, pour soulager agréablement notre indignation, si nous sommes bons, ou nous guérir, si nous sommes affligés de quelque malsaine passion, par la pudeur de l'amour-propre. Mais faire rire ne suffit pas ; il faut aller plus loin dans les profondeurs de l'âme ; il faut châtier le misérable qui s'est enfoncé dans l'ornière d'un vice invétéré ; il faut que notre âme prévoie au besoin pour nous la même punition. Il est nécessaire que notre cœur tremble, quand nos lèvres se sont moquées. Il faut que le bien triomphe, vengé par quelque désastre de l'égoïsme, puisque c'est dans l'égoïsme que se résout le mal lui-même, quelles que soient ses formes diverses. Molière a-t-il été ce moraliste? Sa force comique (elle est incontestable) a-t-elle abouti à une leçon profitable? Tout est là. Voyons. Nous l'attendions tout à l'heure, cette leçon. Arrivons-nous enfin à l'instant tragique, à celui où la comédie rencontre nécessairement la tragédie? car il n'est point de leçon tout à fait morale, qui n'ébranle l'âme dans ses fibres intimes, si elle ne fait même couler nos larmes.

Or, Cléante qui a le mémoire à la main, ce mémoire qui l'oblige à prendre pour trois mille livres « de vieux rogatons dont il n'aura pas deux cents écus, » Cléante indigné, le poignard sur la gorge, relit le contrat. Pendant qu'il a les yeux baissés, son père rentre chez lui, sans le voir, en compagnie du courtier Simon, qui ne sait rien de leur parenté. Le fils, par pudeur, ne s'est pas nommé; voilà où est l'invraisemblance. L'entremetteur n'est certain que d'une chose; il l'affirme à Harpagon, « c'est que la famille du jeune homme en question est très riche, qu'il n'a plus de mère, et qu'il s'obligera (si cela est nécessaire) que son père mourra avant qu'il soit peu. » Le spéculateur sans âme, l'usurier rassuré jusque dans les profondeurs d'une sagesse avare, et n'entrevoyant plus l'ombre même d'une inquiétude sur le placement magnifique de son métal, appuyé, dans sa raison cupide, sur la mort d'une mère et la mort prochaine d'un père, juge bon de faire quelque ostentation de charité :

« La charité, dit-il à maître Simon, nous oblige à faire plaisir aux personnes, lorsque nous le pouvons. »

Il n'y a pas de vice sans hypocrisie; ou plutôt l'hypocrisie est double ici. Harpagon veut à la fois tromper son complice et sa conscience. Cependant, au fond de ce mensonge d'une âme impure, il y a encore, tant l'âme de l'homme est inséparable de l'idée du bien, ce qu'un moraliste a si bien nommé, *un hommage rendu par le vice à la vertu*.

Mais Cléante lève la tête; Harpagon se détourne de Simon. On s'approche, on se reconnaît. L'ignorant Simon s'adresse, dans son étonnante sincérité, à la Flèche et à Cléante :

« Ah! ah! vous êtes bien pressés! Qui vous a dit que c'était céans? »

Puis à Harpagon :

« Ce n'est pas moi, Monsieur, au moins, qui leur ai découvert votre nom et votre logis; mais à mon avis, il n'y a pas grand mal à cela; ce sont des personnes discrètes, et vous pouvez ici vous expliquer ensemble.

HARPAGON.

Comment?

SIMON.

Monsieur est la personne qui veut vous emprunter les quinze mille livres dont je vous ai parlé. »

Ainsi Harpagon, le père, est l'usurier; et Cléante, son fils, l'emprunteur.

Quel coup! L'avare a spéculé sur la mort de sa propre femme, la mère de Cléante; il vole son fils, il est devant son fils! Ecoutons, saisis d'effroi, c'est l'heure de la leçon.

HARPAGON.

Comment, pendard! c'est toi qui t'abandonnes à ces coupables extrémités?

CLÉANTE.

Comment, mon père! c'est vous qui vous portez à de si honteuses actions? »

La Flèche a fui avec Simon, aux premières paroles.

HARPAGON.

C'est toi qui veux te ruiner par des emprunts si condamnables?

CLÉANTE.

C'est vous qui cherchez à vous enrichir par des usures si criminelles?

HARPAGON.

Oses-tu bien après cela paraître devant moi?

CLÉANTE.

Osez-vous bien, après cela vous présenter aux yeux du monde?

HARPAGON.

N'as-tu point de honte, dis-moi, d'en venir à ces débauches-là, de te précipiter dans des dépenses effroyables, et de faire une honteuse dissipation du bien que tes parents t'ont amassé avec tant de sueurs?

CLÉANTE.

Ne rougissez-vous point de déshonorer votre condition par le commerce que vous faites, de sacrifier gloire et réputation au désir insatiable d'entasser écu sur écu, et de renchérir, en fait d'intérêt, sur les plus infâmes subtilités qu'aient jamais inventées les plus célèbres usuriers ?

HARPAGON.

Ote-toi de mes yeux, coquin, ôte-toi de mes yeux !

CLÉANTE.

Qui est le plus criminel, à votre avis, ou celui qui achète un argent dont il a besoin, ou bien celui qui vole un argent dont il n'a que faire ?

HARPAGON.

Retire-toi, te dis-je, et ne m'échauffe pas les oreilles ! (*Seul.*) Je ne suis pas fâché de cette aventure ; et ce m'est un avis de tenir l'œil plus que jamais sur toutes ses actions. »

Je l'avoue, sans rien vouloir enlever au génie profond de Molière, cette scène, qui pouvait être si morale, m'a moins ému que surpris. Le fils, en face de son père, n'a pas un instant d'émotion filiale. La nature peut-elle donc, en certaines occasions, perdre tous ses droits ? Je croyais que non, même dans les âmes les plus scélérates. Or, Cléante est loin d'être méchant ; il nous a paru jusqu'ici impétueux, étourdi, généreux et franc comme l'or. Quelques minutes ont-elles suffi pour le changer, et même effacer si radicalement dans son cœur l'image sacrée de l'autorité paternelle, que cette image n'ait pas déterminé en lui, ne fût-ce que l'espace d'une seconde, un sentiment de stupeur, et le désir de fuir plutôt que d'insulter? Mais non, sans une seule oscillation plus vive d'un cœur saisi, il est resté assez maître de lui-même, pour demeurer là, regarder son père d'un œil insolent, et, du premier coup, lui reprocher sa honte. Qu'il le fasse, j'y consens; mais il y avait un premier mouvement de la nature, un ébranlement de l'âme qui ne me semble pas avoir été observé. — Il en est de même d'Harpagon. Cette dignité du père, si cruellement blessée par une rencontre imprévue, dignité dont le sentiment reste comme une étincelle inextinguible et mal cachée, même sous l'épaisseur du vice, elle n'a pas paru, l'espace d'un éclair, dans une exclamation qui fît briller, au moins, je ne sais quelle beauté de l'âme humaine, jusque dans la honte. Le fils de l'avare est un *pendard* digne d'être *pendu*, et condamnable, non parce qu'il a volé son père, mais dérobé l'or d'Harpagon.

L'avare n'a pas été puni dans son enfant. Dans sa honte, il n'a pas vu sa honte, mais son bien dissipé, et alors un motif de plus pour surveiller son fils et son bien. L'avarice de l'un, l'insolence de l'autre eussent-elles été moins idéalement représentées, et moins vivement, avec une certaine exagération permise et même nécessaire, si nos yeux avaient aperçu, un moment, le cœur du fils dans Cléante, le cœur du père dans Harpagon?

QUATRIÈME COURS

L'Avare (Suite).

QUATRIÈME COURS

L'Avare (Suite).

Peut-être avons-nous jugé témérairement Harpagon. D'avare qu'il était naguère, et très avare, l'amour l'a rendu généreux. Il porte ses soixante ans, comme s'il en avait vingt. D'ailleurs, (c'est Frosine, une adroite entremetteuse de mariages ridicules qui le lui affirme) Marianne a une aversion épouvantable pour tous les jeunes gens, et n'a d'amour que pour les vieillards.... « Elle ne peut souffrir du tout la vue d'un jeune homme; mais elle n'est point plus ravie que lorsqu'elle peut voir un beau vieillard avec une barbe majestueuse. » Et le crédule barbon, ravi lui-même en extase par cette peinture d'une fille si parfaitement conforme à ses goûts, car, « elle vit de salade, de lait, de fromage et de pommes, » se laisse aller, avec l'aveuglement prodigue de l'amour, jusqu'à donner un dîner en l'honneur de Marianne. Mais encore, dans cette extraordinaire dépense, trouve-t-il moyen d'honorer son vice plus que sa fiancée elle-même :

« Allons, venez çà tous; que je vous distribue mes ordres pour tantôt, et règle à chacun son emploi. Approchez, dame Claude, vous, Brindavoine, et vous, la Merluche. »

Tant de domestiques! Il ne les paye donc pas! Mais voici le plus beau :

« Or çà, maître Jacques, approchez-vous; je vous ai gardé pour le dernier. »

C'est au cuisinier qu'il parle. Jacques est également cocher.

HARPAGON.

Dis-moi un peu, nous feras-tu bonne chère?

MAITRE JACQUES.

Oui, si vous me donnez bien de l'argent!

HARPAGON.

Que diable, toujours de l'argent! Il semble qu'ils n'aient autre chose à dire : de l'argent, de l'argent, de l'argent! Ah! ils n'ont que ce mot à la bouche! de l'argent! toujours parler d'argent! Voilà leur épée de chevet (1), de l'argent! »

(1) L'épée qu'on ne quitte jamais.

Alors Valère, le gentilhomme intendant, que a repris son rôle :

« Voilà une belle merveille de faire bonne chère avec bien de l'argent ! C'est une chose la plus aisée du monde, et il n'y a si pauvre esprit qui n'en fît autant ; mais pour agir en habile homme, il faut parler de faire bonne chère avec peu d'argent. »

Nous rions ; et cependant rien de plus vulgaire ; toute la pièce est vulgaire. Pour un brin d'amour, sans hésitation aucune, un noble s'avilit, un jeune homme insulte son père âgé. Cela peut être vrai, à la rigueur ; mais à côté, je voudrais autre chose, et mon honnêteté manque un peu d'air dans cette comédie qui fait rire du vice, et ne montre pas même l'ombre d'une vertu ordinaire. — Harpagon poursuit :

« Il faudra de ces choses dont on ne mange guère, et qui rassasient d'abord.

— Car, interrompt l'intendant, c'est un coupe-gorge qu'une table remplie de trop de viande.... Il faut manger pour vivre, et non vivre pour manger. »

Cette sentence d'un ancien rappelée par Valère, Harpagon la veut faire graver en lettres d'or sur la cheminée de la salle. Il en fera la dépense; il sera généreux par avarice. Voici mieux. On pouvait se plaindre du manque absolu de morale élevée jusqu'alors. Mais Jacques n'est pas présent pour rien. C'est Jacques, à défaut du noble Valère, qui donne la leçon à l'avare. Le cuisinier est redevenu cocher. Il aime au moins quelque chose, ce pauvre homme ; il aime ses chevaux, qui doivent, après le repas, conduire Marianne à la foire :

« Les pauvres bêtes n'ont point de litière, cela me fend le cœur, dit-il, de les voir ainsi exténuées. Car enfin, j'ai une tendresse pour mes chevaux, qu'il me semble que c'est moi-même, quand je les vois pâtir. Je m'ôte tous les jours pour eux les choses de la bouche ; et c'est être, monsieur, d'un naturel trop dur, que de n'avoir nulle pitié de son prochain. »

Que c'est bien le langage du peuple ! mais la morale n'y perd rien, et la pièce reste comique.

MAITRE JACQUES.

J'enrage de cela, et je suis fâché tous les jours, d'entendre ce qu'on dit de vous ; car, enfin, je me sens pour vous de la tendresse, en dépit que j'en aie ; et, après mes chevaux, vous êtes la personne que j'aime le plus. »

Mais que dit-on de l'avare? Poussé à bout, l'honnête Jacques a l'imprudence d'être franc. On prétend qu'on peut être sincère, sans aller si loin. Jacques ne connaît pas les nuances ; il n'a pas lu Sénèque :

« Je vous dirai franchement que l'on se moque partout de vous.... L'un dit que vous faites imprimer des almanachs particuliers, où vous faites doubler les Quatre-Temps et les Vigiles, afin de profiter des jeûnes où vous obligez votre monde ; l'autre, que vous avez toujours une querelle toute prête à faire à vos valets dans le temps des étrennes ou de leur sortie d'avec vous, pour vous trouver une raison de ne leur donner rien. Enfin, voulez-vous que je vous dise ? On ne saurait aller nulle part, où l'on ne vous entende accommoder de toutes pièces. Vous êtes la fable et la risée de tout le monde, et jamais on ne parle de vous que sous les noms d'avare, de ladre, de vilain et de fesse-mathieu. »

Jacques a dit la vérité ; Jacques est battu par Harpagon. Raillé par l'adroit Valère, un habile, il fait le brave ; il est battu par Valère. Pauvre maître Jacques ! Puisse-t-il rester honnête quoique deux fois battu ? Malgré tout, l'honnêteté, sous la forme comique, nous a fait rire du vice; elle n'en est que plus énergique dans sa rusticité; elle n'est pas moins aimable. Les autres personnages de la pièce sentent trop la mise en scène. Il n'y a pas d'illusion; ce sont de vrais comédiens. Le brave Jacques a bien sa nature à lui. C'est Jacques, et pas un autre.

Mais il nous tarde d'assister à l'entrevue de Marianne et d'Harpagon. Ils sont sous nos yeux :

« Ne vous offensez pas, ma belle, si je viens à vous avec des lunettes. Je sais que vos appas frappent assez les yeux, sont assez visibles d'eux-mêmes, et qu'il n'est pas besoin de lunettes pour les apercevoir; mais, enfin, c'est avec des lunettes qu'on observe les astres; et je maintiens et garantis que vous êtes un astre, mais un astre, le plus bel astre qui soit dans le pays des astres. »

Voyez-vous d'ici cet homme tremblant sur ses jambes, en vieilles lunettes, le crâne dénudé, et qui tousse peut-être, en parlant d'amour?

Aussi, Marianne à part :

« Quel animal ? »

La scène, cependant, en dépit de son apparence bouffonne, est grave et mérite qu'on l'étudie.

Cléante paraît, l'amoureux aimé, et qui a promis à son père de ne point faire mauvaise mine à sa future belle-mère. Il tient trop fidèlement sa promesse. Tout étonné de voir Marianne :

« Madame, à vous dire le vrai, c'est ici une aventure où, sans doute, je ne m'attendais pas ; et mon père ne m'a pas peu surpris lorsqu'il m'a dit tantôt le dessein qu'il avait formé. Il est vrai que mon père, madame, ne peut pas faire un plus beau choix, et que ce m'est une sensible joie que l'honneur de vous voir ; mais, avec tout cela, je ne vous assurerai pas que je me réjouis du dessein où vous pourriez être de devenir ma belle-mère. Le compliment, je vous l'avoue, est trop difficile pour moi ; et c'est un titre, s'il vous plaît, que je ne vous souhaite point. Ce discours paraîtra brutal aux yeux de quelques-uns ; mais je suis assuré que vous serez personne à le prendre comme il faudra ; que c'est un mariage, madame, où vous imaginez bien que je dois avoir de la répugnance ; que vous n'ignorez pas, sachant ce que je sens, comme il choque mes intérêts, et que vous voulez bien enfin que je vous dise, que, si les choses dépendaient de moi, cet hymen ne se ferait point. »

Harpagon qui déchiffre l'énigme dans le sens de son intérêt :

« Voilà un compliment bien impertinent! Quelle belle confession à lui faire ! »

Marianne à son tour :

« Et moi, pour vous répondre (à Cléante), j'ai à vous dire que les choses sont fort égales, et que, si vous auriez de la répugnance à me voir votre belle-mère, je n'en aurais pas moins, sans doute, à vous voir mon beau-fils. Ne croyez pas, je vous prie, que ce soit moi qui cherche à vous donner cette inquiétude. Je serais fort fâchée de vous causer du déplaisir; et si je ne m'y voyais forcée par une puissance absolue, je vous donne ma parole que je ne consentirais point au mariage qui vous chagrine. »

Comme c'est l'ordinaire des femmes lancées dans le mal, Marianne dépasse le but, et se montre plus impudente que son amant. Elle se croit de l'empire sur Harpagon ; elle abuse de sa force; le vieillard n'y verra rien; il n'y voit rien.

Réduit au rôle d'imbécile, absolument imbécile, il demande pardon pour son fils:

« C'est un jeune sot, qui ne sait pas encore la conséquence des paroles qu'il dit.

— Je vous promets, riposte Marianne, persévérant dans l'équivoque de son rôle, que ce qu'il m'a dit, ne m'a point du tout offensée. »

Rions-nous, ici, en faveur des mœurs, où la morale a-t-elle été sacrifiée au désir de provoquer l'hilarité? Ce fils qui, sous prétexte de haïr sa belle-mère, lui fait une déclaration d'amour, et cette vulgaire Marianne, qui, usant de la même équivoque, mais avec une hardiesse transparente, fait comprendre à Cléante qu'elle l'aimerait moins comme beau-fils que comme mari, tout cela sous les yeux du vieillard, du père, je dirais presque de l'époux abusé, trompé, moqué, confiant, et qui approuve... quel tableau! quel mépris de ce qu'il y a de plus saint! N'aperçoit-on pas aussi, sous le couvert d'un mariage légitime, quoique forcé, les perspectives de l'adultère et les promesses mal déguisées de l'inceste? C'est odieux, sans doute, l'analyse le prouve. Mais la nature, qui vient chercher au théâtre, à la comédie surtout, des satisfactions assez profanes, se prête volontiers au rire instinctif qui ouvre les lèvres, malgré la morale; elle nous range, sans que nous le soupçonnions, contre un vieillard ridicule, du côté de deux jeunes gens qui s'aiment et qui raillent, avec un sans-gêne outrageant, les lois les plus élémentaires de la vertu. Ce qui est le plus odieux, c'est le rire auquel on nous convie ; et celui-là serait-il moral, qui l'a provoqué, quand même il s'appellerait Molière?

Est-ce tout? Non. Cléante fait semblant d'avoir été trop cruel envers sa future belle-mère; il s'adoucit par obéissance filiale :

« Eh bien, dit-il à Harpagon, puisque vous voulez que je parle d'autre façon, souffrez, madame, que je me mette ici à la place de mon père, et que je vous avoue que je n'ai rien vu dans le monde de si charmant que vous. »

Il lui a préparé, aux dépens de l'avare, une magnifique collation; il ôte du doigt d'Harpagon un diamant et le donne à Marianne. Le vieil amoureux est aux cent coups ; l'effet de la scène est des plus comiques. Nous rions du père avec le fils moqueur, avec Cham, un Cham attrayant, et nous l'aimerions, loin de le maudire. Mais peut-être, si nous étions avares, avons-nous cessé de l'être? Nous le saurons.

Cependant, comme le vieux Mithridate de Racine, Harpagon a conçu des soupçons. Il a vu son fils baiser la main de sa future belle-mère.

A la différence du barbare fiancé qui trompe Monime, l'avare, qui n'est ni moins cruel, ni moins perfide, dresse un piège à son fils.

HARPAGON.

Or çà! intérêt de belle-mère à part, que te semble à toi de cette personne?

CLÉANTE.

Ce qui m'en semble?

HARPAGON.

Oui, de son air, de sa taille, de sa beauté, de son esprit?

CLÉANTE (*encore dans son rôle de beau-fils*).

La, la.... »

Ce n'est pas compromettant. — Notons que ce fils coupable, trahi par son père, va nous paraître de plus en plus intéressant. C'est lui, néanmoins, qui, le premier, a trahi l'avare; mais il est jeune, Harpagon est vieux. Le vieux nous indigne, en trompant celui qui le trompait, à notre grande hilarité.

HARPAGON.

Mais encore?

CLÉANTE.

A vous en parler franchement, je ne l'ai pas trouvée ici ce que je l'avais crue. Son air est de franche coquette.... Ne croyez pas que ce soit, mon père, pour vous en dégoûter, car belle-mère pour belle-mère, j'aime autant celle-là qu'une autre. »

Nous le croyons facilement.

HARPAGON.

Si bien donc que tu n'aurais pas d'inclination pour elle?

CLÉANTE.

Moi? point du tout.

HARPAGON (*avec la bonté du renard*).

J'en suis fâché, car cela rompt une pensée qui m'était venue dans l'esprit. J'ai fait, en la voyant ici, réflexion sur mon âge, et j'ai songé qu'on pourra trouver à redire de me voir marier à une si jeune personne. Cette considération m'en faisait quitter le dessein, et comme je l'ai fait demander, et que je suis pour elle engagé de parole, je te l'aurais donnée, sans l'aversion que tu témoignes.

CLÉANTE (*stupéfait, mais incrédule*).

A moi!

HARPAGON.

A toi. »

La folie de l'amour, bien plus qu'une lueur

de confiance filiale, va ranimer l'espérance éteinte de Cléante.

CLÉANTE.

En mariage ?

HARPAGON (*d'un air bonhomme*).

En mariage. »

Cléante met les pieds dans le lacet, mais sans innocence ; il vient de mentir. — Ici, tout est vil. Dans Racine, Mithridate a des instants d'héroïsme, et Monime, quoique faible, paraît délicate et loyale. La comédie, sans doute, diffère de la tragédie ; mais le fond, dans l'une et dans l'autre, doit rester moral. Or, en cet endroit, la pitié serait pour le fils qui ne la mérite pas.

Cléante s'enfonce de plus en plus dans le piège :

« Ecoutez ! Il est vrai qu'elle n'est pas de mon goût ; mais, pour vous faire plaisir, mon père, je me résoudrai à l'épouser, si vous voulez. »

Le fils avance, le père recule avec une perfide expérience, en faisant mine d'insister, dans la question matrimoniale, sur la nécessité d'une mutuelle inclination. Il regarde Cléante ; il le fascine paternellement, il l'attire, il le prend tout entier dans le diabolique filet d'une affection parfaitement simulée.

CLÉANTE *abusé*.

Eh bien, mon père, puisque les choses sont ainsi, il faut vous découvrir mon cœur, il faut vous révéler notre secret. La vérité est que je l'aime depuis un jour que je la vis dans une promenade ; que mon dessein était tantôt de vous la demander pour femme, et que rien ne m'a retenu que la déclaration de vos sentiments et la crainte de vous déplaire.. »

Franchement, je suis tenté de sympathie pour Cléante, tant il y a de jeunesse dans sa parole, et j'oublierais que sa confiance n'est que l'intérêt de sa passion. Le fils, en réalité, n'a pas plus de respect pour son père que tout à l'heure. Un semblant d'immolation perfide et la sottise de l'amour crédule ont réuni, pour la forme, deux cœurs qui ne s'aimeront jamais. Même ils se haïssent autant que leurs intérêts les divisent. C'est hideux.

Harpagon, avec l'impitoyable et sèche analyse de la vieillesse, va jusqu'au bout de sa méchante victoire. Quand il sait que la défaite de son amour est complète, que son fils est aimé, à ses dépens, sans qu'il en puisse douter, et qu'il a été, lui, Harpagon, berné, devant le petit public de sa maison ; quand il se sent maître, par une odieuse revanche, des plus secrètes pensées de son enfant, alors il se découvre. Si c'était un père, il punirait ; ce n'est qu'un ennemi ; il se venge.

HARPAGON (*bas à part*).

Je suis bien aise d'avoir appris un tel secret ; et voilà justement ce que je demandais. (*Haut.*) Or sus, mon fils, savez-vous ce qu'il y a ? C'est qu'il faut songer, s'il vous plaît, à vous défaire de votre amour, à cesser toutes vos poursuites auprès d'une personne que je prétends pour moi, et à vous marier dans peu avec celle qu'on vous destine.

CLÉANTE.

Oui, mon père ; c'est ainsi que vous me jouez !... »

Le fils se révolte ; le père appelle dignement à son aide le bâton et un juge inattendu, Jacques. C'est grotesque.

Mais Jacques, tout à l'heure battu pour avoir dit la vérité, va mentir pour épargner ses épaules. Serait-ce là une des leçons morales de la pièce ? Il prend à part le père et le fils ; Harpagon d'abord ; il court ensuite parler au fils dans un autre coin du théâtre ; il revient dire à Harpagon que Cléante « se met à la raison », ce qui est absolument faux, et retourne à Cléante pour lui affirmer que son père n'est pas « si déraisonnable », qu'il lui accordera ce qu'il souhaite, « pourvu qu'il s'y prenne par la douceur ». Il trompe l'un et l'autre, reçoit de chacun des remerciements et s'esquive.

L'effet comique est des plus saisissants ; un rire éclate parti des profondeurs de notre plus infime nature. Depuis une demi-heure, au moins, le spectateur s'abaisse, en s'égayant de duperies et d'équivoques perpétuelles. Mais où prend-il donc sa source, le ridicule inventé, en ce lieu, par Molière ? Dans la rivalité de ceux qui devraient le plus s'aimer, dans le cœur perverti d'un père et d'un fils. Nous-mêmes rions-nous, ou nous moquons-nous ? Est-il sûr que l'auteur ne se soit pas moqué ? Cet homme, né bon et dégoûté de ses faiblesses, las de hanter son impur foyer, envieux d'un bonheur qu'il comprenait, mais qu'il ne possédait point, n'a-t-il pas, dans sa haine instinctive, méprisé et raillé, en la défigurant, la sainteté du foyer domestique ? C'est notre cœur, en effet, qui donne à nos écrits leur leçon morale, et nous pouvons dire que la mémoire du cœur, s'il est dénaturé, imprime ses mauvais souvenirs dans la prose du roman, comme dans les dialogues de la comédie. Le génie a beau faire, et les exceptions n'y peuvent rien, plus il est naturel, plus aussi il est impérieux, et plus il montre à nu, dans ses œuvres, l'âme de l'écrivain.

En tout cas, Jacques n'est pas battu, mais Jacques sera battu.

Mais Harpagon et Cléante sont en présence. Chacun d'eux croit que l'autre renonce à sa passion. Cette équivoque d'une réconciliation fausse et fondée sur l'intérêt fait rire de nouveau, jusqu'à ce moment bientôt arrivé où les deux adversaires, le père et le fils, reconnaissent qu'ils n'ont rien cédé ni l'un ni l'autre. Leur colère n'en est que plus vive, aiguillonnée par un échec de l'amour-propre. Nous avons ri de leur erreur, comme nous rions de leur déconvenue. Allons-nous voir, du moins, la comédie tourner au sérieux tragique, et quelque étincelle de dignité paternelle se réveiller dans le cœur desséché du vieillard?

HARPAGON.

Tu ne t'es pas départi d'y prétendre? (*Il s'agit de Marianne*).

CLÉANTE.

Au contraire, j'y suis porté plus que jamais.

HARPAGON.

Quoi! pendard, derechef?

CLÉANTE.

Rien ne me peut changer.

HARPAGON.

Laisse-moi faire, traître!

CLÉANTE.

Faites tout ce qu'il vous plaira.

HARPAGON.

Je te défends de me jamais voir.

CLÉANTE.

A la bonne heure!

HARPAGON.

Je t'abandonne.

CLÉANTE.

Abandonnez.

HARPAGON.

Je te renonce pour mon fils.

CLÉANTE.

Soit.

HARPAGON.

Je te déshérite.

CLÉANTE.

Tout ce que vous voudrez.

HARPAGON.

Et je te donne ma malédiction.

CLÉANTE.

Je n'ai que faire de vos dons. »

Ce ridicule vieillard, amoureux d'une jeune fille, déshérite et maudit, qui? son rival, rien que son rival. Il veut en avoir raison, et l'insolence persistante de Cléante le pousse d'un mot à un autre, jusqu'à ce dernier mot, ce suprême châtiment dont il abuse, par colère indigne. Il est plus bas qu'il n'était. Mais ce fils, jeune, léger, amoureux, coupable et intéressant, même persécuté, dites-nous, lecteurs, si, en se moquant, dans une satanique et dernière équivoque, de la malédiction du vieillard, il ne jette pas, avec une apparence de raison, l'opprobre du ridicule sur la malédiction paternelle? Ne nous fait-il point rire de ce qu'il y a, non de plus grave, c'est insuffisant, mais de plus terrible dans l'autorité d'un chef de famille? car la malédiction, c'est la foudre elle-même, la foudre du Ciel dans la main d'un père. — Est-il permis enfin de se faire un jeu du ciel, au point de le rendre comique, dans sa vengeance, et sur les tréteaux d'un théâtre?

Nous allons nous égayer plus honnêtement, en

approchant du terme de la pièce. L'avare a trop parlé ; l'indiscrétion de son vice l'a perdu. Ce n'est pas rare. La Flèche a déterré le trésor ; le trésor est entre les mains de Cléante. Harpagon n'a trouvé que le vide dans la cachette où il avait mis son cœur. — Son désespoir n'a pas de bornes. Sa passion tourne à la folie ; la folie n'est d'ailleurs qu'une passion dont l'aveuglement n'a pas toujours d'intervalles lucides :

« Au voleur ! au voleur ! à l'assassin ! au meurtrier ! Justice, juste ciel ! je suis perdu, je suis assassiné ! on m'a coupé la gorge ; on m'a dérobé mon argent ? Qui peut-ce être ? Qu'est-il devenu ? Où est-il ? Où se cache-t-il ? Que ferai-je pour le trouver ? Où courir ? Où ne pas courir ? N'est-il point là ? N'est-il point ici ? Qui est-ce ? Arrête ! (*A lui-même, se prenant par le bras.*) Rends-moi mon argent, coquin !... Ah ! c'est moi ! mon esprit est troublé, et j'ignore où je suis, qui je suis, ce que je fais. Hélas ! mon pauvre argent ! mon pauvre argent ! mon cher ami ! on m'a privé de toi ; et, puisque tu m'es enlevé, j'ai perdu mon support, ma consolation, ma joie : tout est fini pour moi, et je n'ai plus que faire au monde. Sans toi, il m'est impossible de vivre.

C'en est fait ; je n'en puis plus ; je me meurs, je suis mort, je suis enterré ! N'y a-t-il personne qui veuille me ressusciter, en me rendant mon cher argent, ou en m'apprenant qui l'a pris? Euh! que dites-vous? Ce n'est personne. Il faut, qui que ce soit qui ait fait le coup, qu'avec beaucoup de soin on ait épié l'heure ; et l'on a choisi justement le temps que je parlais à mon traître de fils! Sortons! Je veux aller quérir la justice, et faire donner la question à toute la maison, à servantes, à valets, à fils et à fille, et à moi aussi. Que de gens assemblés! Je ne jette mes regards sur personne qui ne me donne des soupçons, et tout me semble mon voleur.

» Euh! de quoi est-ce qu'on parle-là? de celui qui m'a dérobé? Quel bruit fait-on là-haut? Est-ce mon voleur qui y est? De grâce, si l'on sait des nouvelles de mon voleur, je supplie que l'on m'en dise. N'est-il point caché là parmi vous? Ils me regardent tous, et se mettent à rire! Vous verrez qu'ils ont part, sans doute, au vol que l'on m'a fait. Allons, vite des commissaires, des archers, des prévôts, des juges, des gênes, des potences et des bourreaux. Je veux faire pendre tout le monde ; et si je ne retrouve mon argent, je me pendrai moi-même après.... »

Ce tableau, assez chargé, est imité de Plaute qui a peint, dans l'*Aululaire*, moins un avare qu'un maniaque devenu riche soudain, de pauvre qu'il était, et toujours en crainte de perdre sa fortune inopinée, son trésor caché. Il le perd, le retrouve et le donne. Jamais l'avare ne donnera le sien.

En somme, Harpagon, dans son langage embrouillé et incohérent, représente bien les incohérences de la passion élevée à son paroxysme. D'une façon plus noble, Hermione exprime les mêmes contradictions, et du chaos de son cœur sortent les mêmes voix confuses de sentiments opposés et désordonnés. L'ordre a disparu d'où la raison est absente. Dans la comédie et dans la tragédie, c'est la même prolixité de l'insatiable passion; c'est la même vicissitude d'émotions antipathiques les unes aux autres. Hermione aime et hait. L'avare accuse et s'accuse; le terme, c'est le même néant. Hermione, si elle perd son Pyrrhus, se suicidera; Harpagon, s'il ne retrouve son or, se pendra....

Le commissaire est chez l'avare, avec son écharpe. — La Flèche battu s'est vengé; il a pris l'or du vieillard. Jacques se vengera.... Il est cité comme témoin; c'est de Valère que ses épaules ont souffert; c'est Valère qu'il accusera.

Encore faut-il, du moins, prouver devant le commissaire, qu'il a vu la vraie cassette, celle dont il s'agit.

HARPAGON.

Et cette cassette, comment est-elle faite? Je verrai bien si c'est la mienne.

MAITRE JACQUES.

Comment elle est faite?

HARPAGON.

Oui.

MAITRE JACQUES.

Elle est faite.... elle est faite comme une cassette!

LE COMMISSAIRE.

Cela s'entend. Mais dépeignez-la un peu, pour voir.

MAITRE JACQUES.

C'est une grande cassette.

HARPAGON.

Celle qu'on m'a volée est petite.

MAITRE JACQUES.

Eh! oui, elle est petite, si on veut le prendre

par là ; mais je l'appelle grande pour ce qu'elle contient. »

Maître Jacques, tout à l'heure si vrai, a fait de trop rapides progrès dans le mensonge, pour se venger et ne pas être battu. C'est naturel, et trop naturel. Cette logique de la nature mauvaise peut faire rire, elle n'est point morale. Cela ferait croire à la fatalité du mal.

LE COMMISSAIRE.

Et de quelle couleur est-elle ?

MAITRE JACQUES.

De quelle couleur ?

LE COMMISSAIRE.

Oui.

MAITRE JACQUES.

Elle est de couleur.... là, d'une certaine couleur.... Ne sauriez-vous m'aider à dire ?

HARPAGON.

Euh !

MAITRE JACQUES.

N'est-elle pas rouge ?

HARPAGON.

Non, grise.

MAITRE JACQUES.

Eh! oui, gris rouge : c'est ce que je voulais dire.

HARPAGON.

Il n'y a point de doute ; c'est elle assurément. »

Rien de plus heureux que la réponse de l'avare, elle est typique. La passion a des yeux pour ne pas voir; elle croit, sans ombre, tout ce qui aboutit à sa propre satisfaction.

Valère est l'accusé, Valère est le coupable; il comparaît devant ce beau-père désiré, quoique détesté, son maître et son juge. Or, Elise et lui se sont signé mutuellement une promesse de mariage. Valère a pris le cœur de la fille d'Harpagon, pardevant notaire; il a, suivant l'avare, pris son or; cet or, l'amant ne le connaît pas même. Chacun des deux interlocuteurs a son idée fixe qui l'absorbe. De là une équivoque des plus risibles, empruntée à Plaute, le plus gai des comiques de l'antiquité latine.

HARPAGON.

Approche, viens confesser l'action la plus noire, l'attentat le plus horrible qui jamais ait été commis.

VALÈRE.

Que voulez-vous, monsieur?

HARPAGON.

Comment, traître, tu ne rougis point de ton crime?... »

Harpagon pense à son trésor; Valère pense à Elise.

VALÈRE.

De grâce, ne vous mettez point en colère. Quand vous m'aurez ouï, vous verrez que le mal n'est pas si grand que vous le faites.

HARPAGON.

Le mal n'est pas si grand que je le fais! Quoi! mon sang, mes entrailles, pendard!

VALÈRE.

Votre sang, monsieur, n'est pas tombé dans de mauvaises mains. Je suis d'une condition à ne lui point faire de tort; et il n'y a rien, en tout ceci, que je ne puisse bien réparer.

HARPAGON.

C'est bien mon intention, et que tu me restitues ce que tu m'as ravi.

VALÈRE.

Votre honneur, monsieur, sera pleinement satisfait.

HARPAGON.

Il n'est pas question d'honneur là dedans, mais dis-moi, qui t'a porté à cette action?

VALÈRE.

Hélas! me le demandez-vous?... Un dieu qui

porte les excuses de tout ce qu'il fait faire, l'amour.

HARPAGON *(stupéfait).*

L'amour?.. Bel amour, bel amour, ma foi, l'amour de mes louis d'or! »

Il semble cependant qu'en ce lieu, malgré sa colère, Harpagon s'adoucisse instinctivement. D'honneur il n'en est pas question. Mais l'amour des louis d'or, quelque étonné qu'il paraisse, Harpagon le comprend. Il aimerait Valère, qui aime l'or, si Valère n'avait pris son or.

VALÈRE.

C'est un trésor, il est vrai, c'est le plus précieux que vous ayez... je vous le demande à genoux... nous nous sommes promis une foi mutuelle... Nous sommes engagés d'être l'un à l'autre, à jamais... Rien que la mort ne peut nous séparer...

HARPAGON. (*De plus en plus stupéfait, mais toujours à son idée, comme Valère est à la sienne.*)

C'est être bien endiablé après mon argent.

VALÈRE.

Je vous ai déjà dit, monsieur, que ce n'était

point l'intérêt qui m'avait poussé à faire ce que j'ai fait....

HARPAGON.

Elle n'est point sortie de ma maison? (la cassette.)

VALÈRE.

Non, monsieur.... Tous mes désirs se sont bornés à jouir de sa vue (d'Elise), et rien de criminel n'a profané la passion que ses beaux yeux m'ont inspirée.

HARPAGON.

Les beaux yeux de ma cassette! »

A ce trait, le rire éclate, mais le malentendu s'éclaircit bientôt; l'imbroglio se débrouille, l'équivoque cesse; Harpagon connaît qu'il est volé deux fois, dans son or et dans sa fille : « Surcroît de désespoir! » s'écrie-t-il.

Il y a toujours dans le drame un vainqueur et un vaincu; Jacques triomphe; Valère n'est qu'un « voleur et un suborneur! »

Cette scène si amusante a pourtant son mérite élevé. Elle représente admirablement ce qu'est *l'intelligence* aveuglée par une chimère de l'imagination ou du cœur; elle borne le monde à son unique pensée; elle s'y perd. Harpagon n'a plus le sens paternel; il n'a plus même le sens moral. Mettez, d'autre part, à la place de Valère, un souverain possédé par un seul et violent désir; son cœur sera tout entier dans cette passion dont il sera la proie; des sujets, il n'en aura plus, il n'en verra plus ; ou il les mènera à la suite de sa concupiscence, témoin Henri VIII. La passion peut faire rire ou faire pleurer. C'est toujours la même folie.

Mais Molière qui a besoin de finir sa pièce, précipite, autant dire, du ciel, le seigneur Anselme. Ce jeune homme de cinquante ans, que nous n'avons pas encore aperçu, se trouve être, par une suite d'aventures romanesques et une rencontre invraisemblable, le père de Marianne et de Valère. Il n'épousera pas Elise et la cèdera à son fils, avec une riche dot; car il est riche; Elise se mariera, *sans dot*. Cléante, *sans dot*, épousera Marianne, aussi riche que Valère; Cléante, en échange, rendra sa cassette à son père; Harpagon aura même, à la noce, un habit neuf qui ne lui coûtera rien. Pour son paiement, le commissaire aura le droit de battre maître Jacques toujours battu, qu'il mente ou qu'il dise la vérité :

« Allons, dit Anselme, vite faire part de notre joie à votre mère.

HARPAGON.

Et moi, voir ma chère cassette. »

Tout réussit à l'avare, au dénoûment. C'est là que devrait briller le dernier trait, celui qui résume la leçon.

Reprenons. Molière, avec une force d'analyse incomparable, a fait de tous les avares, un seul avare, tel qu'il n'y en a pas. Il a peint l'avarice. Cet être abstrait, il a eu assez de génie pour en faire un personnage vivant et qui a donné son nom à tous les Harpagons de la terre. Il a créé un type invraisemblable et réel, l'idéal des avares, leur modèle inimitable. — Si l'avarice est exactement représentée dans cet être imaginaire, l'homme, dans l'avare, est moins réussi. Il n'a pas une oscillation dramatique de liberté; il est fatalement entraîné, jusque dans ses plus indifférentes actions, par la nécessité de son vice inexorable. Est-ce là un modèle à nous offrir, et qui doive nous donner, si nous sommes emportés par quelque passion, l'opinion salutaire d'une puissance naturelle, notre liberté, capable d'imposer silence à l'ennemi de notre cœur? Non, certes. Du reste, Harpagon est trop avare pour corriger les autres avares; il n'en est aucun qui ne se sache bon gré de valoir mieux que lui; quelques-uns pourront lui devoir un perfectionnement de leur vice. La plupart riront à sa vue ; que dis-je? peu l'entendront; car l'avare ne se rend pas volontiers au théâtre.

D'autre part, quel exemple à offrir aux yeux que ces personnages tous trompeurs, rangés autour d'une image avilie, à plaisir, de l'autorité paternelle et du foyer domestique! A voir cette corruption de la famille, on risque de s'habituer, en riant, à retrouver ailleurs, même dans sa maison, un pareil spectacle; on risque de corrompre, en soi, les sentiments les plus purs, et de corrompre, avec sa dignité, son bonheur. Valère ment, et c'est un gentilhomme; Cléante méprise son père, il le vole; Elise lui désobéit. Marianne est une sorte d'entretenue, qui épousera, pour être riche, le père de son amant.

— Mais c'est là, dit-on, le châtiment du vieillard. Il ne le sent pas ; il n'est sensible qu'à la perte de son or; il le retrouve, il est heureux; il jouit plus qu'il ne souffre, il n'est point puni, mais récompensé. Ses enfants coupables ont ce qu'ils désirent. Tout cela n'est pas moral, malgré l'honnêteté apparente d'un dénoûment postiche. On peut être avare, mentir à ce qu'il y a de plus sacré, tromper ce qu'il y a de plus respectable, en principe, et aboutir néanmoins au bonheur. Mais si l'on est maître Jacques, on est battu, pour avoir été honnête ; c'est la seconde leçon de la pièce. Il est vrai que Jacques sera encore battu, pour avoir menti. Alors la comédie de Molière nous insinuerait-elle que la justice n'a aucune sanction sur la terre, peut-être qu'il n'y a pas de justice ? Faites mal, en effet, vous réussirez, témoin la famille de l'avare ; faites bien ou mal, comme Jacques, vous serez toujours battus, si vous devez être battus.

Ou encore, maître Jacques serait-ce le peuple malheureux quand même ? Si nous en avons ri, ce n'est pas tant mieux. Et Molière est, au fond, le moins gai des poètes comiques.

CINQUIÈME COURS

Les Femmes savantes (1672).

CINQUIÈME COURS

Les Femmes savantes (1672).

Molière, qui avait fait ses premières armes, à Paris, contre les précieuses, dut, à la fin de sa carrière, guerroyer contre les femmes savantes. Mais il était plus facile de reléguer, au fond de la province, les ridicules d'un langage raffiné, que de détruire, dans un sexe trop curieux, je ne dis point jaloux de ce qu'il ne lui appartient pas de connaître, un goût dépravé qui détrône les grâces, et tourne en dérision la science elle-même. Il y a deux cents ans, Balzac critiquait déjà, en ces termes, un *sénat féminin* et scientifique :

« Caton dirait que c'est une maladie de la république, à laquelle il est besoin de remédier.... Il y a longtemps que je me suis déclaré contre cette pédanterie de l'autre sexe, et que j'ai dit que je souffrirais plus volontiers une femme qui a de la barbe, qu'une femme qui fait la savante.... Tout de bon, si j'étais modérateur de police, j'enverrais filer toutes les femmes qui veulent faire des livres, qui se travestissent par l'esprit, qui ont rompu leur rang dans le monde. Il y en a qui jugent aussi hardiment de nos vers et de notre prose que de leurs points de Gênes et de leurs dentelles. Elles seraient bien fâchées d'avoir dit un poème héroïque, elles disent toujours un poème épique. On ne parle jamais du *Cid*, qu'elles ne parlent de l'unité du sujet, et de la règle des vingt-quatre heures. »

Il y avait donc, du temps de Molière, comme du temps de Balzac, des femmes savantes. Il en est aujourd'hui qui sont moins modestes que savantes, et moins savantes que ridicules. La société, qui déforme leur beau naturel, donne, en revanche, à leur pédantisme, le charme incroyable de la légalité; elle les élève, aux frais de l'Etat, dans ses propres lycées. Elle devrait leur imposer des vœux scientifiques, comme l'Eglise reçoit des vœux monastiques. Les femmes savantes, en effet, ne méritent point d'être mariées, et ne sauraient faire, dans l'ordinaire de la vie, le bonheur de leur époux et de leurs enfants. Radicalement impuissantes à provoquer autre chose que l'hilarité par leur savoir extraordinaire, elles sont gauches dans le reste, et trop relevées, pour ne pas être autour d'elles les ennemies transcendantes du bonheur domestique. Nous ne parlons pas de ces femmes instruites, en religion surtout, et dont le savoir n'a point affadi l'amabilité ; nous parlons des *savantes*. Or, Philaminte est très *savante*. Ainsi se nomme la superbe épouse d'un bonhomme d'époux, nommé Chrysale, placé, trop modestement, sur l'un des degrés de ce trône conjugal où il devrait régner en maître. En supposant qu'il règne, c'est à la façon parlementaire ; car il est certain qu'il ne gouverne pas. Chrysale a deux filles, Armande et Henriette. L'orgueilleuse Armande a repoussé les hommages de Clitandre ; la compatissante Henriette n'a pas dédaigné de le consoler ; elle en est aimée, elle l'aime. Mais voilà qui devient tragique : Celui dont elle ne voulait point, dans sa hauteur, Armande essaie tout pour l'arracher à sa sœur dans son dépit. D'autre part, la mère, Philaminte, a décidé, par amour de la science, qu'Henriette épouserait un pédant nommé Trissotin. Et Chrysale, qui peut tout, pour faire échouer le grec du savant et la jalousie de la savante, veut tout et ne fait rien. Heureusement, la cupidité de Trissotin mise à nu, au moment du contrat, relève les affaires du malheureux Clitandre; Chrysale jouit d'un dénouement dont il se croit l'auteur. Armande séchera de dépit, ce qui hâtera l'âge mûr de sa jeunesse; Henriette épouse Clitandre, et l'amour est couronné. C'est là le canevas d'une comédie qui se passe dans la maison de Chrysale, à Paris.

Dès le début, la spiritualiste Armande donne une leçon à sa sœur Henriette sur la vulgarité du mariage, d'une façon qui dénote la connaissance trop familière de ce qu'elle méprise en paroles. Au faux dégoût de sa sœur, Henriette répond avec une certaine justesse :

> Et qu'est-ce qu'à mon âge on a de mieux à faire
> Que d'attacher à soi, par le titre d'époux,
> Un homme qui vous aime et soit aimé de vous ;
> Et de cette union de tendresse suivie,
> Se faire les douceurs d'une innocente vie ?
> Ce nœud bien assorti n'a-t-il pas des appas ?

Armande se hâte de l'interrompre ; et son orgueil savant se peint d'un mot :

> Mon Dieu ! que votre esprit est d'un étage bas !

Cette scène, des plus naturelles, a aussi le mérite de nous mettre immédiatement sous les yeux deux sœurs dont la rivalité (est-ce déjà si rare?) forme le nœud même de l'action. Armande n'a pas fini :

> Que vous jouez au monde un petit personnage,
> De vous claquemurer aux choses du ménage,
> Et de n'entrevoir point de plaisirs plus touchants
> Qu'une idole d'époux et des marmots d'enfants !
> Laissez aux gens grossiers, aux personnes vulgaires,
> Les bas amusements de ces sortes d'affaires.
> A de plus hauts objets élevez vos désirs,
> Songez à prendre un goût des plus nobles plaisirs,
> Et, traitant de mépris les sens et la matière,
> A l'esprit, comme nous, donnez-vous tout entière.
> Vous avez notre mère en exemple à vos yeux,
> Que du nom de savante on honore en tous lieux :

Nous sommes en plein sujet :

> Tâchez, ainsi que moi, de vous montrer sa fille ;
> Aspirez aux clartés qui sont dans la famille,
> Et vous rendez sensible aux charmantes douceurs
> Que l'amour de l'étude épanche dans les cœurs.
> Loin d'être aux lois d'un homme en esclave asservie,
> Mariez-vous, ma sœur, à la philosophie.

Nous ne dirons pas avec le poète : *latet anguis in herbâ*, un serpent se cache sous les fleurs... de la philosophie. Non, il montre déjà sa tête hideuse. Je veux dire que le vice d'Armande se découvre, que sa jalousie a, sans doute, un intérêt majeur qui lui fait traverser le mariage d'Henriette. Il y a trop d'orgueil dans son élévation, pour qu'il n'y ait pas d'égoïsme dans son désintéressement. Henriette, sur le ton qui convient à son caractère mêlé de bon sens, d'enjouement, de malice et de singulière familiarité, riposte d'abord avec un air trop grave, pour ne pas être ironique, à la sévère moraliste, sa sœur :

> Le ciel dont nous voyons que l'ordre est tout-puissant,
> Pour différents emplois nous *fabrique* en naissant.

Le mot n'est pas noble :

> Et tout esprit n'est pas composé d'une étoffe
> Qui se trouve taillée à faire un philosophe.

La vivacité gauloise d'Henriette ne manque pas d'esprit, malgré le sans-façon du mot propre. Là est le contraste qui nous délasse des raideurs vertueuses d'Armande :

> Ainsi, dans nos desseins l'une à l'autre contraire,
> Nous saurons toutes deux imiter notre mère :
> Vous, du côté de l'âme et des nobles désirs ;
> Moi, du côté des sens et des grossiers plaisirs ;
> Vous, aux productions d'esprit et de lumière ;
> Moi, dans celles, ma sœur, qui sont de la matière.

Quoiqu'elle raille, Henriette a baissé le ton de quelques notes au-dessous de ce qui est permis à son sexe et surtout à son âge. Je lui saurais bon gré de parler moins naturellement de la matière et de ses grossiers plaisirs. Elle donne, du reste, l'occasion à sa rivale de lui riposter de la façon la plus vive, la plus spirituelle et la plus solide :

> Quand sur une personne on prétend se régler,
> C'est par les beaux côtés qu'il lui faut ressembler,
> Et ce n'est point du tout la prendre pour modèle,
> Ma sœur, que de tousser et de cracher comme elle.

Impossible de mettre plus en relief, par un mot vulgaire, une vérité élevée; mais il était inutile de placer sur les lèvres trop peu virginales d'Henriette, même dans la comédie, des vers d'une franchise aussi brutale que ceux-ci :

> .... Vous ne seriez pas ce dont vous vous vantez,
> Si ma mère n'eût eu que de ces beaux côtés;
> Et bien vous prend, ma sœur, que son noble génie
> N'ait pas vaqué toujours à la philosophie.
> De grâce, souffrez-moi, par un peu de bonté,
> Des bassesses à qui vous devez la clarté ;
> Et ne supprimez point, voulant qu'on vous seconde,
> Quelque petit savant qui veut venir au monde.

En supposant que Molière ait voulu, en l'exagérant à dessein, rendre plus saisissable le bon sens positif d'Henriette, est-il jamais des cas où le bon goût et la pudeur la plus ordinaire puissent perdre leurs droits à ce point? Est-ce dans la grande comédie, et dans un temps de jansénisme, disons mieux, de mœurs domestiques éminemment chrétiennes, que l'on devait

rencontrer ce type assez ordinaire d'une fille trop laïque, si vivement peinte d'ailleurs de façon à nous séduire, et qui semble un modèle à suivre, en face de l'orgueilleuse hypocrisie d'Armande ?
— Armande n'a pas voulu de Clitandre. Sa sœur le lui rappelle. Rien ne peint mieux le pédantisme hautain de la précieuse offensée que sa réponse à Henriette :

> Cet empire que tient la raison sur les sens,
> Ne fait pas renoncer aux douceurs des encens ;
> Et l'on peut pour époux refuser un *mérite*
> Que pour *adorateur* on veut bien à sa suite.

Malgré la noble abstraction d'un *mérite adorateur* et la quintessence d'un amour passé à l'alambic, Armande laisse percer la jalousie positive d'un cœur assez bas et l'amertume d'un dépit mal dissimulé sous les formes de la morale :

> Croyez-vous pour vos yeux sa passion bien forte,
> Et qu'en son cœur pour moi toute flamme soit morte ?

La réplique est simple, comme l'amour confiant d'Henriette :

> Il me l'a dit, ma sœur ; et, pour moi, je le crois.

Du reste, Clitandre, qui paraît, juge absolument de la même manière, malgré la grimace amoureuse d'Armande qui voudrait ce qu'elle ne voulait pas, pour qu'Henriette n'ait pas ce qu'elle veut; la jalouse souffre, en ayant l'air de ne point souffrir :

> Vous triomphez, ma sœur, et faites une mine
> A vous imaginer que cela me chagrine.

Et comme l'autre se moque avec cette fine malice :

> Moi, ma sœur! point du tout. Je sais que sur vos sens
> Les droits de la raison sont toujours tout puissants,
> Et que, par les leçons qu'on prend dans la sagesse,
> Vous êtes au-dessus d'une telle faiblesse.

Armande exaspérée :

> Votre petit esprit se mêle de railler ;
> Et d'un cœur qu'on vous jette on vous voit toute fière.

La défaite l'envenime, sa nature mauvaise se démasque. N'est-ce pas profondément triste que, chez de fort honnêtes gens, nous voyions deux sœurs qui se détestent, et, se serrant de près, distillent leur venin l'une contre l'autre? Deux cœurs fraternels qui s'abhorrent, ce n'est pas réjouissant, comme début, et cela fait songer à des rivalités de comédiennes. Espérons qu'il n'en est pas toujours ainsi, malgré la condition de notre nature déchue.

Nous sommes au nœud de la pièce. Armande ne négligera rien pour réduire à néant l'ironique et passager triomphe de la maligne Henriette, qu'elle hait par jalousie, comme elle aime Clitandre par envie. — Nous allons rire cependant, et sans arrière-pensée cette fois. Des vices de l'âme, nous remontons à la superficie, jusqu'à l'un de ces défauts qui peuvent se manifester à l'épiderme des plus honnêtes natures, provoquant l'hilarité, même bruyante, sans éveiller, plus bas, la tristesse dans le cœur. Celle qui va nous donner la comédie est une demoiselle sur le retour, nommée Bélise, sœur de Chrysale; elle a quelque chose de sa bonhomie; cette ressemblance tient de famille, comme la ressemblance des traits. Chrysale, dit l'*irrespectueuse* Henriette,

> ..... Est d'une humeur à consentir à tout;
> Mais il met peu de poids aux choses qu'il résout;
> Il a reçu du ciel certaine bonté d'âme
> Qui le soumet d'abord à ce que veut sa femme.

Il obéit à Philaminte, par paresse d'esprit ou de volonté. C'est avec la même bonhomie que Bélise croit au charme de sa personne. Clitandre la voudrait de son parti; mais elle pense et pensera avoir attaché Clitandre à son char;

de là une méprise dont son opiniâtreté précieuse ne sortira point.

CLITANDRE.

Souffrez, pour vous parler, Madame, qu'un amant
Prenne l'occasion de cet heureux moment,
Et se découvre à vous de la sincère flamme....

Clitandre a son cœur bien loin de Bélise. Bélise croit Clitandre à la poursuite du sien ; elle fait mine de fuir :

Ah ! tout beau : gardez-vous de m'ouvrir trop votre âme.
Si je vous ai su mettre au rang de mes amants,
Contentez-vous des yeux pour vos seuls truchements,
Et ne m'expliquez point, par un autre langage,
Des désirs qui, chez moi, passent pour un outrage.
Aimez-moi, soupirez, brûlez pour mes appas ;
Mais qu'il me soit permis de ne le savoir pas.

Et comme Clitandre proteste :

Ah ! certes, le détour est d'esprit, je l'avoue :
Ce subtil faux-fuyant mérite qu'on le loue ;
Et dans tous les romans où j'ai jeté les yeux,
Je n'ai rien rencontré de plus ingénieux.

C'est une soutenante suranée de la mode vieillie des romans. Clitandre a beau lui dire, avec un commencement de désespoir :

Ceci n'est point du tout un trait d'esprit, Madame ;
Et c'est un pur aveu de ce que j'ai dans l'âme.

Les cieux, par les liens d'une immuable ardeur,
Aux beautés d'Henriette ont attaché mon cœur ;
Henriette me tient sous son aimable empire,
Et l'hymen d'Henriette est le bien où j'aspire...

Bélise, d'un air fin, et qui entend à demi-mot :

Je vois où doucement veut aller la demande,
Et je sais, sous ce nom, ce qu'il faut que j'entende.
La figure est adroite, et, pour n'en point sortir
Aux choses que mon cœur m'offre à vous repartir,
Je dirai qu'Henriette à l'hymen est rebelle,
Et que, sans rien prétendre, il faut brûler pour elle.

Ainsi de suite, jusqu'au bout, malgré la rage de Clitandre qui lui crie aux oreilles :

Je veux être pendu, si je vous aime ; et sage...

Mais Bélise :

Non, non, je ne veux rien entendre davantage.

Elle s'esquive en rougissant. L'orgueil d'Armande, la folie de Bélise, ne sont-ce pas les premiers fruits de la science dans la maison de Philaminte ? Et Philaminte ? Patience, nous la connaîtrons.

Qu'est-ce que Bélise, en somme ? une honnête quadragénaire dont la préciosité a fait fuir jadis les nombreux prétendants. Elle n'a pas dû être une de ces graves jeunes filles, que le ciel et le monastère attirent, ou les devoirs élevés d'un célibat dévoué à des parents âgés et aux exercices de la piété. Non ; elle a voulu, pour époux, quelque Cyrus impossible. Occupée à choisir, elle n'a pas senti s'envoler les roses de son teint et les années rapides. Or, tandis que l'âge mûrissait sa beauté s'inclinant vers l'automne, comme c'est l'ordinaire dans les esprits frivoles, les désirs de la jeunesse persévéraient ; plus le vide se faisait autour de Bélise, plus l'idée de son mérite persistait, sous l'empire de l'imagination qui n'avait point vieilli, et qui expliquait tout, au gré de la personne intéressée, ou suivant les péripéties d'un roman prolongé. On sait d'ailleurs qu'une idée persistante peut devenir une idée fixe, une idée fixe se changer en manie ; la manie elle-même engendre la monomanie ; et la monomanie, plus d'une fois, produit la folie. La folie enfin n'est-elle pas très souvent une idée fixe, passant d'une tête absorbée, de l'esprit dans le cœur et dans la conduite de la vie ? Mais il y a des folies douces. Bélise en est la preuve. — Franchement, un visage d'homme, moins banal que celui de Clitandre, nous ferait plaisir à voir, après ces types féminins, variés dans la jalousie, l'orgueil, la légèreté et la folie. Henriette seule, non sans réserve, a quelque lumière de bonté. Voici son père.

En face de cette puissance domestique, nommée Chrysale, je n'éprouve rien de l'émotion qu'impose l'autorité même familière. Au contraire, je me sens joyeux, à la vue de ce teint fleuri d'un visage débonnaire, et de cet embonpoint dénotant un estomac en parfaite intelligence avec un cerveau tranquille. Le frère Ariste, un sage vulgaire, comme il y en a beaucoup dans le monde, et plusieurs dans Molière, touche à Chrysale un mot de Clitandre. Aussitôt les idées les plus heureuses, les souvenirs les plus délicieux, naissent en foule, dans l'esprit du bonhomme, comme il en naît parfois, chez le commun des mortels, après une facile digestion :

> Je connus feu son père en mon voyage à Rome.
> .... C'était, mon frère, un fort bon gentilhomme,
> .... Nous n'avions alors que vingt-huit ans,
> Et nous étions, ma foi, tous deux de verts galants.

Il rit au souvenir du passé.

Alors Ariste :

> Clitandre, auprès de vous, me fait son interprète,
> Et son cœur est épris des grâces d'Henriette.

Ici Bélise intervient, qui nous donne une seconde édition de sa folie. Ariste est dans l'erreur; c'est à son cœur qu'en veut Clitandre. Chrysale, au demeurant, le plus positif et le moins imaginaire des hommes, ose dire à sa sœur :

De ces chimères-là vous devez vous défaire.

Et Bélise :

Ah! chimères! ce sont des chimères, dit-on.
Chimères, moi! Vraiment, chimères est fort bon!
Je me réjouis fort de chimères, mes frères;
Et je ne savais pas que j'eusse des chimères.

Elle disparaît, comme une chimère.

Bélise partie, si naturelle, si comique et si bien inventée par l'art du poète, Chrysale continue à parler d'or :

Notre sœur est folle, oui.

Et comme les hommes de son caractère, il en doit éprouver quelque bonheur intime. Il sent davantage sa raison; il en jouit; il se console de ce qu'il n'a pas.... Dans sa belle humeur, il accepte, du coup, Clitandre :

Faut-il le demander? J'y consens de bon cœur,
Et tiens son alliance à singulier honneur.

Il triomphe de l'avenir; c'est dans l'ordre.

Mais arrivera l'heure de l'action. Rien n'est formidable comme cette heure psychologique. Chacun de nous rappelle un peu Chrysale, même beaucoup. Cependant nous rions et nous rirons de Chrysale. Il semble que nous allons au théâtre, moins pour nous corriger que pour nous assurer que les travers joués sur la scène ne sont pas nos travers. Tout au plus, entrevoyons-nous obscurément que tel vice ou tel défaut pourrait bien être *nôtre*, au titre humain seulement et de la façon la plus générale. Mais cet homme, qui se peint et que je raille, avec le poète, de mon observatoire mal éclairé, loge ou fauteuil d'orchestre, ne fut jamais ma copie, soyez-en sûr; j'en prends à témoin la complaisance que nous avons pour nous-mêmes, vrai velours où la conscience se repose et s'oublie... même au théâtre. Pour Chrysale, il s'indigne qu'on puisse douter de son autorité souveraine. A peine Ariste lui a-t-il dit :

> Parlons à votre femme, et voyons à la rendre
> Favorable....

que son frère lui répond, en se rengorgeant, il se voit déjà à la noce :

> Il suffit, je l'accepte pour gendre.

On insiste, il prend la mouche :

> Vous moquez-vous? Il n'est pas nécessaire.
> Je réponds de ma femme, et prends sur moi l'affaire.
> Laissez faire, dis-je, et n'appréhendez pas.
> Je la vais disposer aux choses de ce pas.

Enfin :

> C'est une affaire faite;
> Et je vais à ma femme en parler sans délai.

Il s'est presque mis en colère, pour prouver qu'il était le maître ; il a dû prendre l'attitude du commandement pour s'en donner la force. D'ailleurs, sa femme n'est pas là. Je me prends à songer involontairement aux trois promesses de Pierre, le pêcheur de Galilée. Mais silence !... La puissante Philaminte paraît, ou plutôt son époux comparaît en la présence de Philaminte. Nous apercevons en même temps un nouveau personnage qui tranche sur l'ensemble ; c'est une fille des champs, la cuisinière de céans, nommée Martine. Des hauteurs constellées où la science a porté l'orgueilleuse pédante, qui se nomme Armande, nous redescendons jusqu'aux régions les plus sublunaires. Et pourtant ce bloc informe, cette grossière villageoise, sans autre culture qu'un peu de catéchisme, fera la leçon, sans le soupçonner, à son impérieuse maîtresse ; elle nous consolera, par son simple bon sens, de la savante folie qui règne dans la demeure des muses. Martine appuiera Chrysale, qui n'osera la soutenir. — Chassée par Philaminte, elle a invoqué son maître, qui lui a répondu vivement, en l'absence de sa femme :

> Non, vous demeurerez ; je suis content de vous.
> Ma femme bien souvent a la tête un peu chaude ;
> Et je ne veux pas, moi....

... Mais Philaminte est là. Son timide époux a déjà crayonné son portrait :

> Pour peu que l'on s'oppose à ce que veut sa tête,
> On en a pour huit jours d'effroyable tempête.
> Elle me fait trembler dès qu'elle prend son ton ;
> Je ne sais où me mettre, et c'est un vrai dragon ;
> Et cependant, avec toute sa diablerie,
> Il faut que je l'appelle et mon cœur et ma mie.

C'est bien elle ; son verbe la peint mieux encore :

> Quoi ! je vous vois maraude !
> Vite, sortez, friponne ! allons, quittez ces lieux ;
> Et ne vous présentez jamais devant mes yeux !

Chrysale, avec une fermeté tempérée :

Tout doux.

PHILAMINTE.

Non, c'en est fait.

Actum est, disaient brièvement les Latins, c'est-à-dire, *rien, rien* absolument à faire ou à espérer, tout est perdu. Qu'a-t-elle donc fait, Martine, pour avoir, devant elle, lui fermant tout espoir de pardon, cette tour inexpugnable, Philaminte ? — La note ferme de Chrysale s'atténue et s'abrège ; il s'étonne :

Eh !

L'épouse :

Je veux qu'elle sorte.

L'époux, avec timidité :

Mais qu'a-t-elle commis, pour vouloir de la sorte....

Il n'a pas achevé.

PHILAMINTE.
Quoi ! vous la soutenez...?
CHRYSALE (*décontenancé*).
En aucune façon !

Franchement, c'est trop tôt. Philaminte poursuit avec d'autant plus de vigueur, qu'elle voit déjà céder son faible mari :

Prenez-vous son parti contre moi ?
CHRYSALE (*avec douceur*).
Mon Dieu ! non ;
Je ne fais seulement que demander son crime.

Comme ce : *Je ne fais seulement que*, peint vivement l'amour de la paix, non sans une ombre de bienveillance pour la justice !

PHILAMINTE (*d'un ton encore plus haut*).
Suis-je pour la chasser sans cause légitime?

CHRYSALE (*d'un ton encore plus bas*).
Je ne dis pas cela, mais il faut de nos gens...

L'épouse altière ne lui laisse pas le temps de raisonner un peu :

Non ; elle sortira, vous dis-je, de céans....
....Et vous devez, en raisonnable époux,
Etre pour moi contre elle, et prendre mon courroux.

CHRYSALE.
Aussi fais-je. Oui, ma femme avec raison vous chasse,
Coquine, et votre crime est indigne de grâce !

Cet homme fort condamne, sur un signe de son épouse, avant de connaître la question. Junon a froncé le sourcil.

MARTINE (*en pleurant*).
Qu'est-ce donc que j'ai fait?

CHRYSALE (*de la façon la plus comique*).
Ma foi, je ne sais pas.

Il y a un double mouvement de *crescendo* dans Philaminte, de *decrescendo* dans Chrysale, qui est du plus heureux effet. Le bonhomme n'en croit pas moins à sa fermeté, ébloui qu'il est par le prisme de ses honnêtes intentions. Il a tout juste l'énergie nécessaire pour goûter et juger la sauce d'un turbot. — Ecoutez, peuples et nations :

Martine, dit Philaminte,

> ... a, d'une insolence à nulle autre pareille,
> Après trente leçons, insulté mon oreille
> Par l'impropriété d'un mot sauvage et bas
> Qu'en termes décisifs condamne Vaugelas...

Est-ce là? commence Chrysale, ahuri, non du crime de Martine, mais de l'extravagante sévérité de sa femme. Il s'arrête... Sur le front de son olympienne épouse, sur ses lèvres, dans son regard, il a lu quelque nuance de menace; il allait parler, il ne parlera pas; ce n'est point opportun; il baisse même les yeux; c'est un opportuniste. Il laisse le champ libre à la colère grammaticale de sa trop savante moitié :

> Quoi! toujours, malgré nos remontrances,
> Heurter le fondement de toutes les sciences,
> La grammaire, qui sait régenter jusqu'aux rois,
> Et les fait, *la main haute*, obéir à ses lois!

« La main haute » rappelle à propos le geste d'un pédagogue.

CHRYSALE (*un peu remis*).
Du plus grand des forfaits je la croyais coupable.

PHILAMINTE.
Quoi! Vous ne trouvez pas ce crime impardonnable?

CHRYSALE.
Si fait.

PHILAMINTE.
Je voudrais bien que vous l'excusassiez.

CHRYSALE.
Je n'ai garde....

Philaminte tient tête; elle a du caractère et pas de raison. Chrysale a de la raison et pas de caractère. Alors Martine se défendra seule :

Mon Dieu ! je n'avons pas étugué comme vous,
Et je parlons tout droit comme on parle cheu nous.

PHILAMINTE.
Ah ! peut-on y tenir ?

BÉLISE.
Quel solécisme *horrible* !

PHILAMINTE.
En voilà pour tuer une oreille *sensible*.

Quel roulement d'épithètes!

BÉLISE.
Ton esprit, je l'avoue, est bien matériel !
Je n'est qu'un singulier, *avons* est pluriel.
Veux-tu, toute ta vie, offenser la grammaire ?

MARTINE.
Qui parle d'offenser grand-mère ni grand-père ?

PHILAMINTE.

O ciel !

L'excellente BÉLISE.

Grammaire est prise à contre-sens par toi,
Et je t'ai déjà dit d'où vient ce mot...

MARTINE.

Ma foi,
Qu'il vienne de Chaillot, d'Auteuil ou de Pontoise,
Cela ne me fait rien.

BÉLISE.

Quelle âme villageoise !
La grammaire, du verbe et du nominatif,
Comme de l'adjectif avec le substantif,
Nous enseigne les lois.

MARTINE

J'ai, Madame, à vous dire
Que je ne connais point ces gens-là.

PHILAMINTE.

Quel martyre !

BÉLISE.

Ce sont les noms des mots ; et l'on doit regarder
En quoi c'est qu'il les faut faire ensemble accorder.

MARTINE.

Qu'ils s'accordent entre eux, ou se gourment, qu'importe ?

PHILAMINTE.

Eh ! mon Dieu ! finissez un discours de la sorte.

Philaminte, qui règne dans son ménage plus que la grammaire sur la langue, adresse, du haut de son port de reine, un ultimatum à son faible époux :

Vous ne voulez pas, *vous*, me la faire sortir ?

Ce *vous* est superbe!
Et Chrysale :

Si fait. (*A part*). A son caprice il me faut consentir.

Qu'il est niais!

Va, ne l'irrite point; retire-toi, Martine.

La victoire de Philaminte n'est pas complète :

Comment! vous avez peur d'offenser la coquine!
Vous lui parlez d'un ton tout à fait obligeant!

Alors, le maître imbécile, d'un ton vif :

Moi? point. Allons, sortez!

Puis, d'un ton plus doux,

Va-t'en, ma pauvre enfant.

C'est la paix à tout prix. C'est Pilate qui condamne le juste et se lave les mains dans un coin. Que de Pilates!... Quel prélude pour Henriette! Mais Chrysale s'est dit : N'irritons pas ma femme, ce serait souverainement impolitique. Cédons pour ne pas céder. Demain, nous serons ferme. — C'est on ne peut mieux représenté, comme aussi tout le désordre de cette honnête maison. Quand la femme, au lieu d'aller de la cave au grenier, fréquente trop le monde d'ici-bas ou de la lune, l'ordre s'enfuit avec le bon sens. Celui de

Martine est d'or, sous la grossièreté de ses méprises rustiques ; il suffirait à rendre heureux Chrysale, qui n'est pas un savant. Du reste, il n'y tient plus ; il a même un moment de courage. Il va parler ; il parle ; il défend Martine :

> Qu'importe qu'elle manque aux lois de Vaugelas,
> Pourvu qu'à la cuisine elle ne manque pas ?
> J'aime bien mieux, pour moi, qu'en épluchant ses herbes,
> Elle accommode mal les noms avec les verbes,
> Et redise cent fois un bas ou méchant mot,
> Que de brûler ma viande ou saler trop mon pot.
> Je vis de bonne soupe, et non de beau langage,
> Vaugelas n'apprend point à bien faire un potage ;
> Et Malherbe et Balzac, si savants en beaux mots,
> En cuisine, peut-être, auraient été des sots....

Et comme Philaminte lui reproche, avec hauteur, le soin excessif qu'il prend de sa guenille, le bonhomme réplique, emporté par la colère de son estomac :

> Oui, mon corps est moi-même, et j'en veux prendre soin :
> Guenille, si l'on veut : ma guenille m'est chère.

Remarquez cet *on*. Chrysale n'a pas osé attaquer directement la redoutable majesté de sa royale épouse. Sa plus forte passion, celle de son corps, n'a pas brusqué sa timidité jusqu'à le rendre si audacieux. Il poursuit :

Voulez-vous que je dise? il faut qu'enfin j'éclate,
Que je lève le masque et décharge ma rate :
De folles on *vous* traite, et j'ai fort sur le cœur.

Vous! ce pluriel est déjà bien hardi! Alors Philaminte, élevant la voix et l'arc de ses sourcils :

Comment donc?

Aussitôt l'époux, pavillon baissé, devant les trois syllabes qui annoncent la foudre, tourne du côté de Bélise seulement sa prudente colère ; il n'ose regarder sa femme en face, encore moins l'interpeller :

C'est à vous que je parle, ma sœur.

On dirait le dernier trait, celui qu'on ne surpasse point.

Vraiment, il serait injuste d'envier à Molière son génie d'observateur profond et d'écrivain le plus expressif et le plus naturel. C'est la nature même qui passe dans le langage de ses personnages aussi ondoyants et divers que l'âme et les différentes conditions humaines. L'homme s'y peint, moins la grossièreté parfaite de son vice atténué légèrement (comme nos traits le sont dans un miroir), par le poli de la forme. La tragédie a un style, je n'ose dire convenu, mais noble, harmonieux, qui rejette ou qui adopte nettement certaines expressions. Pour le comique, il y a un point tout à fait délicat à toucher, où, sans abandonner l'expression familière et quotidienne de nos défauts, il sauve le mot propre, à la fois, et la distinction, j'entends une distinction relative, une pudeur du style, dont personne ne lui sait mauvais gré. L'*honnête homme*, au grand siècle, parlait un certain langage simple et relevé en toute chose. L'idéal du comique doit viser un peu plus haut; autrement nous pourrions, à bon marché, nous donner la comédie, chez nous, ou dans la rue. Les lettres, en un mot, sans poser, prennent un ton au-dessus de l'ordinaire, ou bien elles ne sont plus les lettres. La nuance est fine; Molière lui-même ne l'a complètement saisie que dans le *Misanthrope*.

Je me hâte de retourner à Chrysale :

> Le moindre solécisme en parlant vous irrite;
> Mais vous en faites, vous, d'étranges en conduite.
> Vos livres éternels ne me contentent pas;
> Et, hors un gros Plutarque à mettre mes rabats,
> Vous devriez brûler tout ce meuble inutile,
> Et laisser la science aux docteurs de la ville;

> M'ôter, pour faire bien, du grenier de céans,
> Cette longue lunette à faire peur aux gens,
> Et cent brimborions dont l'aspect importune ;
> Ne point aller chercher ce qu'on fait dans la lune,
> Et vous mêler un peu de ce qu'on fait chez vous,
> Où nous voyons aller tout sens dessus dessous.
> Il n'est pas bien honnête, et pour beaucoup de causes,
> Qu'une femme étudie et sache tant de choses.
> Former aux bonnes mœurs l'esprit de ses enfants,
> Faire aller son ménage, avoir l'œil sur ses gens,
> Et régler la dépense avec économie,
> Doit être son étude et sa philosophie.
> Nos pères, sur ce point, étaient gens bien sensés,
> Qui disaient qu'une femme en sait toujours assez
> Quand la capacité de son esprit se hausse
> A connaître un pourpoint d'avec un haut-de-chausse.

Il faut observer que si Chrysale est faible, il ne manque pas d'une bonté vulgaire ; il est même sympathique à ce qu'il y a de plus naturel en nous.

Sa fille Henriette, son vrai portrait, ne nous est point indifférente. C'est le type familier du sens commun, très commun, mis en opposition avec le pédantisme orgueilleux et l'hypocrisie d'Armande. Henriette en est d'autant plus relevée et chère à l'auteur, son père en littérature, on le sent. D'autre part, Chrysale, c'est Henriette sous le visage d'un homme ; il semble difficile de ne pas croire que Molière ait eu pour le père la même affection que pour la fille. — Sans aller jusqu'à conclure qu'il se représente dans le bonhomme Chrysale, Chrysale est bien, jusqu'à un certain degré, son idéal. Or quel est l'idéal de Chrysale ?

> Mon corps est moi-même (*dit-il*).
> Ma guenille m'est chère.
> Je vis de bonne soupe et non de beau langage.

S'il est vrai que le discours soit tout entier, en abrégé, dans l'exorde, la qualité de la soupe tient une grande place dans celui de Chrysale. L'éducation cependant y garde sa place étroite :

> Il n'est pas bien honnête, et pour beaucoup de causes,
> Qu'une femme étudie et sache tant de choses.

Nous l'admettons.
Mais suffit-il de

> Former aux bonnes mœurs l'esprit de ses enfants ?

Notez que je choisis le trait le plus brillant du programme. N'est-ce point d'un vague désespérant ? Et n'avons-nous pas vu, au contraire, le bonhomme dilater son éloquence, en ce qui concerne cet organe voisin du cœur, et cher aux Epicuriens, l'estomac ? Comment, d'ailleurs, une femme, une mère doit-elle « former ses enfants aux bonnes mœurs » ? Est-ce sur l'exemple de Zénon, de Platon, de Socrate ? Si nous raisonnons logiquement, et suivant le caractère connu de Chrysale, ce sera d'après Epicure. Enfin, pour se mieux découvrir, le père d'Henriette (à part cette avare dépense de morale faite en un seul vers), jusqu'où n'abaisse-t-il pas la femme et sa capacité, qui

> .... se hausse
> A connaître un pourpoint d'avec un haut-de-chausse?

Nos mères, ajoute-t-il,

> Ne lisaient point, mais elles vivaient bien.

C'est juste.

> Leurs ménages étaient tout leur docte entretien ;
> Et leurs livres, un dé, du fil et des aiguilles,
> Dont elles travaillaient au trousseau de leurs filles.

Ajoutons un livre qui n'empêchait rien, la *Vie des Saints*, étalée parmi le fil et les aiguilles, sur la table à ouvrage, sanctifiant le travail manuel, et même, élevant jusqu'à Dieu la pensée de la mère, du sein des occupations les plus vulgaires. Rien, dans le bonhomme Chrysale, qui fasse soupçonner seulement que Molière écrit, en plein xviie siècle, en plein catholicisme. Il a bien su, pourtant, faire de Gorgibus un honnête paroissien, qui n'a oublié ni son curé, ni le baptême, ni le lien sacré du mariage, et qui n'a pas insulté la religion pour avoir paru un bon chrétien sur le théâtre. Il y a une manière de dire les choses. Gorgibus n'est pas un ligueur, mais c'est un catholique; Chrysale n'est qu'un païen. Quoi! réduire la femme à cette espèce de servage! Oublier qu'elle peut préparer des enfants de Dieu, et sans sortir de sa pudeur, ni de l'ombre qui la protège, dans l'intimité du foyer conjugal, encourager à la lutte quotidienne un époux quelquefois fatigué ou découragé, inspirer ses desseins, comprendre au moins son intelligence, nourrir de son amour la force de ses études, le pousser d'instinct toujours plus haut, oublier cela, dis-je, pour déifier le pot au feu! La seule excuse de Molière, c'est d'avoir voulu mieux faire sentir, par une opposition tranchée, la sotte fatuité de la science, chez la femme, et la ramener, le plus bas possible, pour l'empêcher de s'élever trop haut. Mais Molière avait assez de génie pour réussir l'antithèse, exagérer à dessein la vérité, et ne point sacrifier la femme elle-même et l'éducation. Aussi, j'affirme être pleinement de l'avis de Philaminte, quand elle s'écrie :

Quelle bassesse, ô ciel! et d'âme et de langage!

Elle a raison, quoiqu'elle ait tort dans l'esprit de Molière.

L'exclamation de Philaminte n'est rassurante ni pour Henriette, ni pour Chrysale; et ce n'est pas sans effroi que nous voyons en présence, seul à seul, les deux partis belligérants, l'époux et l'épouse. On se souvient involontairement d'une scène de Corneille, où Valère raconte la défaite du dernier des Curiaces, frappé d'un coup mortel :

> Aussi le reçut-il, peu s'en faut, sans défense,

dit le poète. — Chrysale, affaibli par un effort extraordinaire de sa très petite vertu, c'est Curiace, moins l'héroïsme. Aussi, quand Philaminte, de ce ton connu de maîtresse-femme, lui lance à bout portant :

> Avez-vous à lâcher encore quelque trait?

je frémis dans une sorte d'angoisse. D'ailleurs, Chrysale a été le plus maladroit des hommes. Chargé des intérêts de sa fille, il a plaidé les intérêts de son embonpoint. On est toujours puni par où l'on pèche.

Philaminte est en colère, et Chrysale, par contre, prend son air le plus doux. Il n'est plus temps ; à l'interpellation de l'épouse, l'époux répond :

Moi ? Non. Ne parlons plus de querelle ; c'est fait.
Discourons d'autre affaire. A votre fille aînée
On voit quelque dégoût pour les nœuds d'hyménée ;
C'est une philosophe enfin, je n'en dis rien ;
Elle est bien gouvernée, et vous faites fort bien.
Mais de tout autre humeur se trouve sa cadette ;
Et je crois qu'il est bon de pourvoir Henriette,
De choisir un mari....

Il n'a pas encore nommé Clitandre, le pauvre homme à bout de forces, que sa despotique épouse :

C'est à quoi j'ai songé,
Et je veux vous ouvrir l'intention que j'ai.
Ce Monsieur Trissotin, dont on nous fait un crime,
Et qui n'a pas l'honneur d'être dans votre estime,
Est celui que je prends pour l'époux qu'il lui faut,
Et je sais mieux que vous juger de ce qu'il vaut.
La contestation est ici superflue,
Et de tout point, chez moi, l'affaire est résolue.
Au moins ne dites mot du choix de cet époux ;
Je veux à votre fille en parler avant vous.
J'ai des raisons à faire approuver ma conduite,
Et je connaîtrai bien si vous l'aurez instruite.

Triste sort de Chrysale ! Il n'a pas le droit de manger à son aise, il n'a pas le droit de parler, il n'a pas le droit de penser, il n'a pas le droit de choisir un mari à sa fille, de prononcer même le nom de celui qu'il préfère. C'est comique et c'est tragique. Est-ce vrai? Est-ce possible? Qu'il y ait des épouses insolentes et des époux sans courage; nul ne le nie. Que la force du mari capitule parfois devant la fragilité d'une femme; on en a des exemples. Mais ce mélange incohérent de science et de tyrannie dans Philaminte est-il réel? N'est-ce pas chargé à plaisir? Non; l'histoire nous apprend que Richelieu tint ferme les rênes de l'Etat de la même main qui écrivait de mauvaises tragédies. C'était un homme; soit. Mais Christine de Suède, qui apprenait de Descartes la philosophie chère à Philaminte, aurait pu donner à son maître des leçons de gouvernement. Donc rien de plus vrai que le contraste des deux époux, et de deux caractères si différents dans l'épouse. C'est originalement conçu et parfaitement réussi.

Chrysale reste muet, comme on l'est, pour un instant, quand le tonnerre éclate. Ariste survient :

Eh bien, la femme sort, mon frère, et je vois bien
Que vous venez d'avoir ensemble un entretien.
. . . .
Qu'avez-vous répondu ?

CHRYSALE.
Rien ; je suis bien aise
De n'avoir point parlé, *pour ne m'engager pas.*

Est-ce assez puéril?... Chrysale parjure à son serment, Chrysale sera ferme. Philaminte n'est plus là avec l'éclair de son regard et la foudre de sa parole. L'avenir appartient à Chrysale ; le futur est son domaine. — Si l'homme faible se dérobe aux devoirs de l'heure présente, il a de si heureux repentirs ! Il fera si bien ! Il n'a pas une goutte de fiel ; il n'a que trop d'humilité. Voyez Chrysale répondant à son frère qui le réprimande vertement :

Oui, vous avez raison, et je vois que j'ai tort.
Allons, il faut enfin montrer un cœur plus fort,
Mon frère !
.... C'est une chose infâme
Que d'être si soumis au pouvoir d'une femme.
.... De ma douceur elle a trop profité,
.... Trop joui de ma facilité.
.... Et je lui veux faire aujourd'hui connaître,
Que ma fille est ma fille, et que j'en suis le maître....
Vous êtes pour Clitandre et savez sa demeure ;
Faites-le-moi venir, mon frère, tout à l'heure.
.... C'est souffrir trop longtemps,
Et je m'en vais être homme à la barbe des gens.

Cette colère m'effraie pour Henriette ; Chrysale faiblira encore. Le vice de la lâcheté serait-il donc fatal? et la conscience n'éclairerait-elle qu'une volonté nécessairement impuissante?

Faisons trêve, un instant, aux réflexions morales, et cessons de nous occuper, avec Molière, de l'éducation du cœur pour censurer l'éducation qu'on donnait alors à l'esprit. La comédie continuera, l'action se nouera davantage ; mais elle se présente sous un nouvel aspect. L'auteur, après nous avoir montré le visage du moraliste, nous offre celui du critique littéraire.

M. Trissotin se présente dans le salon de Philaminte. Ce prétendant au cœur d'Henriette, est un pédant long, sec, un peu courbé, vêtu d'un drap couleur marron, le teint parcheminé, et qui voudrait être aimable. On se meurt d'impatience de lire son épigramme. « C'est, » dit Trissotin à Philaminte, après avoir salué jusqu'à terre, tour à tour, les trois savantes et précieuses,

.... C'est un enfant tout nouveau-né, Madame;
Son sort assurément a lieu de vous toucher,
Et c'est dans votre cour que j'en viens d'accoucher.

PHILAMINTE.

Pour me le rendre cher, il suffit de son père.

TRISSOTIN.

Votre approbation lui peut servir de mère.

Alors Bélise :

Qu'il a d'esprit!

Qu'elle a besoin d'en avoir, Bélise !
J'oubliais Henriette qui est là pour mieux figurer le sens commun tranchant sur les billevesées de la science féminine et sur les images d'une rhétorique transcendante. — Elle voudrait se retirer ; car elle sait peu

.... les beautés de tout ce qu'on écrit,
Et ce n'est pas *son* fait que les choses d'esprit.

Elle reste, pour obéir à sa mère.
Trissotin triomphe, avec une modestie vaniteuse, d'une pièce de vers qu'il n'a pas encore fait entendre. *On en a faim*, pour parler comme Philaminte. Alors le savant :

Pour cette grande faim qu'à mes yeux on expose,
Un plat seul de huit vers me semble peu de chose;
Et je pense qu'ici je ne ferai pas mal
De joindre à l'épigramme ou bien au madrigal,
Le ragoût d'un sonnet qui, chez une princesse,
A passé pour avoir quelque délicatesse.
Il est de sel attique assaisonné partout,
Et vous le trouverez, je crois, d'assez bon goût.

Le voici, en partie. Nous supprimons les interruptions de l'enthousiasme :

Sonnet à la princesse Uranie, sur sa fièvre.

    Votre prudence est endormie,
    De traiter magnifiquement
    Et de loger superbement,
    Votre plus cruelle ennemie.
    Faites-la sortir, quoi qu'on die,
    De votre riche appartement,
    Où cette ingrate insolemment
    Attaque votre belle vie (1).

Il n'y a pas jusqu'à la princesse Uranie qui ne paraisse être savante. Elle a pris le nom de la Muse qui préside à l'astronomie. Le jeu des acteurs doit être d'un merveilleux effet, quand le docte en lunettes débite, devant son auditoire émerveillé, d'un geste académique, à l'adresse de sa princesse imaginaire, des vers niais et languissants, incompatibles avec son air, son état et son âge. Car pour être savant, il semble qu'on doive être vieux. Le contraste rend la leçon plus piquante.

Ce qui est comique autant que le vide absolu de la pensée et le ridicule parfait des images de Trissotin, c'est l'enthousiasme crédule, béat,

---

(1) On avait vu des poètes dédier leurs chants à quelque bel astre malade, plus brillant que le soleil, ou arrêter un ruisseau, pour s'en faire un messager d'amour, et, pour hâter son cours, y joindre le flot de leurs larmes.

stupide et complet des trois savantes. — Que la femme soit, par sa nature, disposée à admirer, rien n'est plus vrai ; son cœur va, d'instinct, vers tout ce qui est élevé. Porté sur les ailes de l'imagination, il monte très haut, ce cœur ; et si une éducation chrétienne a précisé les désirs de son enthousiasme, la femme fait aboutir à Dieu toute sa vie. Voilà sa science propre ; l'autre semble au-dessous de son esprit, comme elle est au-dessous de son cœur. Que le malheur de son éducation l'y ait attachée, elle n'y comprend rien, mais elle croit comprendre quand même. Alors, le premier venu, parmi les pédants, occupe son admiration ; et comme son imagination a besoin de donner un corps à sa pensée, en général, et à la science en particulier, elle admirera Trissotin pour admirer quelque chose, Trissotin fût-il, comme il l'est, le vide en personne. — La science de Philaminte sera bientôt l'astronomie ; en ce lieu, c'est la poésie ; c'est en général tout ce qui se parle ou s'écrit, en dehors de l'ordinaire, dans un cercle de gens instruits, où la femme, possédée de la manie littéraire ou scientifique, ne refusera pas de tenir le sceptre. En effet, quand la fin de son admiration a cessé d'être au ciel, elle n'admire rien tant que sa personne et ceux qui l'admirent. Elle pervertit même, jusqu'à un certain point, ses adulateurs. Rien n'a changé depuis Philaminte jusqu'à Mme Récamier. Donc, nous ne nous étonnerons pas des exclamations du trio féminin et précieux. Car les précieuses, autant que les savantes, sont, dans cette comédie, immortalisées par Molière :

Ah ! tout doux ! laissez-moi, de grâce, respirer,

s'écrie Bélise.

ARMANDE.
Que *riche appartement* est là joliment dit !
Et que la métaphore est mise avec esprit !

Philaminte a des adverbes admiratifs, « superbement et magnifiquement, » en exacte conformité avec la superbe hauteur de son caractère.

Chacune loue, suivant son goût ; mais « quoi qu'on die, » réunit les trois doctes femmes dans un commun enthousiasme.

Cette fièvre,

Faites-la sortir, quoi qu'on die,
Quoi qu'on die, quoi qu'on die,

exclame d'abord la maîtresse de céans.

A cette voix la voix claire de Bélise répond :

Il est vrai qu'il dit plus de choses qu'il n'est gros.

Et toutes trois, dans un accord parfait : « Quoi qu'on die!! » On croirait entendre un chœur où domine le timbre sonore de Philaminte. — Jusqu'où ne descend pas la folie d'un engouement féminin, appuyé par la prévention et le manque absolu de suite dans les idées, je ne dis pas dans les sentiments! Du reste, il faut frapper fort pour toucher vivement le lecteur, tant l'humaine distraction trompe les efforts du moraliste, tant la vanité est puissante à nous aveugler, tant la mode a d'empire sur les femmes et même sur les hommes qui italianisaient, sous les Médicis, ou espagnolisaient, du temps de la ligue, leur costume et leur langage. — Achevons le tableau. Si les trois savantes s'extasient, Trissotin s'admire. Il n'a pas fini de lire le sonnet :

> Quoi? sans respecter votre rang,
> Elle se prend à votre sang,
> Et nuit et jour vous fait outrage !
> Si vous la conduisez aux bains,
> Sans la marchander davantage,
> Noyez-la de vos propres mains.

PHILAMINTE.

On n'en peut plus !

BÉLISE.

On pâme !

ARMANDE.

On se meurt de plaisir !

Et l'épigramme donc, oubliée pour le sonnet!
Aussi bien, n'en disons qu'un mot. Cela suffit.
Elle est composée sur « un carrosse de couleur
amarante donné à une dame de ses amies, » une
amie de Trissotin :

> L'amour si chèrement m'a vendu son lien,
> Qu'il m'en coûte déjà la moitié de mon bien;
> Et quand tu vois ce beau carrosse
> Où tant d'or se relève en bosse,
> Qu'il étonne tout le pays,
> Et fait pompeusement triompher ma *Laïs*...

Ce n'est pas très moral, Laïs! Mais les admiratrices quand même n'y voient rien, heureusement, faute d'un peu d'histoire. On se moquera d'elles sans qu'elles le soupçonnent. Ce mélange d'ignorance et de savantes prétentions est des plus gais. Mais l'épigramme s'achève :

> Ne dis plus qu'il est amarante
> Dis plutôt qu'il est de ma rente.

« La chute en est jolie, amoureuse, admirable. »
— Henriette seule n'a pris aucune part à l'enthousiasme général. C'est le point noir de la scène :

> Vous faites là, ma nièce, une étrange figure!

lui dit Bélise ; et l'autre :

> Chacun fait ici-bas la figure qu'il peut,
> Ma tante ; et bel esprit, il ne l'est pas qui veut.

C'est aussi brusque et franc que le reste est fade, monotone et *renchéri*. Nous respirons ; nous rentrons avec délices dans la vie ordinaire, dans le langage de tous les jours, dans la vieille simplicité de nos mères, et nous en savons gré à Henriette.

Sans sortir des lettres, chacune des trois savantes va rentrer plus vivement dans son caractère.

Philaminte est une maîtresse femme ; elle ne se contente pas d'être lettrée ; elle fondera une Académie dont elle sera naturellement la présidente. Elle en a déjà rédigé le Code. C'est son chef-d'œuvre littéraire; mais j'imagine qu'elle a, d'instinct, trouvé sa principale satisfaction à commander, même en écrivant :

> Je n'ai rien fait en vers ; mais j'ai lieu d'espérer,

(Elle parle à Trissotin),

> Que je pourrai bientôt vous montrer en amie,
> Huit chapitres du plan de notre Académie.
> Platon s'est au projet simplement arrêté ;

Qu'est-ce que Platon à côté de Philaminte !

> Quand de sa République il a fait le traité ;
> Mais à l'effet entier je veux pousser l'idée

> Que j'ai sur le papier en prose accommodée.
> Car enfin, je me sens un étrange dépit
> Du tort que l'on nous fait du côté de l'esprit ;
> Et je veux nous venger, toutes, tant que nous sommes,
> De cette indigne classe où nous rangent les hommes,
> De borner nos talents à des futilités,
> Et nous fermer la porte aux sublimes clartés.

Erreur, Philaminte. L'homme, trop occupé, sur la terre, de sèche analyse et de sciences profanes, l'œil attaché au mirage de biens souvent insaisissables, vous laisse avec dédain les *sublimes* clartés du ciel. Au fond, le goût que vous éprouvez pour la science naît d'une curiosité téméraire et aussi d'un violent désir, qui vous est propre, de dominer en tout lieu, même dans une Académie qui vous appartiendra, comme un royaume appartient au roi le plus absolu, et d'y censurer tout ce qui ne plaira pas à M. Trissotin. Car c'est l'endroit par où vous êtes restée femme. Il vous faut, pour régler votre enthousiasme, un maître (ce ne pouvait être Chrysale), et vous avez choisi M. Trissotin !

Du reste, Philaminte est « pour les abstractions » ; elle « aime le platonisme, l'astronomie : »

> Elle a vu clairement des hommes dans la lune.

Quant à moi, dit Bélise, toujours à propos de la lune :

> Je n'ai point encor vu d'hommes, comme je crois ;
> Mais j'ai vu des clochers tout comme je vous vois.

Armande m'étonne, elle que je soupçonnais de Jansénisme. Point du tout :

> Epicure lui plaît, et ses dogmes sont forts.

Mais elle aime aussi Descartes et les tourbillons ; elle patronne la future Académie ; elle a son petit point de vue, comme elle a son caractère ; et son caractère n'est pas étranger à son point de vue. S'il est vrai que l'homme imprime sur ses œuvres la marque de son âme, combien n'est-ce pas plus vrai de la femme, qui est toute âme, ou le paraît du moins. Armande tient beaucoup de sa mère, comme Henriette tient de son père Chrysale. Ecoutons Armande qui s'écoute parler :

> Nous serons, par nos lois, les juges des ouvrages ;
> Par nos lois, prose et vers, tout nous sera soumis :
> Nul n'aura de l'esprit, hors nous et nos amis.
> Nous chercherons partout à trouver à redire,
> Et ne verrons que nous qui sachent bien écrire.

Nous entendons bien :

> Nul n'aura de l'esprit hors nous et nos amis.

Le trait mérite que nous nous y arrêtions ; il est sublime. Il peint, à la perfection, l'étroitesse de cette coterie qui veut être une Académie. Remercions Dieu qu'elle ne se donne pas l'air de la vérité elle-même et l'autorité d'une Eglise en dehors de laquelle il n'y a pas de salut. O vulgarité, mesquinerie, tyrannie, fausseté, subtilité, cécité, vanité, de toutes les coteries passées, présentes et futures !

On ne pouvait mieux peindre la petitesse de l'esprit féminin quand il s'est égaré, hors de son domaine propre, et séparé, par les illusions d'une science chimérique, de Dieu, source du devoir. Blanche de Castille fut, avant tout, une mère ; Isabelle de Castille, une épouse. Elles n'en savaient pas tant que Philaminte incapable dans son rôle d'épouse et de mère, ridicule à l'impossible. C'est vraiment triste que Molière n'ait eu à mettre sous nos yeux que des types de cette sorte. Il n'y avait ni père, ni fils, ni famille dans l'*Avare*. Je ne vois ici ni époux, ni épouse ; d'enfants qui semblent aimer leurs parents, pas l'ombre ; d'éducation vraie, pas de trace.

Sans doute il est difficile de mieux peindre que ne l'a fait ici Molière, l'homme dans la vulgarité d'un épais bon sens, la femme dans ses dépits, son orgueil, sa jalousie, sa légèreté, ses doctes prétentions, sa folie, le savant dans son pédantisme vaniteux. Mais à tant de mal ne fallait-il pas opposer un peu de bien ?

Si seulement Ariste était l'honnête homme dont nous attendons les émotions douces qui attendrissent la sécheresse de notre sourire. Mais non; ce n'est qu'un comparse, un conseiller banal, un amateur insignifiant de médiocre vertu.

SIXIÈME COURS

Les Femmes savantes (Suite).

SIXIÈME COURS

Les Femmes savantes (Suite).

Comme un vrai général d'armée que rien ne détourne de ses combinaisons militaires et du but que son génie se propose d'atteindre, Philaminte, malgré l'astronomie, marche à ses fins terrestres d'un pas résolu, tandis que Chrysale rêve d'être ferme. Mais l'heure n'est pas venue de présenter Trissotin, comme futur époux, à Henriette. Molière, qui en veut aux savants, présentera d'abord Vadius, un nouveau pédant, à Philaminte, par l'intermédiaire de Trissotin. Voici, dit-il, en désignant son ami, vêtu comme lui de sombres couleurs et non moins obséquieux :

Voici l'homme qui meurt du désir de vous voir....
Il a des vieux auteurs la pleine intelligence,
Et sait du grec, Madame, autant qu'homme de France.
    PHILAMINTE.
Du grec, ô ciel! du grec! Il sait du grec, ma sœur!...
Quoi! Monsieur sait du grec? Ah! permettez, de grâce,
Que pour l'amour du grec, Monsieur, on vous embrasse.

La folie païenne de Ronsard ressuscite, mal à propos, dans quelques têtes légères.

Pour l'amour du grec, Armande, Bélise, Philaminte se laissent honnêtement embrasser par Vadius. Heureux temps, où la charité enflammait les cœurs au nom du grec !

Henriette, qui ignore le grec, autant que le peut faire aujourd'hui une jeune fille modestement élevée, Henriette se retire de Vadius et le tient à distance :

.... Excusez-moi, Monsieur, je ne sais pas le grec.

C'est ainsi que la pudeur sait quelquefois, sans pruderie, se couvrir du voile de la gaieté.

Il était temps ; j'allais désespérer de toute la maison. On dit qu'en France, dans nos pires folies, il y a encore un grain de bon sens ; le voilà.

Du reste, nous sommes en veine ; le nouveau savant ne ressemble pas aux autres ; ce n'est pas un pédant. Il parle comme un homme ordinaire :

Le défaut des auteurs, dans leurs productions,
C'est d'en tyranniser les conversations,
D'être au palais, au cours, aux ruelles, aux tables,
De leurs vers fatigants lecteurs infatigables....

Heureuse et naturelle antithèse !

Pour moi, je ne vois rien de plus sot, à mon sens,
Qu'un auteur qui partout va gueuser des encens,
Qui, des premiers venus saisissant les oreilles,
En fait, le plus souvent, le martyr de ses veilles.
On ne m'a jamais vu ce fol entêtement ;
Et d'un Grec, là-dessus, je suis le sentiment,

Un Grec.... c'est bien dans la bouche d'un helléniste :

Qui, par un dogme exprès, défend à tous ses sages
L'indigne empressement de lire leurs ouvrages.

Parfait ! mais

Voici de petits vers pour de jeunes amants,
Sur quoi je voudrais bien avoir vos sentiments.

A-t-on jamais mieux représenté, d'une façon plus inattendue, brièvement, en deux vers, l'humaine contradiction, celle, en particulier, des savants qui devraient être plus avares des inconséquences de notre nature, parce qu'ils ont appris à fond les règles de la logique ? N'est-ce pas aussi une malice des plus comiques d'avoir mis, dans la bouche de Vadius, la vigoureuse censure de ces impertinents lecteurs de leurs propres œuvres, que Boileau stigmatisait après Horace ? Mais Boileau n'a pas si bien dit que Molière. Autre satire morale : Vadius et Trissotin, Cotin et Ménage, vont se louer, et puis..., mais attendons la fin :

Rien qui soit plus charmant que vos petits rondeaux,

dit l'un ;

Rien de si plein d'esprit que tous vos madrigaux,

dit l'autre.
VADIUS
Si le siècle rendait justice aux beaux esprits....
TRISSOTIN
Si la France pouvait connaître votre prix.

Les deux voix, déjà presque mêlées, se confondent dans un dernier effort de la vanité satisfaite.
TRISSOTIN
En carrosse doré vous iriez par les rues....
VADIUS
On verrait le public vous dresser des statues....

Le mal, c'est que l'apothéose offerte à son mérite empêche Vadius de le faire connaître. Un moment de silence lui permet de tousser :

Hom !

et de reprendre les petits vers annoncés :

C'est une ballade, et je veux que tout net
Vous m'en....

Trissotin craindrait-il un rival dans Vadius? N'aurait-il que voulu l'étouffer sous les roses de ses compliments? C'est trop fin. Il l'interrompt par une simple préoccupation de l'égoïsme :

Avez-vous vu certain petit sonnet
Sur la fièvre qui tient la princesse Uranie?
Vous en savez l'auteur?

VADIUS

Non, mais je sais fort bien
Qu'à ne le point flatter, son sonnet ne vaut rien.

J'ai hâte d'arriver au dénouement, je saute un feuillet. Trissotin irrité :

Je soutiens qu'on ne peut en faire de meilleur;
Et ma grande raison, c'est que j'en suis l'auteur.

Les savants seraient-ils si peu raisonnables? et toute leur sagesse serait-elle dans leur amour-propre? Vadius recule; Trissotin furieux n'admet pas d'excuse. Il se venge sur la ballade de Vadius qu'il n'a pas entendue :

La ballade, à mon goût, est une chose fade:
Ce n'en est plus la mode; elle sent son vieux temps.

Vadius, à son tour, de s'indigner. Le ciel se brouille. La ballade, suivant Trissotin,

A pour les pédants de merveilleux appas.

VADIUS
Cependant nous voyons qu'elle ne vous plaît pas.

L'orage éclate.

TRISSOTIN
Vous donnez sottement vos qualités aux autres.

Ils se lèvent tous, savants et savantes.

VADIUS

Fort impertinemment vous me donnez les vôtres.

Les éclairs se succèdent et les coups de tonnerre :

TRISSOTIN

Allez, petit grimaud, barbouilleur de papier.

VADIUS

Allez, rimeur de balle, opprobre du métier.

TRISSOTIN

Allez, fripier d'écrits, impudent plagiaire.

VADIUS

Allez, cuistre....

Les savants se sont démasqués ; les pédants sont des cuistres. Molière, du moins, l'entend ainsi.

Philaminte essaie de séparer les adversaires ; ils ne l'entendent point ; la vanité n'a d'oreilles que pour l'éloge.

TRISSOTIN

Va, va restituer tous les honteux larcins
Que réclament sur toi les Grecs et les Latins.

VADIUS

Va, va-t'en faire amende honorable au Parnasse,
D'avoir fait à tes vers estropier Horace.

TRISSOTIN

Souviens-toi de ton livre et de son peu de bruit.

VADIUS

Et toi, de ton libraire à l'hôpital réduit.

TRISSOTIN
Ma gloire est établie; en vain tu la déchires.

VADIUS
Oui, oui, je te renvoie à l'auteur des satires.

L'auteur des satires, c'est Boileau; et Vadius se vante de n'avoir reçu de lui « qu'une atteinte légère. » Cette atteinte légère indique Ménage. Ménage c'est Vadius. Qu'est-ce que Trissotin, ou Tricotin, comme l'auteur le nomma d'abord? Cotin lui-même, mort de chagrin, dirent ses amis, des blessures que lui fit le malin satirique : ajoutons, mort de chagrin à l'âge de quatre-vingts ans. Pour que le public ne pût s'y tromper, Molière avait acheté, chez le fripier, un vieil habit marron de Cotin vendu par son possesseur, et c'est sous l'habit de Cotin lui-même que Tricotin paraissait devant les spectateurs pris d'un rire inextinguible. Molière se vengeait-il des pédants en général ou de Ménage et de Cotin seulement? Des uns et des autres. Il devait haïr les pédants, étant l'homme et l'auteur le plus naturel du monde. Il eut aussi maille à partir avec les deux savants. Dans la fameuse coterie « des grimauds, » qui tenait ses réunions chez Ménage, ils avaient médit du comique; peut-être avaient-ils écrit leurs médisances. Délateurs anonymes, Molière, après les avoir surpris, visés, touchés, traités de plagiaires, les immortalisait par le ridicule. Cotin ne s'en est pas relevé (1). Il serait presque regrettable que Molière eût été plus généreux. En dernier ressort, Vadius et Trissotin se provoquent à un duel littéraire :

VADIUS

Je te défie en vers, prose, grec et latin !

TRISSOTIN

Eh bien ! nous nous verrons, seul à seul, chez Barbin.

Ordinairement les gentilshommes s'appelaient « sur le pré »; deux savants ne peuvent s'appeler qu'en face des rayons chargés d'un libraire fameux.

Mais il s'agit bien de cela. Nous pénétrons en des régions infiniment moins sévères. Jamais comédie ne fut plus variée. La douce Philaminte fait trêve au latin pour l'amour... pour l'hymen du moins. Elle présente, elle offre Henriette à Trissotin. L'action, suspendue un instant, sans qu'on y perde rien, reprend son cours.

On mariera Henriette pour lui donner de l'esprit. Henriette a beau dire :

(1) Cotin, membre de l'Académie française, était philosophe érudit, théologien remarquable; il savait à fond le grec, l'hébreu, le syriaque.

> C'est prendre un soin pour moi qui n'est pas nécessaire :
> Les doctes entretiens ne sont point mon affaire ;
> J'aime à vivre aisément, et, dans tout ce qu'on dit,
> Il faut se trop peiner pour avoir de l'esprit ;
> C'est une ambition que je n'ai point en tête.
> Je me trouve fort bien, ma mère, d'être bête ;
> Et j'aime mieux n'avoir que de communs propos
> Que de me tourmenter pour dire de beaux mots.

Elle parle en vain ; elle épousera un savant, parce que ce savant a plu à Philaminte, et que Philaminte est maîtresse, chez elle, de toute la science et de toute l'autorité. La mère a tort ; mais qu'Henriette a d'esprit ! Il ne lui manque absolument que l'esprit faux, et quelque distinction. Encore ne se fait-elle si *bête* que pour sembler indigne de M. Trissotin. Mais elle épousera M. Trissotin. Philaminte le montre impérieusement du doigt à sa fille, en lui disant :

> Et cet homme est Monsieur, que je vous détermine
> A voir comme l'époux que mon choix vous destine.

Le pédant essaie gauchement de traduire son bonheur ; il est ravi....

> .... Et cet hymen dont je vois qu'on m'honore ;

Mais la maligne Henriette :

> ... Tout beau, Monsieur, il n'est pas fait encore,
> Ne vous pressez pas tant....

Armande, qui est là, triomphe :

Nous devons obéir, ma sœur, à nos parents.

Mais Chrysale survient, le terrible Chrysale, son épouse une fois disparue, et quand il n'y a pas de bataille à livrer. Le bonhomme met la main de Clitandre dans celle d'Henriette :

Allons, ma fille, il faut approuver mon dessein.

Il ordonne.

Armande, livide de jalousie :

De ce côté, ma sœur, vos penchants sont fort grands.

La rusée Henriette jette au visage de sa sœur ses propres paroles ; c'est un jeu où le sexe faible excelle :

Il nous faut obéir, ma sœur, à nos parents.

On triomphe avec la fine et vindicative Henriette ; on se prend à détester Armande ; on devient femme. Chrysale n'a jamais cessé de l'être. Aux observations d'Armande, dont l'amitié fraternelle proteste, contre Clitandre, pour Trissotin, il riposte :

Taisez-vous, péronnelle !
Allez philosopher tout le soûl avec *elle*,
Et de mes actions ne vous mêlez en rien.
Dites-lui ma pensée, et l'avertissez bien

Qu'elle ne vienne pas m'échauffer les oreilles.
Allons, vite....

Il n'y a rien de susceptible comme les gens faibles. Faibles ils se connaissent ; ils en souffrent quelquefois, et malheur à qui tombe sous leurs mains, s'il n'a pas la force. Ils se croient forts en injuriant sans péril. Chrysale se repentira de son audace. Pour l'instant, c'est le plus heureux des bourgeois fleuris que Molière nous a fait connaître. Il n'y a pas de malheur irréparable pour l'irréparable faiblesse des Chrysales. Inévitablement emportés d'une impression à l'autre, leur fragilité ne connaît rien de constant, pas plus la félicité que l'infortune.

Chrysale à Clitandre :

Allons, prenez sa main, et passez devant nous....

A Ariste :

Tenez, mon cœur s'émeut de toutes ces tendresses,
Cela ragaillardit tout à fait mes vieux jours ;
Et je me ressouviens de mes jeunes amours.

Il pleure de joie. Il a compté sans Armande, la docte vipère. C'est ici que la comédie tourne au drame, et que les émotions les plus opposées viennent assaillir notre cœur. L'âme noire de sa trahison, la sœur d'Henriette, désespérée du bonheur possible de Clitandre et de sa fiancée, a couru vers sa mère. Sans préambule, sans songer à fermer la porte aux oreilles indiscrètes, tant elle a le cœur navré de la félicité d'autrui, assez hypocrite cependant pour feindre la piété filiale et l'amour d'un devoir, l'obéissance, elle débite sa petite philippique contre sa sœur et contre son père :

> Oui, rien n'a retenu son esprit en balance :
> Elle a fait vanité de son obéissance ;
> Son cœur, pour se livrer, à peine devant moi
> S'est-il donné le temps d'en recevoir la loi,
> Et semblait suivre moins les volontés d'un père
> Qu'affecter de braver les ordres d'une mère....

Cette indigne Armande n'a jamais paru plus digne à Philaminte, tant la justice, malgré ce qu'elle a d'absolu, prend facilement la couleur de nos passions. La mère s'emporte. La subtile fille d'Eve a touché le but. Elle achèvera sa victoire. Il faut, dit-on, frapper le fer quand il est chaud :

> Je ne souffrirais point, si j'étais que de vous,
> Que jamais d'Henriette il pût être l'époux.

Elle avait visé d'abord la femme impérieuse ; elle va toucher la savante, mais avec un exorde insinuant que le démon de l'hypocrisie a dû inventer dans ses loisirs :

> On me ferait grand tort d'avoir quelque pensée
> Que là-dessus je parle en fille intéressée,
> Et que le lâche tour que l'on voit qu'il me fait
> Jette au fond de mon cœur quelque dépit secret.
> Contre de pareils coups l'âme se fortifie
> Du solide secours de la philosophie,
> Et par elle on se peut mettre au-dessus de tout.

Elle a besoin de se faire illusion sur la rage vindicative dont elle souffre au-dedans; et même elle s'est dévoilée, en se défendant d'un dépit trop manifeste. D'ailleurs, l'hypocrisie n'est, le plus souvent, que l'effort d'une pudeur dégradée, pour dissimuler un vice odieux, une passion révoltante; mais il arrive que la violence du mal s'accroît par la contrainte. Plutôt que d'étouffer le malade, l'abcès perce au dehors. Voilà pourquoi les hypocrites sont, un jour ou l'autre, de simples maladroits. — Molière a-t-il encore fait parler certains philosophes par la bouche d'Armande? Je ne saurais trop le dire. Il est sûr que la science a desséché plus d'une fois le cœur du savant, par l'analyse où elle l'oblige d'un Dieu trop abstrait. Tandis qu'en s'enorgueillissant, le philosophe aboutit, pour lui-même, à la plénitude de l'amour-propre, il oublie de se faire désintéressé ou patient, comme le voudrait la rigidité de son emploi. Bacon, en somme, finit par être un concussionnaire; on dut l'enfermer à la tour de Londres. Descartes était du caractère le plus insupportable, et Armande, son disciple, a tous les démons de l'envie dans le cœur. Il est vrai que le philosophe moderne, qui éclaira nos intelligences au flambeau de l'éclectisme, prit dans sa propre philosophie le goût d'une simplicité modeste, et que M. Taine n'a jamais côtoyé l'orgueil; mais ce sont là des exceptions. Il n'en est pas moins certain que les vrais penseurs, ceux qui ont jugé à propos de rester bons, sont les penseurs absolument chrétiens. Ce n'est pas ce qu'a voulu dire Molière. Profond observateur du mal, il a fait, de la rivale d'Henriette, le type vraiment dramatique d'une hypocrite fardée de vertu, mais aussi d'une habileté perfide et d'une pénétration diabolique; elle connaît sa mère; elle en profite pour perdre sa sœur et Clitandre :

Il est de votre honneur d'être à ses vœux contraire;
Et c'est un homme enfin qui ne doit point vous plaire.
Jamais je n'ai connu, discourant entre nous,
Qu'il eût au fond du cœur de l'estime pour vous.

PHILAMINTE

Petit sot!

ARMANDE

Quelque bruit que votre gloire fasse,
Toujours à vous louer il a paru de glace.

Elle enfonce le dard, et le dard, en s'enfonçant, provoque les vaniteuses exclamations de Philaminte.

PHILAMINTE

Le brutal!

ARMANDE

Et vingt fois, comme ouvrages nouveaux,
J'ai lu des vers de vous qu'il n'a pas trouvés beaux.

PHILAMINTE

L'impertinent!

L'impertinent est perdu.... Ciel! il pousse doucement la porte, il paraît, il entre ; c'est lui-même. Et j'éprouve presque la même émotion qu'en entendant glisser le pas de Néron, lorsqu'il surprend Britannicus. Mais ici mon émotion est mêlée; si j'ai d'instinct éprouvé d'abord quelqu'effroi, je me prends à rire de la déconvenue d'une jalouse blême de peur, de colère et de dépit. C'est ainsi que se touchent la comédie et la tragédie, sans sortir, ni l'une ni l'autre, du caractère qui leur est propre. Nous allions pleurer, nous rions aux éclats de cette méchanceté mise à nu. Ce rire est bon et moral. Toutefois je souffre que Molière ne me fasse pas quelquefois verser des pleurs. La vie intime a ses larmes, et, sans entrer dans le drame larmoyant, l'auteur aurait dû nous humecter les yeux, par ci, par là, et plaisanter ensuite. Mais non, jamais!

Clitandre, qui a gardé son sang-froid, se tournant vers Armande; (il a tout entendu).:

Eh! doucement, de grâce. Un peu de charité,
Madame, ou, tout au moins, un peu d'honnêteté.
Quel mal vous ai-je fait?

La scène ressemble à bien d'autres. Il est pourtant un endroit qui paraît digne d'être rapporté. Il touche à la thèse de l'écrivain. Clitandre finit par répondre aux récriminations d'Armande, qui l'accuse d'infidélité, et le traite de « monstre » :

Est-ce moi qui vous quitte, ou vous qui me chassez?

Et la précieuse de répliquer :

Appelez-vous, Monsieur, être à vos vœux contraire,
Que de leur arracher ce qu'ils ont de vulgaire,
Et vouloir les réduire à cette pureté
Où du parfait amour consiste la beauté?

C'est exagéré, à dessein. La suite ne l'est

pas moins, dans un autre sens ; et, si l'idéal du mariage conçu par Armande, se confond presque de force, dans notre antipathie, avec sa méchante personne, nous inclinons, par l'effet de notre humaine nature, et par l'art du poète, à nous trouver, jusqu'à l'excès, d'accord avec Clitandre, l'amant d'Henriette, que nous ne détestons point, lorsqu'il dit :

> Pour moi, par un malheur, je m'aperçois, Madame,
> Que j'ai, ne vous déplaise, un corps tout comme une
> Le ciel m'a dénié cette philosophie,   [âme....
> Et mon âme et mon corps marchent de compagnie.

Comme deux égaux, sans doute ? On le croirait :

> Il n'est rien de plus beau, comme vous avez dit,
> Que ces vœux épurés qui ne vont qu'à l'esprit,
> Ces unions de cœurs, et ces tendres pensées,
> Du commerce des sens si bien débarrassées ;
> Mais ces amours, pour moi, sont trop subtilisés :
> Je suis un peu grossier, comme vous m'accusez ;
> J'aime avec tout moi-même, et l'amour qu'on me donne
> En veut, je le confesse, à toute la personne.

C'est significatif. Clitandre récompensé sera demain, peut-être, l'époux aimé de la vive, alerte, franche et piquante créature, dont Molière a fait son type et la leçon de la pièce, par contraste avec cette hypocrite amante du beau, jalouse, vindicative, traîtresse, noire comme de l'encre, Armande en un mot. Pour que sa sœur n'épouse point Clitandre, elle s'abaissera jusqu'à un certain amour moins platonique :

> Si ma mère le veut, j'y résous mon esprit....

Le deuxième vers n'est pas écrit pour les honnêtes gens.

Alors, l'ancien prétendant :

> Il n'est plus temps, Madame ; une autre a pris la place.

On répéterait volontiers le vers du Dante : *Vous qui entrez, laissez là toute espérance.*

C'est un enfer, vraiment, que le cœur d'Armande, et l'on ne peut s'empêcher d'admirer la peinture du caractère odieux de cette fille, aigre comme la pomme d'où sortit notre malheur, mais qui relève la comédie, en lui donnant un tour nouveau, inattendu, en nous faisant désirer le rire qui reparaît à chaque minute, on ne sait trop comment, de la façon la plus ordinaire, d'autant plus neuf, que nous avions cru devoir nous abîmer dans la terreur, et souffrir à la vue des plus funestes effets de la vengeance. Mais Molière n'oublie jamais qu'il représente la vie privée, où ces choses-là sont assez rares, où le tragique tourne facilement au comique. C'est là le génie qui ne lasse jamais, qui varie à l'infini, en l'idéalisant même, d'une plume légère, la vie commune, et ne cesse point de nous donner des impressions nouvelles, en puisant à la source connue de la nature.

Fort habilement Molière nous peint des personnages qui, pour plaire, ont cru devoir laisser le ton naturel. Voyez M. Trissotin :

> Je viens vous annoncer une grande nouvelle ;
> Nous l'avons, en dormant, Madame, échappé belle :
> Un monde, près de nous, a passé tout du long,
> Est chu tout au travers de notre tourbillon ;
> Et s'il eût, en chemin, rencontré notre terre,
> Elle eût été brisée en morceaux comme verre.

Mais la savante Philaminte a l'œil à terre, en ce moment. Sans détester la science, elle déteste Clitandre ; elle le raille :

> Remettons ce discours pour une autre saison ;
> Monsieur n'y trouverait ni rime ni raison :
> Il fait profession de chérir l'ignorance,
> Et de haïr surtout l'esprit et la science.

Nous ne sortons pas de l'action pour être rentrés plus vivement dans la thèse. Clitandre est un de ces hommes prudents, politiques, modérés, libéraux (on leur a donné toute espèce de noms), qui font profession de se tenir à juste distance des extrêmes. C'est Clitandre, c'est Ariste, c'est Dorante, c'est même Chrysale. Chrysale a dit : « Mon corps est moi-même », Clitandre : « J'aime avec tout moi-même. » Moins pâle que ne le sont d'ordinaire les amoureux, enhardi par la haine, il en veut surtout à la science de Trissotin, son rival, et l'égorge savamment, en homme du monde, avec de faux semblants d'épargner sa personne. Le pédant :

> J'ai cru jusques ici que c'était l'ignorance
> Qui faisait les grands sots, et non pas la science.

Clitandre de lui riposter :

> Vous avez cru fort mal, et je vous suis garant
> Qu'un sot savant est sot plus qu'un sot ignorant.

Il n'y a pas à s'y tromper, le savant qui est un sot, un triple sot, c'est Trissotin. Trissotin, pour se venger, attaque la cour; Clitandre la défend; il prend la balle au bond :

> Vous en voulez beaucoup à cette pauvre cour;
> Et son malheur est grand de voir que, chaque jour,
> Vous autres beaux esprits vous déclamiez contre elle,
> Que de tous vos chagrins vous lui fassiez querelle.

Ici, un petit éloge de la cour; Molière avait assez tiré sur elle. La cour « au fond n'est pas si bête. » La bêtise, c'est l'apanage de certains savants. Revenant sur Trissotin, l'objet de sa colère, il l'écrase, il l'assomme, au pluriel. L'homme d'esprit a de ces pluriels qui font mal à des sots qui s'y voient représentés, chacun au singulier :

> Il semble à trois gredins, dans leur petit cerveau,
> Que, pour être imprimés et reliés en veau,
> Les voilà dans l'Etat d'importantes personnes;
> Qu'avec leur plume ils font les destins des couronnes;
> Qu'au moindre petit bruit de leurs productions
> Ils doivent voir chez eux voler les pensions;
> Que sur eux l'univers a la vue attachée;
> Que partout de leur nom la gloire est épanchée;
> Et qu'en science ils sont des prodiges fameux,
> Pour savoir ce qu'ont dit les autres avant eux,
> Pour avoir eu, trente ans, des yeux et des oreilles,
> Pour avoir employé neuf ou dix mille veilles
> A se bien barbouiller de grec et de latin,
> Et se charger l'esprit d'un ténébreux butin
> De tous les vieux fatras qui traînent dans les livres.

Jamais fouet plus sanglant ne cingla le pédantisme. Si Molière se vengeait de Ménage et de Cotin, il avait tort devant Dieu; mais les coups de sa haine ont porté sur la science inintelligente des savants qui n'ont que de la mémoire et de la vanité. Il y en a encore; il y en aura toujours; mais leur portrait reste immortel, et les ennemis de leur pédantisme superbe « n'ont ni Dieu, ni foi, ni loi. » Pour Clitandre, il s'est détendu les nerfs en homme habile. L'action suit sa marche. Vengeance sur vengeance! Vadius se venge de Trissotin; il a écrit cette lettre à Philaminte :

« Trissotin s'est vanté, Madame, qu'il épou-
» serait votre fille. Je vous donne avis que sa
» philosophie n'en veut qu'à vos richesses, et que
» vous ferez bien de ne point conclure ce mariage,
» que vous n'ayez vu le poëme que je compose
» contre lui. En attendant cette peinture, où je
» prétends le dépeindre de toutes ses couleurs,
» je vous envoie Horace, Virgile, Térence et Ca-
» tulle, où vous verrez notés en marge tous les
» endroits qu'il a pillés. »

Que Molière accuse Trissotin de plagiat, soit; il est dans son droit de critique; mais l'accuser d'avarice et de déloyauté, c'est trop; je n'ose dire, c'est odieux. D'autant plus que Trissotin portait l'habit de Cotin lui-même. Molière, qui a peint tant de faiblesses, se peint, en cet endroit, et sous des dehors peu attrayants.

Philaminte est plus que jamais décidée à donner Henriette au savant qu'elle aime; et même elle aiguise, toute despotique et entière qu'elle soit, contre Clitandre, la vengeance la plus fine, la plus méchante et la plus féminine. Elle l'invite à signer au contrat. Armande se charge d'aller prévenir sa sœur, de courir lui porter la nouvelle. On rit, malgré tout. C'est perfide, mais bien trouvé. Clitandre, moqué par Armande victorieuse, par cette Hermione de la comédie, aussi égoïste que la tragique fille d'Hélène, Clitandre, dis-je, n'a point perdu courage. D'ailleurs, il a pour lui Chrysale qui s'affirme plus que jamais ; il parle assez haut pour qu'on l'entende :

Oui, dès ce soir, je veux,
Pour la contrecarrer, vous marier tous deux.

Je serais mieux persuadé s'il songeait moins à contrarier sa femme. Néanmoins je suis tenté de le croire, tant il a l'air belliqueux :

Allons, suivez mes pas, mon frère, et vous, mon gendre.

Malbrough s'en va-t-en guerre.

Trissotin, lui, vole au-devant de l'amour sous la forme prosaïque du mariage.

Henriette a beau lui dire qu'elle aime Clitandre ; il lui répond qu'il n'a pu être insensible à « ses célestes appas. » Le compliment est vieux comme lui. Henriette, tout à l'heure suppliante, se retrouve :

Eh! Monsieur, laissons-là ce galimatias.
Vous avez tant d'Iris, de Philis, d'Amarantes,
Que partout, dans vos vers, vous peignez si charmantes,
Et pour qui vous jurez tant d'amoureuse ardeur.

Raillé, Trissotin n'invoque plus l'amour, mais l'autorité de Philaminte. Henriette lui explique trop nettement ce qu'il peut risquer à la recevoir comme épouse d'une volonté étrangère à la sienne. Le passage est risqué. Henriette en sait trop; mais Trissotin passera par-dessus tout, au nom de la philosophie. — Le notaire va venir. En attendant, Chrysale est armé pour la bataille; il appelle sa fille, la malheureuse Henriette..., pour la consoler? non; pour la gronder. Le pauvre homme! Il fait tout à contretemps, et baissera bientôt pavillon devant Philaminte. Il a cependant osé rétablir Martine dans ses droits... sans en avertir sa femme :

Allons, venez-vous-en faire votre devoir,

dit-il à Henriette :

Vos résolutions sont dignes de louanges,

riposte la jeune fille,

Mais.... tenez ferme.

Le vieillard aguerri :

Comment! Me prenez-vous ici pour un benêt?

HENRIETTE

M'en préserve le Ciel.

CHRYSALE

Suis-je un fat, s'il vous plait?

HENRIETTE

Je ne dis pas cela.

CHRYSALE

Me croit-on incapable
Des fermes sentiments d'un homme raisonnable?

HENRIETTE

Non, mon père.

CHRYSALE

Est-ce donc qu'à l'âge où je me vois,
Je n'aurais pas l'esprit d'être maître chez moi?

HENRIETTE

Si fait.

CHRYSALE

Et que j'aurais cette faiblesse d'âme
De me laisser mener par le nez à ma femme?

HENRIETTE

Eh! non, mon père.

Plus elle recule, plus il avance. D'ailleurs, Chrysale a besoin de faire du bruit pour se croire tel qu'il veut être, et se dissimuler les lâches appréhensions de son cœur. Il prendra sa revanche sur une enfant de ses nombreuses capitulations; il agit d'instinct; car il n'est pas plus méchant de sang-froid qu'il ne saurait être bon. Il affermit sur sa tête de bonhomme son masque viril.

HENRIETTE
Si je vous ai choqué, ce n'est pas mon envie.

CHRYSALE
Ma volonté céans doit être en tout suivie.

HENRIETTE
Fort bien, mon père.

CHRYSALE
Aucun, hors moi, dans la maison,
N'a droit de commander.

HENRIETTE
Oui, vous avez raison.

Chrysale insiste d'autant plus qu'il ne rencontre aucune résistance. Il me semble voir un moulin qui bat des ailes dans le vide; mais il moud du moins le blé qui nourrit les hommes. Chrysale s'agite peut-être pour quelque chose.

C'est moi qui tiens le rang de chef de la famille.

Rien de plus vrai. Les hommes faibles ont en général le sens juste. La passion du repos qui n'a pas altéré leur intelligence est absolument contre-révolutionnaire. Elle tendrait plutôt à immobiliser tout.

HENRIETTE
D'accord.

CHRYSALE
C'est moi qui dois disposer de ma fille.

HENRIETTE
Eh! oui.

CHRYSALE
Le ciel me donne un plein pouvoir sur vous.

HENRIETTE

Qui vous dit le contraire?

CHRYSALE

> Et pour prendre un époux,
> Je vous ferai bien voir que c'est à votre père
> Qu'il vous faut obéir, non pas à votre mère.

Quelle scène! Le bonhomme commande, c'est déjà extraordinaire; il commande à sa fille qui ne souhaite rien tant que d'obéir, pour qui l'obéissance est la plus douce chose, c'est encore plus original. Il n'a pas oublié qu'il était homme, et *le roi de la nature*; l'occasion se présente d'exercer le pouvoir en toute sécurité; il l'exerce. D'ailleurs, il aime bien un peu sa fille, quoiqu'il aime encore plus son repos. Il achève :

> Nous verrons si ma femme, à mes désirs rebelle...

Ma femme! quelle intonation doit avoir ce mot dans la bouche de l'irascible époux? Est-ce la colère qui domine? Est-ce plutôt un commencement de frayeur, malgré la fermeté des paroles? Je le crois :

> Secondez-moi bien tous,

dit-il à Clitandre et à Martine. Il a le frisson.

> Laissez-moi,

dit la cuisinière;

> J'aurai soin
> De vous encourager, s'il en est de besoin.

Rien d'oublié, pas même la faute de français dans cette bouche grossière.

Chrysale accepte le concours de sa cuisinière. Il était au Capitole. Où est-il descendu? Est-ce invraisemblable? Chrysale, qui « vit de bonne soupe, » ne peut dédaigner une auxiliaire comme Martine.

Philaminte reparaît, la bataille décisive commence. Chrysale a derrière lui, pour le soutenir, Clitandre, Henriette et Martine; Philaminte n'a besoin ni d'Armande ni de Trissotin. Forte de son caractère et de sa supériorité, elle parle la première devant cette table où le notaire, la plume à la main, se dispose à faire un contrat dans l'intérêt du plus fort. C'est ainsi que se font les traités de paix. La savante, néanmoins, reste savante, en s'adressant au notaire :

> Vous ne sauriez changer votre style sauvage,
> Et nous faire un contrat qui soit en beau langage?

Le notaire se fâche, sa neutralité s'offense. Quelques gens d'affaires, comme certains politiques, ont le style obscur, et pour cause.

Mais Philaminte a aperçu Martine :

Ah! ah! cette impudente ose encor se produire?
Pourquoi donc, s'il vous plaît, la ramener chez moi?
CHRYSALE
Tantôt, avec loisir, on vous dira pourquoi.
Nous avons maintenant autre chose à conclure.

Le verbe est sec, affirmatif, précis et même direct, cette fois.

LE NOTAIRE
Procédons au contrat. Où donc est la future?
PHILAMINTE
Celle que je marie est la cadette.
LE NOTAIRE
Bon.

Chrysale montrant Henriette, sans indécision :

Oui, la voilà, Monsieur : Henriette est son nom.
LE NOTAIRE
Fort bien. Et le futur?
PHILAMINTE
L'époux que je lui donne
Est Monsieur. (*Elle désigne Trissotin.*)

Chrysale, de plus en plus carré, malgré la rotondité de sa personne, montre Clitandre; il articule distinctement chaque mot, les dents un peu serrées ; c'est un lion :

Et celui, *moi*, qu'en propre personne,
Je prétends qu'elle épouse, est Monsieur....

Ce *moi* rappelle jusqu'à un certain point celui

de Médée, et je remercie le notaire qui tranche un peu sur le drame, en me rappelant à la comédie :

> Deux époux !
> C'est trop pour la coutume.

Il n'a pas ri ; mais nous rions, malgré l'implacable gravité de sa cravate blanche.

L'active Philaminte, étonnée d'une ombre de résistance du passif Chrysale :

> Où vous arrêtez-vous ?
> Mettez, mettez, Monsieur, Trissotin pour mon gendre.

Chrysale, ferme jusqu'à l'ironie, et qui répète mot pour mot, moins un, le vers de Philaminte :

> Pour mon gendre, mettez, mettez, Monsieur, Clitandre.

Le notaire s'interpose en vain ; et cette puissance neutre fait penser au paisible zéphir qui aurait la prétention d'arrêter la violence de deux vents contraires.

PHILAMINTE
> Suivez, suivez, Monsieur, le choix où je m'arrête.

Chrysale, la tête haute :

> Faites, faites, Monsieur, les choses à ma tête.

Il fait sa tête, en effet. Il veut moins marier sa fille, de son mouvement propre, qu'être une fois le maître, comme le fut, dit-on, un instant, le mathématicien Ampère, dans son ménage. Ce n'est pas la raison d'un homme qui parle; de la tête je n'augure rien de bon. Philaminte irritée à Chrysale :

Quoi donc! vous combattrez les choses que je veux!

Chrysale, avec une légère nuance d'indécision :

Enfin, pour son époux, j'ai fait choix de Clitandre.
Et moi...

dit Philaminte, le prenant d'autant plus haut, qu'avec sa perspicacité féminine, elle a saisi le point de faiblesse dans l'œil moins certain de l'époux, et l'attendrissement imperceptible d'un regard où le cœur se peint, désireux de retomber dans les chères habitudes d'une vieille apathie. On songe à la pierre qui, lancée dans l'air, retombe, au bout d'un instant, et de tout son poids, vers la terre :

Et moi, pour son époux, voici qui je veux prendre.
Mon choix sera suivi; c'est un point résolu.

Ouais!

s'exclame Chrysale,

Vous le prenez là d'un ton bien absolu!

Il n'affirme plus, il s'étonne, il hésite.

Martine, se détachant du groupe des auxiliaires :

Ce n'est point à la femme à prescrire, et je sommes
Pour céder le dessus en toute chose aux hommes.

Chrysale a la bonhomie de se laisser soutenir par sa cuisinière. Il se repose; il l'encourage cependant :

C'est bien dit.

Aussi Martine :

Mon congé cent fois me fut-il hoc,
La poule ne doit point chanter devant le coq.

CHRYSALE

Sans doute.

Il admire son avocat.

MARTINE

Et nous voyons que d'un homme on se gausse,
Quand sa femme chez lui porte le haut-de-chausse.

CHRYSALE

Il est vrai.

Quel aveu naïf! Il est défendu et perdu. Que le chef de famille ait besoin d'être protégé, à son foyer, par sa domestique, et qu'il le souffre, il est fini. Cela devait aboutir ainsi, Chrysale étant Chrysale. Inutile de dire que la scène est admirable, que l'élan de l'époux et sa chute sont observés d'un coup d'œil de maître, comme sa fausse énergie et sa lâcheté peintes en détail, sans précipitation, ainsi qu'il convient, avec les scrupules du génie et les mots heureux ou incisifs qui restent dans la mémoire. Martine tranche sur le tout; c'est une beauté de contraste habituelle à Molière ; c'est le bon sens lui-même dont l'expression grossière semble devoir frapper davantage, pour réformer la précieuse éducation des femmes et les dégoûter de la science. Fort bien. Mais que d'autres contrastes plus moraux et dont Molière est avare !

MARTINE

Si j'avais un mari, je le dis,
Je voudrais qu'il se fît le maître du logis;
Je ne l'aimerais point, s'il faisait le jocrisse ;
Et si je contestais contre lui par caprice....

Ainsi la femme s'avoue telle qu'elle est, de temps en temps. Martine pouvait le faire, ayant conservé, de la rusticité des champs, une sincérité moins prudente, une franchise moins aristocratique :

Si je parlais trop haut, je trouverais fort bon
Qu'avec quelques soufflets il rabaissât mon ton.

Pour Henriette,

— Ne voulant savoir le *grais* ni le latin,
Elle n'a pas besoin de Monsieur Trissotin.

Telle est la péroraison de Martine qui ne sait pas les règles de la rhétorique.

Le reste est si positif que nous le négligeons.

Chrysale approuve; il est las, il a repris son collier.

PHILAMINTE
Henriette et Monsieur seront joints de ce pas.

Elle montre Trissotin :

Je l'ai dit, je le veux : ne me répliquez pas.
Et si votre parole à Clitandre est donnée,
Offrez-lui le parti d'épouser son aînée.

Qui le croirait? Le bonhomme découvre

Dans cette affaire un accommodement.

A Henriette et à Clitandre stupéfaits :

Voyez; y donnez-vous votre consentement ?

Sous leurs propres yeux, après mille serments et un simulacre de combat, il abandonne sa fille, il abandonne Clitandre, il fait litière de l'ombre même de sa dignité, pour séparer deux cœurs qui s'aiment, et concilier les inconciliables, ce qui le réconciliera... avec sa femme, avec son repos, avec l'oreiller de sa lâcheté et les voluptés de sa paresse. Cet homme sans volonté, ce nerf détendu, ce n'est rien; ce n'est qu'un peu de poussière humaine. J'aime mieux Philaminte;

elle a l'étincelle, du moins ; elle fait prévaloir son égoïsme, sans doute ; elle imagine une absurdité, c'est vrai ; mais dans le but de régner. Et qui régnera, sans elle, puisque Chrysale n'est capable que du joug? Qu'il aille à son potage!

Henriette et Clitandre ont bien envie de pleurer. Mais ciel! Quelle nouvelle Ariste nous apprend! La négligence de Philaminte, la paresse de Chrysale leur ont fait perdre toute la fortune dont ils jouissaient. Philaminte garde son courage. Elle montre Trissotin :

> Son bien nous peut suffire et pour nous et pour lui.

Mais Trissotin répond mal à cette virile confiance. Il se rappelle à temps qu'Henriette ne l'aime point :

> .... Je ne suis pas homme à souffrir l'infamie
> Des refus offensants qu'il faut qu'ici j'essuie.
> Je vaux bien que de moi l'on fasse plus de cas ;
> Et je baise les mains à qui ne me veut pas.

Clitandre épousera Henriette. Belle revanche pour l'orgueilleuse Philaminte! Cependant Henriette, qui n'a plus d'aisance, se fait prier. Elle refuse la fortune de Clitandre. Par bonheur, la ruine du ménage n'était qu'une feinte pour chasser Trissotin. Chrysale et Philaminte sont riches comme avant. C'est invraisemblable ; mais on n'y fait pas attention et tout le monde semble heureux, même le spectateur. Cotin seul est bafoué une fois de plus par Molière ; il est cupide comme Vadius est calomniateur. Le plus fortuné est Chrysale. La faiblesse ne s'avoue jamais ; elle répugne à souffrir des fautes qu'elle a commises ; elle tourne tout au bien, fût-ce de la façon la plus étrange. Où l'homme faible devrait surtout cacher sa honte, il éclaire son vice, il le fait briller pour l'instruction du genre humain ; et nous entendons Chrysale parler très haut à son notaire, et lui commander :

> Allons, Monsieur, suivez l'ordre que j'ai prescrit,
> Et faites le contrat ainsi que je l'ai dit.

Dans cette pièce, il y a deux parts à faire, celle de la critique littéraire et celle de la leçon morale. De l'une il n'y a que du bien à dire. On peut répéter avec Lafontaine :

> Jamais il ne fit si bon
> Se trouver à la comédie ;
> Car, ne pense pas qu'on y rie
> De maint trait jadis admiré,
> *Et bon, in illo tempore,*

Nous avons changé de méthode ;
Jodelet n'est plus à la mode.
Et maintenant il ne faut pas
Quitter la nature d'un pas.

En effet, Molière ne quitte pas la nature ; les écrivains auxquels il enseigne le goût, ne la quitteront pas, ou bien ils mériteront le sort de Cotin et de Ménage, si vous aimez mieux, de Trissotin et de Vadius, ajoutons de Philaminte, de Bélise et d'Armande livrées à l'immortelle moquerie de la postérité. Dans les *Précieuses*, Molière avait porté le premier coup au pédantisme de l'esprit ; le dernier coup, il le lui porta dans les *Femmes savantes*. Il exécute une charge à fond. Cette science artificielle des Vadius, qu'accumule, en des cerveaux encombrés, une mercenaire, la mémoire, cette science dont ne profiteront jamais des esprits étroits, incapables de rien s'assimiler, cette science des plagiaires, tout juste assez sérieuse pour charmer l'imagination détraquée de femmes sans jugement, sorties de leur sphère ou de leur intérieur, assujetties à la mode, en littérature, comme dans le reste, cette science, dis-je, ressort d'autant mieux, avec ses ridicules, qu'elle est louée à l'excès par des esprits plus faibles, incapables d'une saine ap-

préciation, et qui admirent tout d'un savant, même ses vers, fussent-ils les plus vides et les moins naturels. Donc les femmes ne seront pas des savantes ; les pédants ne sont pas des poètes. Les poètes ne doivent pas quitter la nature d'un pas. Ils ne doivent dire que des choses vraies, soutenues d'expressions justes. Rien de mieux.
— Seulement Molière me plairait davantage s'il avait quitté la nature d'un pas, lorsqu'il s'agit de l'éducation. Le moraliste ne vaut pas le critique, tant s'en faut. Qu'il faille abaisser la science, lorsqu'elle est dans l'imagination des femmes et dans la mémoire des pédants, c'est incontestable ; qu'elle enfle la vanité d'un sexe naturellement frivole, c'est absolument certain. Qu'elle rende Philaminte plus despotique, Armande plus orgueilleuse, Bélise plus sotte, personne n'en doute. Est-ce une raison pour abaisser l'éducation des femmes autant que le fait Molière par la bouche de Chrysale ?

Mais reprenons ici, un à un, les personnages principaux pour mieux juger d'ensemble la leçon donnée par l'auteur et son plan d'éducation. Tout est exact dans Philaminte, jusqu'à sa confiance en Trissotin, vers le dénouement, confiance qui n'est pas sans dignité, et s'accorde avec la fermeté d'une âme élevée, mais qui s'est égarée dans l'impossible. Philaminte ne cesse jamais d'être pédante et impérieuse. Sa science, qui n'est pas la vraie, trompe sa raison ; et son caractère aide sa science à tromper son jugement; car elle ne doute point d'elle-même, ni de la science de Trissotin, ni de Trissotin ; elle en est d'autant mieux et plus facilement abusée ; car son esprit est celui d'une femme, si son caractère est celui d'un homme ; elle nous présente le contraste perpétuel, vrai, et comique d'une maîtresse de maison qui a la prétention de gouverner à la fois son mari, ses filles et son *Académie;* le résultat, c'est l'anarchie. Ce qu'elle perd à négliger ses devoirs, pour une fumée scientifique, est une leçon donnée aux femmes qui seraient tentées de faire comme elle. Il n'y a que du bien à dire du rôle de Philaminte.

Pour Armande, c'est un sépulcre blanchi, et la peinture, étonnamment dramatique, d'une hypocrite de l'idéal, surtout d'un idéal de pureté angélique. C'est au moins une prude. La science a engendré en elle l'orgueil, et l'orgueil l'hypocrisie. Elle en sait trop, par instant; elle se démasque, comme il arrive, surtout à une femme, sous quelque impression inattendue ; elle monte si haut qu'elle se perd dans les cieux ; elle descend si bas qu'elle est positivement maligne, méchante et calomniatrice ; elle hait sa sœur ; elle n'aimerait Clitandre que pour le ravir à sa sœur. N'y a-t-il pas là un danger? Et ne serions-nous pas disposés, en suivant Molière, à penser qu'il suffit de faire paraître les beaux sentiments d'une noble éducation pour cacher une âme noire, de parler, comme Armande, en lettres d'or, pour nourrir la corruption au fond du cœur et sous des dehors célestes? Molière nous paraît vraiment avoir dépassé le but, à propos d'Armande.

D'autre part, la mère, qui a mal élevé sa fille, est punie ; Armande aussi. Qui donc est bien élevé? Henriette, car elle est récompensée de sa bonne conduite. Elle épouse son Clitandre. Qui l'a élevée? Chrysale. Et qu'est-ce que Chrysale? S'il est question de son caractère, nous ne devons que louer Molière. La paresse invétérée d'une volonté égoïste n'a jamais été mieux peinte... La faiblesse serait-elle incurable? elle l'est, suivant Molière, et comme l'avarice, indéracinable, fatale. Chrysale sacrifie son enfant de prédilection ; s'il eût été roi, il aurait sacrifié son royaume à son sommeil. Mais s'il est faible, il est bon! C'est une image de la paix ; comblé des meilleures intentions, il a un sens commun admirable. Commun est vrai, si commun signifie vulgaire. Cet homme, en effet, respire Epicure; il ne quitte pas la nature d'un pas, il l'abaisserait plutôt. Il méprise la science, il réhabilite la chair, ou du moins l'égoïsme de la nature. Nous détestons Armande, savante, sublime et perverse; dites-moi, si d'instinct, nous n'aimons pas Chrysale,

> Qui vit de bonne soupe et non de beau langage ?

Quel modèle ! — Il veut bien

> Que la capacité d'une femme se hausse
> A connaître un pourpoint d'avec un haut-de-chausse.

Quel idéal ! — Il a passé le sceptre à Philaminte qui n'a pas de raison; il n'a pas de volonté.

Quelle Babel!

Tout paresseux qu'il est, Chrysale a produit, jadis, un fruit de sa molle sagesse, Henriette. Vive, piquante, gaie, maligne, bonne, à ses heures, pour ceux qu'elle aime, dédaigneuse du grec et du latin, trop loin des astres, trop près de la terre, trop humaine pour une femme, et naturelle, jusqu'à laisser paraître, dans sa conversation, qu'elle connaît ce qu'une matrone chrétienne n'avoue pas même dans sa pudique maturité, Henriette a *des clartés de tout* ce qu'elle doit ignorer. Elle nous plaît néanmoins, autant qu'à Molière. S'il eût désiré qu'elle nous déplût, il l'aurait faite telle qu'il fallait pour atteindre ce but. Voyez Armande. Henriette, au contraire, semble l'aimable et spirituelle image de son père, avec plus d'énergie. C'est, sans doute, une jeune fille qui ne rougit point, une enfant sans respect filial, un fruit sans duvet, un bouton sans fraîcheur, une virginité de troisième ordre. Malgré tout, Clitandre, qui parle un peu plus haut que Chrysale, l'aime et l'admire. Elle nous séduit. Mais qui la voudrait pour sœur ou pour épouse ?... Et voilà le modèle offert à l'imitation par Molière, ce réformateur de la famille et de l'éducation, l'un des inventeurs de la morale sans Dieu, ou du Dieu des bonnes gens. — Résumons. Tout vivant qu'il paraît, ce type de Henriette, s'il ne prétend qu'à dégoûter de la pruderie, exagère le contraste, plus qu'il ne faut ; il flatte d'abord nos puissances inférieures ; il touche nos sens ; il élève jusqu'à notre admiration ce qui est réellement vulgaire, comme, tout à l'heure, Armande nous faisait soupçonner l'hypocrisie sous l'apparence des beaux sentiments; il pervertit le fond de la comédie des *Femmes savantes;* avec l'épicurien Chrysale il la juge et la condamne.

Dieu veuille que ces deux personnages, si aimés et si banals, n'aient pas contribué à nous rendre trop chères les joies de la nature, et, plus ou moins, poussé vers la cime du pouvoir l'embonpoint de quelque César démocratique!

Avoir ce qu'on aime, c'est quelquefois un châtiment.

SEPTIÈME COURS

Le Bourgeois gentilhomme (1670).

SEPTIÈME COURS

Le Bourgeois gentilhomme (1670).

Représenté pour la première fois, à Chambord, en 1670, le *Bourgeois gentilhomme* eut peu de succès dans la foule des courtisans. Le roi lui-même gardait le silence. Cependant, après quelques représentations, il dit à Molière : « Je ne vous ai point parlé de votre pièce, le premier jour, parce que j'ai appréhendé d'être séduit par la manière dont elle avait été jouée ; mais, en vérité, Molière, vous n'avez encore rien fait qui m'ait plus diverti, et votre pièce est excellente. »

S'il y a une vérité, c'est que l'homme est vaniteux ; la vanité est universelle. Voilà le motif qui nous fait placer le *Bourgeois gentilhomme* parmi les comédies de Molière dignes d'être étudiées. Il peint un des travers les plus impérissables de l'humanité. En revanche, nous ne dirons rien des *Fourberies de Scapin*.

En effet, le type de Scapin est vulgaire. Le valet de Léandre est un fourbe, comme on en voyait du temps de l'esclavage antique, où la ruse tenait lieu d'intelligence aux ignorants et aux déshérités. Il y a aujourd'hui cette différence que les esclaves et les valets sont aux affaires, et que les Scapins se croient ministres parce qu'ils tiennent respectueusement, sous le bras, le portefeuille de leur maître, quelque mince tyran délégué au grand jour par les ténèbres. Si le génie de Molière, après Aristophane et avant Béranger, s'est exercé dans l'ignoble, est-ce une raison pour que nous le suivions jusque-là? Nos lecteurs ne sauraient nous le pardonner, pas plus que d'analyser à fond les épicuriennes délicatesses de Psyché, les grossières aventures de M. de Pourceaugnac ou les erreurs de la femme d'Amphytrion abusée par le ciel.

Molière se trouve ailleurs. Même il n'a pas sérieusement blessé les mœurs dans le *Bourgeois gentilhomme*. Avec les ménagements d'une critique prudente, nous pourrons rire sans contrainte et nous observer sans pitié. Oui, nous sommes tous vaniteux. Pourtant, n'avoir aucune pitié de nous-mêmes, ce serait exagérer l'humilité ou la franchise. Et voici pourquoi:

La vanité ne tient-elle pas à la racine de la vie elle-même ? De l'indispensable *amour* de la vie, de l'*amour* de soi à l'*amour-propre,* il n'y a qu'un pas ; un autre, de l'amour-propre à la vanité. La différence entre l'orgueil et la vanité, c'est que l'orgueilleux, toujours mécontent, regarde au-dessus de soi, jouissant à peine du cruel bonheur de mépriser autrui, tandis que le vaniteux avide, jusqu'à la manie, d'un titre spécieux qu'il n'a pas, s'admire cependant avec une complaisance naïve, et s'enfonce quelquefois dans une stupide béatitude ; il est assez inoffensif et toujours comique ; l'orgueilleux est tragique, c'est Agamemnon. Le vaniteux, c'est M. Jourdain ; il pourrait se nommer Vadius ou Trissotin ; la vanité du pédant n'est pas la moins remarquable ; (je ne parle pas de la vanité du prédicateur, car on n'en vit jamais un s'enfler du mérite de la parole de Dieu). On connaît aussi la vanité élégante ou aristocratique d'une classe raffinée ; elle se dissimule en vain sous la sobriété d'une parole contenue et impersonnelle. Tel s'efface dans l'ombre d'un salon, et se cache dans une humilité de bon ton, afin d'attirer les regards et la louange ; elle n'en est que plus délicieuse, pour n'avoir pas eu l'air d'être recherchée ou attendue. Je dirais volontiers, de celui-ci ou de celui-là, qu'il a beaucoup d'orgueil et un peu de modestie. Mais il en est, même dans le monde, qui ont de la modestie sans orgueil.

Pour M. Jourdain, il n'a pas du tout de modestie ; en revanche, il est plein de vanité. C'est un ancien marchand de drap, âgé d'un peu plus de quarante ans, gros, petit, court, trapu et rougeaud, retiré des affaires, riche et très riche, qui, n'ayant plus de quoi s'occuper, rentrant en lui-même et n'y trouvant rien, a voulu devenir quelque chose. Et comme la vanité aime l'éclat, son idée fixe c'est d'être un homme de qualité, un gentilhomme. Rendant justice à son ignorance, il veut s'instruire, et, persuadé, à tort, que pour être noble, il faut avoir quelque science, il a choisi des maîtres ; mais ces maîtres, son imagination, qui mêle tout, en a fait un singulier mélange.

M. Jourdain voudrait danser, chanter, faire de l'escrime et philosopher. Il n'y met pas de malice. Le maître de danse et le maître de musique l'attendent à Paris, dans sa maison, car M. Jourdain est un bourgeois de Paris ; et Molière n'a pas voulu qu'un bourgeois de province s'imaginât, un seul instant, qu'il pût ressembler, le moins du monde, à M. Jourdain. Il est aussi bien entendu qu'il s'agit seulement d'un bourgeois vivant sous Louis XIV; ou plutôt ce n'est pas seulement la vanité bourgeoise que l'auteur a voulu peindre, mais la vanité elle-même et le parfait comique de la vanité. Nous y sommes en plein. Ecoutons le maître de danse; il parle au maître de musique :

« Pour moi, je vous l'avoue, je me repais un peu de gloire. Les applaudissements me touchent, et je tiens que, dans les beaux-arts, c'est un supplice assez fâcheux, que de se produire à des sots, que d'essuyer, sur des compositions, la barbarie d'un stupide. Il y a plaisir, ne m'en parlez point, à travailler pour des personnes qui soient capables de sentir les délicatesses d'un art, qui sachent faire un doux accueil aux beautés d'un ouvrage, et, par de chatouillantes approbations, vous régaler de votre travail. Oui, la récompense la plus agréable qu'on puisse recevoir des choses que l'on fait, c'est de les voir connues, de les voir caressées d'un applaudissement qui vous honore.

» Il n'y a rien, à mon avis, qui nous paye mieux que cela de toutes nos fatigues ; et ce sont des douceurs exquises que des louanges éclairées. »

N'est-ce pas, dès l'abord, toucher juste et le plus vivement du monde, le faible de notre amour-propre, que de nous peindre la danse se haussant jusqu'aux nues, et désirant la louange des gens éclairés ? La vanité pouvait-elle mieux montrer son néant en s'élevant si haut ? Molière et Corneille excellent dans le « contraste » qui donne sa plus grande force à la vérité. Le maître de musique répond au maître de danse :

« J'en demeure d'accord, et je les goûte comme vous (les louanges). Il n'y a rien assurément qui chatouille davantage que les applaudissements que vous dites ; mais cet encens ne fait pas vivre. Des louanges toutes pures ne mettent point un homme à son aise ; il y faut mêler du solide ; et la meilleure façon de louer, c'est de louer avec les mains. »

Molière a raison ; il faut vivre. Lui-même ne méprisait pas l'argent, nous le savons. Mais il nous fallait surtout préparer à la magnifique entrée de M. Jourdain. La vénalité du maître de musique le caractérise :

« C'est un homme, à la vérité, dont les lumières sont petites, qui parle à tort et à travers de toutes choses et n'applaudit qu'à contresens ;

mais son argent redresse les jugements de son esprit; il a du discernement dans sa bourse. »

Il n'a pas paru qu'il est déjà moqué. Il paraît, en robe de chambre et en bonnet de nuit :

« Eh! bien, Monsieur? Qu'est-ce? Me ferez-vous voir votre petite drôlerie? »

Son langage, comme sa personne, est *en négligé*. Mais ce n'est pas le négligé du matin; c'est celui de son éducation première; et sa parole vulgaire tranche sur son élégante robe de chambre. Il la montre :

« Mon tailleur m'a dit que les gens de qualité étaient comme cela le matin. »

Il se peint; il veut être *un homme de qualité*; il convoite, tout comme un autre, la perfection; il veut s'élever, comme la nature l'exige, mais à sa manière. C'est une déviation du sens moral; c'est le progrès appliqué aux seules apparences; c'est la naïve admiration d'une supériorité toute en dehors, et qui, au jugement de M. Jourdain, homme d'argent, peut s'acheter avec de l'argent.

Pour entendre le prologue de *chanson* et de *danse*, qu'il appelait tout à l'heure une petite drôlerie, M. Jourdain appelle ses laquais. Il demande sa robe pour mieux entendre. Une musicienne chante :

Je languis jour et nuit, et mon mal est extrême
Depuis qu'à vos rigueurs vos beaux yeux m'ont soumis.
Si vous traitez ainsi, belle Iris, qui vous aime,
Hélas! que pourriez-vous faire à vos ennemis?

C'est fade. M. Jourdain voudrait un peu ragaillardir cette chanson par-ci par-là; elle l'endort, et le naïf critique en sait une plus belle :

Je croyais Jeanneton
Aussi douce que belle ;
Je croyais Jeanneton
Plus douce qu'un mouton.
Hélas! hélas!
Elle est cent fois, mille fois plus cruelle
Que n'est le tigre aux bois.

C'est trivial. Voici la leçon de Molière : la nature, polie par l'art, n'est ni grossière ni raffinée.

Mais le musicien et le danseur élèvent leur art jusqu'à la pratique de la sagesse. La musique, en effet, permettrait « de voir dans le monde régner la paix universelle » ; la danse nous apprendra, même au sens moral, à ne pas faire « un faux pas. » Le prologue et les danses s'achèvent. M. Jourdain aura un concert de musique, chez lui, parce que *les gens de qualité en ont.*

Après la vanité musicale et dansante, la vanité

guerrière. Entre le maître d'armes ; il prend un fleuret, en met un autre aux mains de M. Jourdain:

« Allons, Monsieur, la révérence. Votre corps droit. Un peu penché sur la cuisse gauche. Les jambes point tant écartées. Vos pieds sur une même ligne... ». et le reste. « En garde ! » M. Jourdain a peur. Le maître d'escrime :

« Je vous l'ai déjà dit, tout le secret des armes ne consiste qu'en deux choses, à donner et à ne point recevoir ; et, comme je vous fis voir, l'autre jour, par raison démonstrative, il est impossible que vous receviez si vous savez détourner l'épée de votre ennemi de la ligne de votre corps ; ce qui ne dépend seulement que d'un petit mouvement du poignet, ou en dedans ou en dehors.

— De cette façon, donc, conclut M. Jourdain, un homme, sans avoir du cœur, est sûr de tuer son homme et de n'être point tué ? »

Je pardonne à M. Jourdain sa poltronnerie en faveur de sa naïveté. Les bourgeois d'alors, si j'en juge par M. Jourdain, se contentaient de n'avoir ni cœur ni esprit. Leur trivialité ne visait pas au scepticisme.

Mais, trêve de considérations. Le maître d'armes se préfère au musicien et au danseur, comme M. Jourdain à son père :

« La science des armes l'emporte hautement sur toutes les autres sciences inutiles, comme la danse, la musique, la.... »

La danse et la musique protestent, le ferrailleur s'emporte ; M. Jourdain s'interpose vainement ; le philosophe aura raison des uns et des autres ; car le maître de philosophie s'avance majestueusement. La philosophie guérit tout :

« Eh quoi, Messieurs, faut-il s'emporter de la sorte ? et n'avez-vous point lu le docte traité que Sénèque a composé de la colère ? Y a-t-il rien de plus bas et de plus honteux que cette passion, qui fait d'un homme une bête féroce ? et la raison ne doit-elle pas être maîtresse de tous nos mouvements ? »

A peine le philosophe a-t-il parlé, dans sa barbe longue, que le maître d'armes riposte, en tirant sa moustache :

« Et moi, je leur soutiens à tous deux que la science de tirer des armes est la plus belle et la plus nécessaire de toutes les sciences. »

Le philosophe indigné le laisse à peine achever:

« Et que sera donc la philosophie ? Je vous trouve tous trois bien impertinents de parler devant moi avec cette arrogance, et de donner impudemment le nom de science à des choses que l'on ne doit pas même honorer du nom d'art, et qui ne peuvent être comprises que sous le nom de métier misérable de gladiateur, de chanteur, et de baladin ! »

Le plus vaniteux, c'est le philosophe; il est battu par la vanité coalisée des autres, malgré les efforts d'un inutile pacificateur, M. Jourdain. Il me fallait cette leçon pour croire qu'un philosophe pût sembler vaniteux, étant élevé au-dessus de terre par la nature de ses études. Mais je crois bien aussi que Molière en voulait à la philosophie, précisément parce qu'elle l'avait gâté, j'entends celle d'Epicure. Quel est donc le philosophe qui se consola jamais, comme le nôtre, de sa vanité battue, dans son orgueil satisfait?

« Cela n'est rien. Un philosophe sait recevoir comme il faut les choses ; et je vais composer, contre eux, une satire du style de Juvénal, qui les déchirera de la belle façon. Laissons cela. Que voulez-vous apprendre ? »

Un philosophe qui se venge ! Ce n'est pas possible ; et je m'enfonce de plus en plus dans l'étonnement. La victime de Molière, c'est bien moins ici M. Jourdain que son maître. Je pensais tout d'abord que, pour rehausser la sotte vanité du bourgeois gentilhomme, l'auteur l'avait mis, avec sa robe de chambre fleurie et ridicule, au centre d'un cercle de vanités inférieures, dansantes, musicales et guerrières. Erreur; c'est plutôt l'orgueil que Molière peint à nos yeux, dans une sorte d'épisode. Il est rare que les petits soient orgueilleux; c'est l'affaire des grands, et c'est l'écueil de leur grandeur. Mais un philosophe peut, à ce qu'il paraît, être vaniteux et orgueilleux. Molière l'imagine, ordinairement si profond observateur, et qui n'a pas fini d'écraser son personnage. L'unité de l'action n'y perd rien; seulement, la vanité de M. Jourdain, par comparaison, prend quelque chose d'aimable; elle est mêlée d'humilité. Revenons au philosophe :

LE MAITRE DE PHILOSOPHIE.

Que voulez-vous apprendre ?

M. JOURDAIN.

Tout ce que je pourrai; car j'ai toutes les envies du monde d'être savant, et j'enrage que mon père et ma mère ne m'aient pas fait bien étudier dans toutes les sciences, quand j'étais jeune.

LE MAITRE DE PHILOSOPHIE.

Ce sentiment est raisonnable : *Nam sine*

doctrinâ, vita est quasi mortis imago. Vous entendez cela, et vous savez le latin, sans doute.

— Oui, dit le vaniteux au pédant; mais faites comme si je ne le savais pas. »

M. Jourdain apprendra-t-il la logique? C'est trop « rébarbatif ; » la morale?

« Qu'est-ce qu'elle dit, cette morale? riposte l'ancien marchand, l'œil soupçonneux.

— Elle traite de la félicité, enseigne aux hommes à modérer leurs passions.

M. JOURDAIN.

Non, laissons cela. Je suis bilieux comme tous les diables, et il n'y a morale qui tienne : je me veux mettre en colère tout mon soûl, quand il m'en prend envie. »

C'est ainsi que nous entendons les choses, et que nous nous sentons vivre.... Le bourgeois d'alors avait ceci de particulier, outre sa petite culture, qu'ayant vécu, loin des armes, derrière son comptoir, il n'était pas seulement poltron, mais borné dans son horizon, et roi absolu d'un petit royaume où il entendait bien être, sans contestation, le maître de tout, excepté de lui-même. Déjà la *Satire Ménippée,* faite par des bourgeois railleurs et moins naïfs que

M. Jourdain, respire, quatre-vingts ans avant Molière, la paix à tout prix, et la liberté des passions. Il est possible que, de nos temps, tout ait changé.

M. Jourdain n'apprendra pas non plus la physique. Peu lui importent l'arc-en-ciel, le tonnerre, les vents, les tourbillons. « Il y a trop de tintamarre là-dedans, trop de brouillamini. » Il apprendra l'orthographe. — Il est évident que Molière se moque plus du philosophe que du bourgeois. Il réduit, pour finir, la philosophie du maître « à l'almanach et à l'alphabet. » M. Jourdain veut apprendre l'alphabet et l'almanach. Et nous assistons à la leçon trop connue pour que je la réédite sans profit. Le philosophe hautain de tout à l'heure fait prononcer les voyelles à son bourgeois de qualité, avec des explications telles que l'enfant pourrait les comprendre après l'éducation du sein maternel. « Que cela est beau! » s'écrie M. Jourdain. « Vive la science! » — Quelle ironie! Quel abaissement cruel de la première des sciences! Quelle naïveté du bonhomme! Quel sel comique jeté à la poignée sur la vanité et sur l'orgueil! Vraiment Molière est trop méchant pour le bourgeois gentilhomme et pour son professeur. Je retiens un seul trait qui n'est pas le moins heureux. M. Jourdain, tout fier, répète sa leçon :

« A, E, I, O, *IO*... Cela est admirable, I, O, *IO !* »

L'orgueil du philosophe et la vanité du bourgeois gentilhomme se résument dans le cri de l'animal stupide qui portait jadis les légumes au marché. Est-ce tout ? Pas encore. Le philosophe, après avoir appris à son écolier que « tout ce qui n'est point prose est vers, que tout ce qui n'est point vers est prose (1); « que c'est de la prose comme l'on parle, » devra lui enseigner à tourner et à retourner, de dix manières, cette phrase galante, fruit de l'imagination épanouie de son disciple amoureux : « *Belle marquise, vos beaux yeux me font mourir d'amour.* » Car M. Jourdain aime une marquise. — Est-ce assez! Et qui est le plus bafoué ? M. Jourdain ou son maître ? La vanité ou la philosophie? La leçon est d'autant plus forte qu'elle est plus bouffonne. Cependant le bourgeois gentilhomme garde sa place ; il est à son rang de premier

---

(1) Il paraît, suivant Mme de Sévigné, qu'un jour le comte de Soissons s'étonna beaucoup « quand on lui découvrit qu'il faisait de la prose. »

personnage, et l'on peut même croire que Molière n'a tant abaissé la philosophie que pour la mettre au niveau de « *l'animal raisonnable* », mais très peu raisonnable, dont il a voulu se moquer. M. Jourdain occupe, de plus en plus, notre attention ; son tailleur lui a apporté un habit à fleurs (1) ; les garçons du tailleur parent le bourgeois de son habit neuf, et, en lui prodiguant les titres de gentilhomme, de monseigneur, de grandeur, vident sa bourse étonnée et plus avare d'habitude. Le paon loué, raillé et ruiné, pour le moment, fait la roue.

M. Jourdain, qui médite des entreprises criminelles (car il y a un drame dans cette comédie), M. Jourdain reçoit une première et directe leçon faite à sa vanité ; elle lui vient d'assez bas, de Nicole sa domestique. Il y avait des domestiques, en ce temps-là, qui ennoblissaient

(1) On n'imaginerait guère que, par certains endroits, Voltaire était un vrai bourgeois gentilhomme : à Ferney, il portait un costume des plus bariolés : souliers de drap blanc, bas blancs de laine, culotte rouge, deux gilets ; robe de chambre et veste bleues, semées de fleurs jaunes et doublées de jaune ; perruque grise à trois marteaux, et par-dessus un bonnet de soie, brodé d'or et d'argent. Voltaire était aussi ridicule que le malade imaginaire à force de se soigner de toutes les manières. Et cet homme s'est moqué de tout le monde. (*Voltaire, sa vie et ses œuvres*, par l'abbé Maynard.)

leur état par l'affection dont ils entouraient leurs maîtres ; ils y gagnaient les droits d'une certaine familiarité. Nicole n'y fait pas défaut. Elle rit aux éclats, à la vue de cet habit à fleurs taillé dans une étoffe dont M. Jourdain n'a que la moitié ; car le tailleur a gardé l'autre. Plus M. Jourdain se fâche, plus il semble ridicule dans ses ajustements inattendus ; et plus Nicole fait d'efforts pour ne point rire, plus elle est tentée de le faire, jusqu'au point qu'elle tombe à terre, dans l'excès de son hilarité, en disant à M. Jourdain :

« Tenez, battez-moi plutôt, et me laissez rire tout mon soûl, cela me fera du bien.... Hi, hi, hi, hi. »

Rendons justice au bourgeois gentilhomme ; il n'est pas assez méchant pour battre Nicole. Mme Jourdain, plus sérieuse (elle a aux alentours de la quarantaine), plus étonnée qu'on ne saurait l'imaginer, et mise hors de ses habitudes domestiques les plus modestes et les plus louables, essaie de faire entendre raison à son mari :

« Ah! ah! voici une nouvelle histoire! Qu'est-ce donc, mon mari, que cet équipage-là ? Vous moquez-vous du monde, de vous être fait *enhar-*

nacher de la sorte? et avez-vous envie qu'on se raille partout de vous?... Il y a longtemps que vos façons de faire donnent à rire à tout le monde.

M. JOURDAIN.

Quel est donc ce monde-là, s'il vous plaît ?

Mme JOURDAIN.

Tout ce monde-là est un monde qui a raison, et qui est plus sage que vous. Pour moi, je suis scandalisée de la vie que vous menez. Je ne sais plus ce que c'est que notre maison. On dirait qu'il est céans *carême prenant* tous les jours ; et, dès le matin, de peur d'y manquer, on y entend des vacarmes de violons et de chanteurs dont tout le voisinage est incommodé. »

Que c'est bien le langage d'une ménagère vigilante et tranquille, femme d'ordre, et consommée dans la perfection des habitudes! Il n'y a pas jusqu'à ce *carême prenant*, vieux mot de souche chrétienne, qui ne sente les antiques habitudes du vieux Paris.

M. Jourdain lui-même n'est pas un malhonnête homme ; il fait ses Pâques, j'en suis sûr, et va régulièrement à la messe du dimanche, peut-être à vêpres ; mais la vanité a ébranlé son imagination. Il ne cédera pas, malgré Nicole qui vient au secours de sa maîtresse; il a de l'animal dont il imitait naguère la voix (en étudiant la philosophie), l'entêtement légendaire, sans avoir beaucoup plus d'esprit. Il répond à ces deux langues de femme :

« Taisez-vous, vous dis-je, vous êtes des ignorantes, l'une et l'autre ; et vous ne savez pas les prérogatives de tout cela ! »

Tout cela signifie : la danse, la musique, l'escrime, la philosophie ! Apôtre de la science, il veut instruire sa femme et sa domestique :
« Ce que je vous dis à cette heure, qu'est-ce que c'est?

Mme JOURDAIN *(sagement)*.

Des chansons.

M. JOURDAIN.

Eh! non, ce n'est pas cela. Ce que nous disons tous deux, le langage que nous parlons à cette heure ?

Mme JOURDAIN.

Eh bien?

M. JOURDAIN.

Comment est-ce que cela s'appelle ? »

L'ignorante Mme Jourdain, peu désireuse de savoir ce qui est hors du catéchisme et de son ménage :

« Cela s'appelle comme on veut l'appeler.

M. JOURDAIN (*se rengorgeant*).

C'est de la prose, *ignorante !* »

Dans un certain milieu, les épithètes tiennent lieu de raisonnement, et renforcent la pensée, si pensée il y a.

Mme JOURDAIN (*étonnée*).

De la prose?

M. JOURDAIN (*en articulant chaque syllabe*).

Oui, de la prose. Tout ce qui est prose n'est point vers, et tout ce qui est vers n'est point prose. »

Quant à l'articulation des voyelles, grotesquement reproduite par M. Jourdain, sa servante, Nicole, désire savoir « de quoi est-ce que tout cela guérit. » Elle en veut surtout à « ce grand escogriffe de maître d'armes qui remplit de poudre tout son ménage. »

Nouvelle leçon: Le bourgeois arme Nicole d'un fleuret, il en prend un autre, il enseigne. Nicole, sans l'entendre, pousse une botte et touche son maître. Son maître se fâche; elle ne l'a pas touché suivant les règles. Qu'est-ce que l'art auprès de la nature?

Mais voici qui est plus grave: Un certain

comte, nommé Dorante, fréquente la maison bourgeoise de Mme Jourdain, à son grand déplaisir :

« Vous êtes fou, dit-elle à son mari, avec toutes vos fantaisies; et cela vous est venu depuis que vous vous êtes mêlé de fréquenter la noblesse; et vous avez bien opéré avec ce beau M. le comte, dont vous êtes embéguiné. »

Je soupçonne là quelque noble ruiné; et Mme Jourdain, fort positive, du reste, me semble craindre pour ses écus, comme la poule pour ses poussins. Elle n'a pas tout deviné cependant, l'honnête femme ! M. Jourdain est bien près de devenir un scélérat conjugal; mais n'anticipons pas. Ecoutons seulement le bourgeois gentilhomme. Après la vanité d'une science ridicule, la vanité de la qualité :

« Paix : songez à ce que vous dites. Savez-vous bien, ma femme, que vous ne savez pas de qui vous parlez, quand vous parlez de lui ? C'est une personne d'importance plus que vous ne pensez, un seigneur que l'on considère à la cour, et qui parle au roi *comme je vous parle*. »

C'est bon et naïf, malgré tout. Parler au roi, comme il parle à sa femme, serait l'idéal du brave homme. Cela sent son respect et son affection pour la royauté. Le roi, pour ces excellentes gens qui croyaient à Dieu, était moins que Dieu, mais c'était l'image de Dieu. On possédait alors d'instruction élevée la dose juste, nécessaire, formulée en quelques termes légués par la tradition monarchique et l'enseignement de l'Eglise ; on avait le sentiment des deux grandes autorités divine et humaine, sans un seul doute. C'était suffisant pour maintenir l'ordre dans la famille et dans le royaume. On avait ses défauts petits ou grands, voire même ses ridicules, comme M. Jourdain. On en revenait ; ou, du moins, si l'on en faisait souffrir quelques-uns, on en faisait rire bien d'autres.

Dorante paraît, l'antipode de M. Jourdain, le cauchemar de Mme Jourdain. « Il me semble que j'ai dîné quand je le vois, » dit aigrement l'implacable épouse. Quant au courtisan, en apercevant sa dupe et l'habit neuf, il ne sourit pas. C'est là un chef-d'œuvre de l'éducation raffinée. L'homme bien élevé reste maître parfait de ses impressions, même de celles qui font éclore sur les lèvres le rire irrésistible. Le seul inconvénient d'une aussi difficile possession de soi, c'est qu'en gardant la charité à l'extérieur, elle peut aider la dissimulation. C'est une arme pour la politique. La politique des cours, c'est l'intérêt. L'intérêt de Dorante c'est de tromper un naïf bourgeois et d'en tirer le plus d'argent possible. Ce bourgeois s'appelle M. Jourdain, amoureux par vanité (Mme Jourdain ne le soupçonnerait jamais), de la marquise Dorimène. Voilà le point noir de la comédie, le triste effet d'un défaut ridicule, la morale de la pièce. Mais Dorante :

« Mon cher ami, M. Jourdain, comment vous portez-vous ? »

Chaque parole est calculée dans cet exorde insinuant.

M. Jourdain, se croyant encore derrière son comptoir, et, si honoré qu'on ne peut l'être davantage :

« Fort bien, Monsieur, pour vous rendre mes petits services. »

Dorante est moins heureux du côté de l'épouse.

Il arrive souvent que la femme, par la miséricorde du ciel, a gardé le bon sens dont se passe monsieur son époux.

DORANTE.

Et Mme Jourdain, que voilà, comment se porte-t-elle ?

Mme JOURDAIN.

Mme Jourdain se porte comme elle peut. »

M. le comte devrait comprendre, et tourner sur ses talons. Il a besoin d'argent. Si Molière s'est moqué des philosophes, il ne raille pas moins les nobles et la noblesse; mais Dorante raille, en le louant, M. Jourdain :

« Vous avez tout à fait bon air, avec cet habit; et nous n'avons point de jeunes gens à la cour, qui soient mieux faits que vous. »

M. Jourdain s'épanouit.

DORANTE.

Vous êtes l'homme du monde que j'estime le plus; et je parlais encore de vous, ce matin, dans la chambre du roi. »

C'est le comble.

Mme Jourdain a beau protester, à l'oreille de son mari; la louange et la vanité parlent plus haut. On dirait le double jeu de la conscience et de la passion.

D'ailleurs, comment douter de M. le comte? il vient demander à M. Jourdain ce qu'il lui doit, au juste. Somme totale : 15,800 livres dont 1,748 livres 7 sous, 4 deniers, au sellier de Dorante. La petite générosité du bourgeois gentilhomme n'a pas même oublié ce qu'on appelle communément les rognures.

DORANTE.

Somme totale est juste : 15,800 livres ; mettez encore 200 pistoles que vous m'allez donner ; cela fera justement 18,000 francs que je vous paierai au premier jour. »

Avant l'août, dit la cigale, qui est une sorte de marquise oisive chez la gent animale. Lafontaine n'a pas observé l'homme avec moins de rigueur que son ami Molière.

Qui est surpris? M. Jourdain. La dupe, ce n'est pas sa femme ; l'intrigant, nous le connaissons ; il aura son fromage, et je vois d'ici la bouche béante de M. Jourdain. Mais il donnera ; et Dorante, non sans quelque ironie, veut consoler la tristesse de la ménagère désolée :

« Vous me semblez toute mélancolique. Qu'avez-vous, Mme Jourdain ?

— J'ai la tête plus grosse que le poing, et si elle n'est pas enflée. »

Ainsi de suite.

La grossièreté franche a raison contre la politesse menteuse.

Mme Jourdain est revêche, mais si honnête ! Dorante est trop bien élevé ; c'est le renard des courtisans. Qualités et défauts de deux classes éloignées l'une de l'autre brillent par le rapprochement des personnes et l'opposition des caractères.

Si Mme Jourdain paraît brutale, quand elle répond aux compliments de Dorante sur sa beauté passée, elle n'en reste pas moins femme, à sa manière :

« Trédame, Monsieur, est-ce que Mme Jourdain est décrépite, et la tête lui grouille-t-elle déjà ? »

D'autre part, M. Jourdain est, jusqu'à l'hyperbole, la victime de sa crédule vanité ; il a été chercher son or :

« Voilà, dit-il à Dorante, doux cents louis bien comptés. »

On s'est demandé plus d'une fois, si, dans une certaine classe assez vulgaire de la petite finance, la vanité l'emportait sur l'avarice, ou l'avarice sur la vanité. Il paraît, suivant Molière, que la fausse gloire a la préséance. Le diable n'y perd rien ; ce que la cupidité a édifié, l'amour-propre le sacrifie. En général, sans mettre en cause M. Jourdain, c'est justice qu'un vice en châtie un autre. Et la comédie n'est, dans la sphère étroite de la vie privée, que l'histoire du cœur humain lui-même.

Mais nous touchons à la dramatique péripétie d'une pièce comique. Dorante parle bas à sa dupe. Il a dû remettre à certaine belle marquise un diamant offert par l'infidèle époux; et M. Jourdain va donner à dîner chez lui, à Dorimène, en l'absence de sa femme qu'il enverra se promener quelque part. C'est invraisemblable; qu'importe. — L'indiscrète Nicole en a assez entendu pour mettre l'alarme au cœur de sa maîtresse.

Alors Mme Jourdain :

« Ce n'est pas d'aujourd'hui, Nicole, que j'ai conçu des soupçons de mon mari. Je suis la plus trompée du monde, ou il y a quelqu'amour en campagne; et je travaille à découvrir ce que ce peut être. »

Pauvre femme!... La pauvre femme ne perd pas la tête, et, si elle est trompée, hélas! par une espèce de Sancho Pança, par un Lovelace comique, nous l'admirons, quand elle ajoute :

« Mais songeons à ma fille. »

Comédie, tant que vous voudrez; ce n'en est pas moins la nature prise sur le fait, dans le désintéressement maternel.

Pour l'ingrat M. Jourdain, il a oublié sa femme et sa fille; l'amour, disons mieux, la vanité est en cause. Mais il est joué, comme le sont tous les vaniteux, dans sa vanité et dans son amour. Le comte Dorante n'est qu'un chevalier... d'industrie. Il n'a pas un denier ; il aime la riche Dorimène ; il veut l'épouser afin de lui faire partager son cœur et sa ruine. Il a trouvé, pour atteindre son but, M. Jourdain, une dupe, dont il a finement deviné le caractère et froidement calculé la fortune. L'argent que lui prête le bourgeois, lui servira à faire des cadeaux à la marquise ; le diamant en question paraîtra offert de sa main et par son cœur. Pauvre M. Jourdain ! Et M. Jourdain paiera le dîner qu'offrira, à Dorimène, Dorante chez l'infidèle époux ; mais Dorante aura simplement emprunté la maison du bourgeois pour y régaler son ami et son amie.

Pendant que l'on trame les plus perfides machinations contre la sécurité conjugale de Mme Jourdain, elle s'occupe du bonheur de sa fille ; elle veut la marier à un jeune homme, roturier, sans doute, mais de bonne famille, et qui a servi honorablement dans l'armée. Il se nomme Cléonte ; il aime Lucile ; il en est aimé. Cependant, il y a brouille dans le futur ménage ; puis la brouille se débrouille. On s'aime plus que jamais. L'incident est comique, le même que celui du *Dépit amoureux*. Une ombre, un rien a mis deux têtes à l'envers, et deux cœurs sens dessus-dessous; disons quatre. Nicole aime Covielle, le valet de Cléonte; elle le déteste, au moment où Lucile hait Cléonte. Chacun boude à sa manière, suivant sa condition; quand l'amant revient, l'amante qui suppliait recule et fuit.

CLÉONTE.

De grâce!

LUCILE.

Non, vous dis-je.

COVIELLE.

Par charité.

NICOLE.

Point d'affaire.

CLÉONTE.

Je vous en prie!

LUCILE.

Laissez--moi.

COVIELLE.

Je t'en conjure.

NICOLE.

Ote-toi de là. »

Et ainsi de suite. — Cléonte veut mourir; mais

Lucile l'en empêchera ; elle l'aimait, elle ne l'aimait plus ; elle l'aime. — Toujours la même contradiction ! On prétend que rien n'est plus naturel à la femme. Je n'en sais pas davantage. En tout cas, s'il s'agit seulement de l'amour, et de quel amour ? cette scène est parfaite. La passion semble d'autant plus susceptible qu'elle est moins profonde ; elle est vaine comme l'imagination où elle prend sa source. Elle court aux deux extrêmes, et pousse en sens contraire, à sa fantaisie, la volonté mobile devenue le jouet des impressions et des sens. Et voilà comment, en un clin d'œil, les amants se fâchent et se réconcilient, effrayés par des fantômes et réjouis par des chimères. — Toutefois, la fin que se propose Cléonte est sacrée, le mariage. Il y va bon jeu, bon argent. Appuyé par Mme Jourdain et même par Nicole, il tient à M. Jourdain un si beau langage qu'il ne pourrait être mieux, mais inutilement. Le bourgeois sent derrière lui la vanité qui le tire par les basques de son habit fleuri. On a du plaisir à entendre Cléonte :

« Je suis né, dit-il, de parents, sans doute, qui ont tenu des charges honorables ; je me suis acquis dans les armes l'honneur de six ans de services, et je me trouve assez de bien pour tenir dans le monde un rang assez passable ; mais, avec tout cela, je ne veux point me donner un nom où d'autres, en ma place, croiraient pouvoir prétendre, et je vous dirai franchement que je ne suis point gentilhomme. »

Alors l'homme de qualité :

« Touchez-là, Monsieur... ma fille n'est pas pour vous.... Vous n'êtes point gentilhomme, vous n'aurez pas ma fille. »

Mme Jourdain a beau parler, comme Cléonte, le langage du bon sens lui-même :

« Que voulez-vous dire avec votre gentilhomme ? est-ce que nous sommes, nous autres, de la côte de saint Louis ?... Descendons-nous, tous deux, que de bonne bourgeoisie ?... Et votre père, n'était-il pas marchand aussi bien que le mien ? »

Elle est interrompue par les comiques déclamations de son trop noble mari. Il ment, le cher homme :

« Si votre père a été marchand, tant pis pour lui ; mais pour le mien, ce sont des malavisés qui disent cela. Tout ce que j'ai à vous dire, moi, c'est que je veux avoir un gendre gentilhomme. »

Il renie son père. Alors l'épouse, ou plutôt la bonne mère de mieux en mieux inspirée :

« Il faut à votre fille un mari qui lui soit *propre*; et il vaut mieux, pour elle, un honnête homme riche et bien fait, qu'un gentilhomme gueux et mal bâti. »

Un mari qui lui soit propre! Quelle heureuse expression prise à la racine même du bon sens, et du vieux langage latin et chrétien!

Cette lutte, entre la folie et la raison, n'est pas seulement comique et sérieuse, en même temps, par la morale qu'elle renferme à l'adresse de la vanité; elle attendrit encore ce que le rire de la comédie a d'aride sur les lèvres, en insinuant dans la pièce la douceur de l'affection maternelle.

M. Jourdain, lui, veut marier sa fille à un marquis; Lucile sera marquise. Alors sa femme :

« C'est une chose, moi, où je ne consentirai point. Les alliances avec plus grand que soi sont sujettes toujours à de fâcheux inconvénients. Je ne veux point qu'un gendre puisse à ma fille reprocher ses parents, et qu'elle ait des enfants qui aient honte de m'appeler leur grand'maman. S'il fallait qu'elle me vînt visiter en équipage de grande dame, et qu'elle manquât, par mégarde, à saluer quelqu'un du quartier, on ne manquerait pas aussitôt de dire cent sottises. Voyez-vous, dirait-on, cette Madame la marquise qui fait tant la glorieuse? C'est la fille de Mme Jourdain, qui était trop heureuse, étant petite, de jouer à la madame avec nous. Elle n'a pas toujours été si relevée que la voilà, et ses deux grands-pères vendaient du drap auprès de la porte Saint-Innocent. Ils ont amassé du bien à leurs enfants, qu'ils paient maintenant, peut-être, bien cher en l'autre monde; et l'on ne devient guère si riches à être honnêtes gens. Je ne veux point tous ces caquets, et je veux un homme, en un mot, qui m'ait obligation de ma fille, et à qui je puisse dire : Mettez-vous là, mon gendre, et dînez avec moi. »

C'est touchant, bien que très familier. Il y a des sentiments qu'aucun langage ne peut abaisser et des prudences maternelles qui se transmettent, de génération en génération, à toutes les bonnes mères. Elles voient si bien dans les détails!

M. Jourdain, absolument aveugle, perdra le bonheur des siens, et son bonheur, par vanité.

La fameuse marquise Dorimène, qu'il pense avoir invitée à dîner, chez lui, par l'entremise du comte Dorante, arrive enfin, et le bourgeois gentilhomme qui a appris de son maître de danse, il n'y a qu'un instant, à faire les révérences d'usage :

« Un peu plus loin, Madame!

DORIMÈNE.

Comment?

M. JOURDAIN.

Un pas, s'il vous plaît.

DORIMÈNE.

Quoi donc?

M. JOURDAIN.

Reculez un peu, pour la troisième. »

Dorante, sans sourire, distillant le sucre de la plus flatteuse moquerie :

« Madame, M. Jourdain sait son monde! »

M. Jourdain, pour le prouver :

« Madame, ce m'est une gloire bien grande de me voir assez fortuné, pour être si heureux, que d'avoir le bonheur que vous ayez eu la bonté de m'accorder la grâce, de me faire l'honneur de m'honorer de la faveur de votre présence ; et, si j'avais aussi le mérite, pour mériter un mérite comme le vôtre, et que le ciel envieux de mon bien...

DORANTE.

M. Jourdain, en voilà assez. Madame n'aime pas les grands compliments, et elle sait que vous êtes un homme d'esprit. *(Bas à Dorimène.)* C'est un bon bourgeois assez ridicule, comme vous voyez.... »

Si nous pensions à ce qui se dit tout bas, quand on nous flatte tout haut! Inutile d'insister. — Dorimène croit être régalée par Dorante ; c'est lui qui a tout ordonné ; c'est M. Jourdain qui paye. Les actions de grâce seront pour Dorante. Le diamant qui brille au doigt de la marquise, le comte l'a acheté, soldé, il en a fait cadeau à son amie. M. Jourdain qui n'y semble pour rien, veut-il faire une allusion à ce présent qu'il sait bien avoir fait, Dorante lui coupe la parole. Il est dupe de Dorante, le plus Ulysse de tous les marquis modernes ; car Dorante trompe à la fois le bourgeois et Dorimène, une riche veuve dont il aura la main, s'il est riche et généreux. La scène est longue ; la noblesse y est peinte et maltraitée dans sa gourmandise délicate, sa pauvreté vaniteuse, sa distinction raffinée, et les ressources de son esprit trop ingénieux. Mme Jourdain est dehors ; M. Jourdain y a pourvu. Tout à coup le bourgeois, plus gentilhomme que jamais, dupé, mais heureux, recule stupéfait ; il a vu sur la muraille, (comme Balthazar), *Mane, Thecel, Phares ?* Non ; il a vu, dans la muraille, s'ouvrir une porte, et de cette porte sortir, pas même une ombre vengeresse, mais Mme. Jourdain en personne :

« Ah ! ah ! je trouve ici bonne compagnie, et je vois bien qu'on ne m'y attendait pas. C'est donc pour cette belle affaire-ci, Monsieur mon mari *(elle pèse sur les mots)*, que vous avez eu tant d'empressement à m'envoyer dîner chez ma sœur ? Je viens de voir un théâtre là-bas, et je vois ici un banquet à faire noces. Voilà comme vous dépensez votre bien ; et c'est ainsi que vous festinez les dames en mon absence, et que vous leur donnez la musique et la comédie, tandis que vous m'envoyez promener…. »

Puis à Dorante qui a essayé de soutenir l'éloquence de l'époux interloqué :

« Cela est fort vilain à vous, pour un grand seigneur, de prêter la main, comme vous faites, aux sottises de mon mari. Et vous, Madame, pour une grande dame, cela n'est ni beau ni honnête à vous, de mettre de la dissension dans un ménage…. »

Il ne se peut rien de plus honnête. La vertu

modeste d'une femme paisible, d'une épouse outragée, d'une bonne mère, humilie de la façon la plus morale, la vanité de l'ancien marchand, l'élégance véreuse d'un comte ruiné, et la subtile distinction d'une minaudière marquise, en quête d'un bon dîner et d'un mari ; c'est même cruel. Il y avait d'autres marquises, d'autres comtes et vicomtes, et des gentilshommes pleins de cœur. Molière semble ne les avoir pas connus. En revanche, s'il y avait des bourgeois ridicules, il y avait des bourgeoises, comme Mme Jourdain, dignes de la plus grande estime ; et l'on peut même imaginer qu'elles élevaient, de temps en temps, de jeunes bourgeois, à leur image. Si l'excellente Mme Jourdain est un peu brutale, si son bon sens, forgé sur l'enclume, n'a pas fréquenté les ruelles, ne nous en plaignons pas. Le contraste de sa raison solide avec les fumées de son vaniteux époux n'en est que plus frappant ; la leçon ressort plus évidente. Prenons garde aussi que la volonté s'énerve dans les délicatesses du langage, comme le cœur s'amollit dans les inquiétudes d'une trop fine sensibilité.

Tout bien pesé, des divers personnages que nous avons vus et entendus sur le théâtre de Molière, il en est deux, mais secondaires, qui nous paraissent entièrement honnêtes, comiques, c'est vrai, mais point du tout ridicules; on les nomme Gorgibus et Mme Jourdain. Ils sont du peuple, dont la verdeur est digne de rajeunir les classes élevées; ils sont du peuple chrétien; et la noblesse de leur âme perce à travers la trivialité de leur langage.

La pièce, à la rigueur, pourrait finir là; mais l'auteur veut, en nous faisant rire, compléter la leçon qu'il s'est proposé de nous donner. D'ailleurs, nous ne serions pas heureux, si Cléonte n'épousait point Lucile. Un ingénieux stratagème de Covielle, le domestique du jeune homme, hâtera le dénouement espéré. Le valet se déguise en Turc; il aborde M. Jourdain :

« Monsieur, je ne sais pas si j'ai l'honneur d'être connu de vous.

M. JOURDAIN.

Non, Monsieur.

COVIELLE (*étendant la main à un pied de terre*).

Je vous ai vu que vous n'étiez pas plus grand que cela.

M. JOURDAIN.

Moi?

COVIELLE.

Oui, vous étiez le plus bel enfant du monde, et toutes les dames vous prenaient dans leurs bras pour vous baiser.

M. JOURDAIN.

Pour me baiser?

COVIELLE.

Oui, j'étais grand ami de feu Monsieur votre père.

M. JOURDAIN.

De feu Monsieur mon père?

COVIELLE.

Oui, c'était un fort honnête gentilhomme.

M. JOURDAIN.

Mon père?

COVIELLE.

Oui.

M. JOURDAIN.

Vous l'avez fort connu?

COVIELLE.

Assurément.

M. JOURDAIN.

Et vous l'avez connu pour gentilhomme?

COVIELLE.

Sans doute.

M. JOURDAIN.

Je ne sais donc pas comment le monde est fait! »

Naïf bourgeois, et plus encore crédule, et plus encore vaniteux!

COVIELLE.

Comment?

M. JOURDAIN.

Il y a de sottes gens qui me veulent dire qu'il a été marchand.

COVIELLE.

Lui, marchand! C'est pure médisance, il ne l'a jamais été. Tout ce qu'il faisait, c'est qu'il était fort obligeant, fort officieux; et, comme il se connaissait fort bien en étoffes, il en allait choisir de tous les côtés, les faisait apporter chez lui, et en donnait à ses amis pour de l'argent.

M. JOURDAIN.

Je suis ravi de vous connaître, afin que vous rendiez ce témoignage-là, que mon père était gentilhomme. »

M. Jourdain devait voir ou jamais qu'on se moquait de lui. Il n'a rien vu. La dernière issue, le point unique par où son esprit, enveloppé de brouillards, pouvait encore apercevoir quelque lumière, est entièrement fermé. La vanité serait-elle absolument fatale, comme l'avarice, comme la faiblesse de caractère? De quoi donc Molière, s'il en est ainsi, aurait-il prétendu nous guérir, dans son œuvre? De quelques défauts littéraires? il y a réussi. Des sept péchés capitaux? il n'y paraît point. L'homme lui semble invinciblement soumis à ses mauvaises passions. Les passions généreuses paraissent rarement sur son théâtre. Est-ce de l'espérance qu'il a voulu nous délivrer? On est tenté de le croire. Nous entendons parler d'une espérance élevée; car, s'il est question de vanité, qui voit mieux que la vanité tout couleur de rose? Ses ridicules égayeraient l'univers qu'elle ne s'en douterait point; c'est même ce qui rend presque vraisemblables les scènes bouffonnes qui terminent la comédie du *Bourgeois gentilhomme*.

Allons vite à travers ce comique de bas étage. Covielle est un messager du fils du grand Turc; le fils du grand Turc est amoureux de la fille du bourgeois gentilhomme; il veut devenir son gendre; mais pour avoir un beau-père digne de lui, il le fera *mamamouchi*, qui est une certaine grande dignité de son pays. M. Jourdain, dont la profonde ignorance accroît démesurément la crédulité, et qui, dans sa parenthèse amoureuse, a négligé l'épouse dont le bon sens servait de paratonnerre à sa sottise, M. Jourdain, noyé dans l'ivresse béate du contentement parfait, accepte tout, croit tout; mais Mme Jourdain n'en fait pas autant. En vraie Parisienne, elle a saisi qu'il se trame une bouffonnerie à l'endroit de son époux ; elle y trouve une certaine satisfaction de femme offensée. Accordons quelque chose à la nature. Lucile rit comme elle, ou, du moins, est tentée de rire ; mais l'une et l'autre préfèrent, dans leur petit bon sens, Cléonte au fils du grand Turc. Covielle leur glisse un mot à l'oreille. ce fils du grand Turc qui est là, présent, c'est Cléonte déguisé.

Alors, vive le fils du grand Turc ! vive le grand Turc lui-même ! Et Cléonte épousera Lucile.

M. Jourdain, avec toute espèce d'accompagnements bouffons, est fait *mamamouchi;* mais c'est toujours M. Jourdain.

Avouons-le ; d'une façon très générale, M. Jourdain n'est pas loin d'être chacun de nous. Pour quelques belles illusions, que d'illusions vaniteuses ! Si nous écartons le nuage, par-ci par-là, et si nous voyons le vrai bonheur sur la terre, dans Lucile, ou dans Mme Jourdain, en revanche, que de tentations d'être *mamamouchi !* Le bourgeois gentilhomme n'a pas cessé d'être. Il me souvient, que je vis, un jour, il y a longtemps, entrer chez un drapier, un garçon trapu comme pouvait l'être le mari de Mme Jourdain. Il marchanda, acheta, commanda un paletot resplendissant, prit mesure, et, d'un air qui ne manquait pas de dignité, en ouvrant sa manche, il ajouta, avant de sortir :

« Surtout n'oubliez pas de me choisir une doublure d'homme de qualité. »

Mais Molière a-t-il exagéré? Oui et non. La comédie a son idéal, comme la tragédie ; elle ose, elle exagère, non sans mesure. Il faut à la foule, pour la rendre attentive, de fortes couleurs ; ne craignez pas de l'éblouir : c'est juste ce qu'il faut pour la faire regarder et fixer ses yeux.

D'ailleurs, afin de vous convaincre davantage, voulez-vous que je vous raconte une histoire? Elle va vous prouver que rien ne peut être exagéré en fait de vanité :

Un des plus illustres écrivains de notre siècle, envoya, jadis, à quelqu'un de ses disciples déjà éminent, le manuscrit ou l'épreuve imprimée d'un nouvel ouvrage. Il s'était senti modeste, par un heureux hasard, et demandait que son élève lui marquât, en marge, son sentiment vrai, avec toute la liberté possible. Le disciple comprit, et sa reconnaissance poussa le dithyrambe de l'éloge jusqu'aux bornes de l'infini. Le cœur rassuré, il renvoie le manuscrit; le manuscrit revient, avec cette note brève et mécontente, en haut de la première page : *Bien froid!...* Bien froide avait paru la louange à cet homme que nulle louange ne pouvait plus satisfaire, mais qui restait insatiable de louange.

Elle se glisse partout, la vanité, punie sans cesse, mais inutilement. Elle l'est, dans M. Jourdain, par la perte du bon sens et des écus péniblement amassés, prodigués pour un peu d'encens; par la ruine de la fidélité conjugale et du bonheur domestique; elle le sera dans le comte Dorante qui veut paraître ce qu'il n'est point, et trompe afin de briller. Dorimène saura tout. Le beau ménage!

En attendant, quel coup d'œil jeté sur une certaine noblesse, par l'observation et la haine de Molière! Heureux contraste que celui du défaut grossier d'un bourgeois imbécile, et de la finesse prudente, méchante, flatteuse, moqueuse, d'un noble dégénéré, ruiné et toujours bien élevé. La vanité! elle est même dans la politique, bien que nous semblions croire les régions sublimes de l'économie sociale à l'abri d'un pareil ridicule. Oui, je prétends, qu'un jour ou l'autre, on pourra voir, en un pays lointain, si vous voulez, au Monomotapa, quelque vaniteux bourgeois, fils de petits bourgeois, doué d'une éloquence enflée et bourgeoise, prétendre à tout, et devenir... *mamamouchi*.

HUITIÈME COURS

Tartuffe (1667).

HUITIÈME COURS

Tartuffe (1667).

En 1664, le roi Louis XIV, dans la fleur de ses vingt-six ans, au mois de mai, donnait à la cour des fêtes galantes et magnifiques. Ces « plaisirs de l'île enchantée, » dont on nous a conservé la féerique relation, Molière les anima encore par le spectacle de quelques pièces nouvelles. Il joua, dans les *Fâcheux* (1), plusieurs

(1) Voici un des plus beaux passages de la comédie des *Fâcheux* :
Sous quel astre, bon Dieu, faut-il que je sois né,
Pour être de fâcheux toujours assassiné ?
Il semble que partout le sort me les adresse,
Et j'en vois chaque jour quelque nouvelle espèce ;
Mais il n'est rien d'égal au fâcheux d'aujourd'hui :
J'ai cru n'être jamais débarrassé de lui ;
Et cent fois j'ai maudit cette innocente envie
Qui m'a pris, à dîner, de voir la comédie,
Où, pensant m'égayer, j'ai misérablement
Trouvé de mes péchés le rude châtiment.
Il faut que je te fasse un récit de l'affaire,
Car je m'en sens encor tout ému de colère.
J'étais sur le théâtre en humeur d'écouter
La pièce, qu'à plusieurs j'avais ouï vanter ;

courtisans originaux, et les fit rire eux-mêmes de leurs propres ridicules. On vit (peint à la per-

> Les acteurs commençaient, chacun prêtait silence,
> Lorsque, d'un air bruyant et plein d'extravagance,
> Un homme à grands canons est entré brusquement
> En criant : Holà ! ho ! un siège promptement !
> Et, de son grand fracas surprenant l'assemblée,
> Dans le plus bel endroit a la pièce troublée,
> Eh ! mon Dieu ! nos Français, si souvent redressés,
> Ne prendront-ils jamais un air de gens sensés ?
> Ai-je dit ; et faut-il sur nos défauts extrêmes
> Qu'en théâtre public nous nous jouions nous-mêmes,
> Et confirmions ainsi, par des éclats de fous,
> Ce que chez nos voisins on dit partout de nous ?
> Tandis que là-dessus je haussais les épaules,
> Les acteurs ont voulu continuer leurs rôles :
> Mais l'homme pour s'asseoir a fait nouveau fracas,
> Et, traversant encor le théâtre à grands pas,
> Bien que dans les côtés il pût être à son aise,
> Au milieu du devant il a planté sa chaise,
> Et, de son large dos morguant les spectateurs,
> Aux trois quarts du parterre a caché les acteurs.
> Un bruit s'est élevé, dont un autre eût eu honte;
> Mais lui, ferme et constant, n'en a fait aucun compte,
> Et se serait tenu comme il s'était posé,
> Si, pour mon infortune, il ne m'eût avisé.
> — Ah ! marquis, m'a-t-il dit, prenant près de moi place,
> Comment te portes-tu ? Souffre que je t'embrasse.
> Au visage, sur l'heure, un rouge m'est monté,
> Que l'on me vit connu d'un pareil éventé.
> Je l'étais peu pourtant ; mais on en voit paraître
> De ces gens qui de rien veulent fort vous connaître,
> Dont il faut au salut les baisers essuyer,

fection) l'égoïsme du fat, du chasseur, du danseur, du musicien, du joueur, de l'homme au point

Et qui sont familiers jusqu'à vous tutoyer.
Il m'a fait à l'abord cent questions frivoles,
Plus haut que les acteurs élevant ses paroles.
Chacun le maudissait, et moi, pour l'arrêter :
— Je serais, ai-je dit, bien aise d'écouter.
— Tu n'as point vu ceci, marquis? Ah! Dieu me damne,
Je le trouve assez drôle, et je n'y suis pas âne;
Je sais par quelles lois un ouvrage est parfait,
Et Corneille me vient lire tout ce qu'il fait.
Là-dessus, de la pièce il m'a fait un sommaire,
Scène à scène averti de ce qui s'allait faire;
Et jusques à des vers qu'il en savait par cœur,
Il me les récitait tout haut avant l'acteur.
J'avais beau m'en défendre, il a poussé sa chance,
Et s'est devers la fin levé longtemps d'avance;
Car les gens du bel air, pour agir galamment,
Se gardent bien surtout d'ouïr le dénoûment.
Je rendais grâce au ciel, et croyais de justice
Qu'avec la comédie eût fini mon supplice;
Mais, comme si c'en eût été trop bon marché,
Sur nouveaux frais mon homme à moi s'est attaché,
M'a conté ses exploits, ses vertus non communes,
Parlé de ses chevaux, de ses bonnes fortunes,
Et de ce qu'à la cour il avait de faveur,
Disant qu'à m'y servir il s'offrait de grand cœur.
Je le remerciais doucement de la tête,
Minutant à tous coups quelque retraite honnête;
Mais lui, pour le quitter me voyant ébranlé :
— Sortons, ce m'a-t-il dit, le monde est écoulé.
Et, sortis de ce lieu, me la donnant plus sèche :
— Marquis, allons au Cours faire voir ma calèche :

d'honneur, du parfait amant, du savant, du donneur d'avis, absorber les instants précieux

> Elle est bien entendue, et plus d'un duc et pair
> En fait à mon faiseur faire une du même air.
> Moi, de lui rendre grâce, et, pour mieux m'en défendre,
> De dire que j'avais certain repas à rendre.
> — Ah! parbleu, j'en veux être, étant de tes amis,
> Et manque au maréchal, à qui j'avais promis.
> — De la chère, ai-je dit, la dose est trop peu forte
> Pour oser y prier des gens de votre sorte.
> — Non, m'a-t-il répondu, je suis sans compliment,
> Et j'y vais pour causer avec toi seulement ;
> Je suis des grands repas fatigué, je te jure.
> — Mais, si l'on vous attend, ai-je dit, c'est injure....
> — Tu te moques, marquis, nous nous connaissons tous ;
> Et je trouve avec toi des passe-temps plus doux.
> Je pestais contre moi, l'âme triste et confuse
> Du funeste succès qu'avait eu mon excuse,
> Et ne savais à quoi je devais recourir
> Pour sortir d'une peine à me faire mourir :
> Lorsqu'un carrosse, fait de superbe manière,
> Et comblé de laquais et devant et derrière,
> S'est, avec un grand bruit, devant nous arrêté,
> D'où sautant un jeune homme amplement ajusté,
> Mon importun et lui, courant à l'ambrassade,
> Ont surpris les passants de leur brusque incartade ;
> Et, tandis que tous deux étaient précipités
> Dans les convulsions de leurs civilités,
> Je me suis doucement esquivé sans rien dire ;
> Non sans avoir longtemps gémi d'un tel martyre,
> Et maudit ce fâcheux, dont ce zèle obstiné
> M'ôtait au rendez-vous qui m'est ici donné.

d'Éraste, et se mettre en travers de l'égoïsme de son amour. On pouvait nommer les personnages, tant ils étaient fidèlement imités, et ce ne fut pas le jour où Molière sembla le moins hardi. Dans les mêmes fêtes, les impures plaisanteries du *Mariage forcé* osèrent braver la chasteté de la cour; la *Princesse d'Elide* mêla, pour la plus grande satisfaction des sens et du cœur, la danse, la musique, le ballet, et les fades amours. Le 12 mai, pour clore tant de joies humaines, Molière, devant la même assemblée, qui lui paraissait peut-être avoir besoin de se justifier, aux yeux de Dieu, contre les gens trop austères, joua les faux dévots. C'était une conclusion, une flatterie, un essai. La pièce, *dit-on*, avait déjà été lue à Louis XIV, et même représentée, pour son plaisir, en particulier. Le roi n'y avait rien trouvé à redire. Cependant la comédie de *Tartuffe*, une fois donnée, quoique incomplète, au public de la cour, il jugea bon de l'interdire. Une clameur s'était élevée, et le monarque avait dû abandonner Molière, malgré ses complaisances. Sous la figure mythologique du dieu Pan lui-même, du dieu « Nature » si vous aimez mieux, on avait vu l'auteur de la pièce nouvelle, le premier jour des fêtes, adresser à la reine un compliment, du haut « d'une machine roulante. » Où son génie allait-il se loger? Je doute que l'illustre comédien ait gagné la femme du roi, Marie-Thérèse, à de semblables flatteries. Ce qui est certain, c'est qu'il ne gagna pas Anne d'Autriche, sa mère. Elle désapprouva *Tartuffe*. La pudeur d'une femme perça du premier coup l'intention de Molière. Le lendemain même de la représentation, elle quitta Versailles pour s'enfermer au Val-de-Grâce. Elle commençait à souffrir de la maladie dont elle mourut; et son âme, déjà recueillie dans le pressentiment d'une fin prochaine, voyait, sans doute, les scandales de la terre avec la pensée de l'éternité. Ce fut la dernière leçon qu'elle donna à son enfant dans l'art de régner. Elle ouvre, pour l'histoire, le cortège imposant des personnages renommés dont l'autorité écrase cet hypocrite de génie qui prétendit écraser l'hypocrisie.

Le fils d'Anne d'Autriche avait paru, au dire de Molière, approuver la pièce; toutefois, respectueux pour sa mère, quoique sourdement irrité contre les dévots, dans le fond de sa conscience mal à l'aise, il céda à la raison, et la *Gazette* du 17 mai 1664 loua, sans être démentie, le roi Louis XIV, d'avoir jugé « la pièce intitulée l'*Hypocrite* absolument injurieuse à la religion, et capable de produire un très dangereux effet. »

La morale et la religion avaient alors des droits que les souverains avouaient publiquement, lors même qu'ils les violaient pour leurs satisfactions particulières. Leur faiblesse les laissait fidèles aux principes. Ces principes eux-mêmes, la nation en imposait, au moins, le respect à ses rois, et la cour fut quelquefois contrainte de sacrifier à l'opinion ses plus chers plaisirs. C'était là un dernier vestige de la royauté de saint Louis, et d'un ordre de choses éminemment chrétien, qui ne se reverra un jour que si nous comprenons les leçons de la Providence.

Cependant Molière qui préludait au nouvel ordre dont nous jouissons, et flattait les passions naissantes du monarque, sous prétexte de démasquer l'impureté des faux dévots, Molière, dis-je, naturellement doux et mélancolique, mais tenace au dernier point, poursuivait la vengeance de sa défaite officielle. Dès l'année 1665, il faisait représenter *Don Juan*, où il écrasait les Tartuffes, en prose; mais sa prose n'était pas plus heureuse que ses vers, et la pièce ne tardait pas à être interdite.

D'autre part, le curé de Saint-Barthélemy de Paris, maître Pierre Roullé, docteur en Sorbonne, et dont l'église occupait, dans la cité, l'emplacement actuel du tribunal de commerce, publiait contre l'auteur de *Tartuffe* une brochure indignée, sous ce titre : *Le roy glorieux au monde, ou Louis XIV, le plus glorieux de tous les rois du monde*. Après avoir loué le monarque de sa piété et de son respect pour Dieu et pour l'Eglise, l'auteur, appuyé sur la décision même de Louis, ajoutait avec une énergie virulente : « Un homme, ou plutôt un démon vêtu de chair et habillé en homme, le plus signalé impie et libertin qui fût dans les siècles passés, avait eu assez d'impiété et d'abomination pour faire sortir de son esprit diabolique une pièce toute prête d'être rendue publique, en la faisant monter sur le théâtre, à la dérision de toute l'Eglise. Mais Sa Majesté, après lui avoir fait un sévère reproche, lui a ordonné, sous peine de vie, d'en supprimer et déchirer, étouffer et brûler tout ce qui en était... »

La pièce est sévèrement jugée, mais, au fond, sans erreur grave. Pierre Roullé prétend, pour finir, que Molière méritait le supplice du feu, comme sa pièce elle-même.

Louis XIV n'eut jamais la moindre envie de faire

brûler ni Molière, ni *Tartuffe*, qui gardait peut-être sa secrète prédilection et le vengeait de certains amis trop vertueux. En tout cas, le pamphlet du curé de Paris, malgré ses inexactitudes et sa rudesse, n'en était pas moins l'œuvre d'une conscience honnête et révoltée ; il représentait, après le jugement élevé d'Anne d'Autriche, le bon sens un peu grossier mais ferme, la foi encore intacte, la verte morale du peuple chrétien. Il a sa place dans l'histoire de *Tartuffe*. Pierre Roullé est un digne témoin dans l'enquête à laquelle nous nous livrons. Malgré les âpretés d'une littérature de ligueur, il dépose, contre Molière, devant Dieu et devant la postérité. Rien ne prouve, du reste, que le roi ait blâmé le pamphlet et son auteur. La conscience publique était encore la plus forte.

Molière ne se décourage point. La pièce est interdite, il en insinue le poison à huis clos, par des lectures particulières, chez quelques amis, et en particulier chez Ninon de l'Enclos, la fameuse courtisane. Des partisans maladroits du comique affirment qu'il la consultait sur tout ce qu'il écrivait. Cette ennemie naturelle des dévots par sa condition, méritait de l'inspirer. Elle lui raconta même *que sa vertu* avait failli un jour être la victime de Tartuffe, sous un autre nom. « C'est bien là, dit Sainte-Beuve, que devait naître le *Tartuffe* de Molière. »

Le succès équivoque des lectures avait renouvelé l'espoir de l'auteur. Gaston d'Orléans, sur sa demande, et à la sollicitation de sa légère épouse, fit représenter la pièce inachevée, à Villers-Cotteret. Elle avait, pour une société frivole, le charme du fruit défendu. Une troisième représentation de la comédie, cette fois jusqu'au cinquième acte inclusivement, eut lieu au château de Raincy, près Livry. Le prince de Condé y assista peut-être. Aurait-il répondu au roi alors engoué de *Tartuffe* et s'étonnant que les détracteurs de Molière eussent laissé passer, sans mot dire, la comédie impie de *Scaramouche Ermite* : « La raison de cela, c'est que la comédie de *Scaramouche* joue le ciel et la religion, dont ces Messieurs là ne se soucient point ; mais celle de Molière les joue eux-mêmes : c'est ce qu'ils ne peuvent souffrir ? » Je ne saurais l'affirmer.

Molière, dans sa préface, met ces paroles au compte d'un *grand prince;* il y en avait plus d'un à la cour. Il ne nomme pas Condé, et reste dans le vague d'un écrivain embarrassé, qui a besoin de s'appuyer sur un illustre personnage, et n'ose l'appeler par son propre nom, de peur d'être démenti. D'ailleurs le grand capitaine qui mourut si pieusement, fut un temps soupçonné de libertinage; il aimait les nouveautés, et la hardiesse de son esprit, si heureuse sur les champs de bataille, s'exerçait aussi dans les sujets littéraires, philosophiques ou religieux. Il était léger, railleur; même il eut longtemps des motifs très particuliers pour ne pas aimer les dévots. En somme tout ce que l'on peut soutenir, c'est que les comédiens de Molière ont joué *Tartuffe*, au Raincy, chez l'incrédule princesse Palatine, par ordre de Condé qui désirait lui plaire (1).

L'anecdote chère à Molière peut, à la rigueur, être ensevelie dans la légende. D'ailleurs Condé, s'il a vu la pièce entière, n'est point persuadé, ou bien le roi a de nouveau parlé. — Jusqu'en 1667, il n'est plus question de rien. Je me trompe. La reine de Suède, qui ne connaît point *Tartuffe*, mais qui en a entendu parler, voudrait, après d'autres mondaines et curieuses

(1) Le registre de Lagrange, comédien de la troupe de Molière, mentionne ainsi la représentation : « Le samedi, 27 novembre, la troupe est allée au Raincy, maison de plaisance de la princesse Palatine, près Paris, par ordre de Monseigneur le prince de Condé, pour y jouer *Tartuffe*, en cinq actes. »

princesses, le faire représenter à Rome sur son propre théâtre. Elle en demande, à Paris, la permission qui lui est refusée. La conspiration des royales filles d'Eve échoue et l'interdiction persiste. On ne saurait mettre, sans une extrême complaisance, Condé et la reine Christine parmi les partisans avérés de *Tartuffe*. On peut soupçonner le prince; mais quel jugement aurait porté sur la pièce, une étrangère, qui n'en savait, de loin, que le nom?

Pour *Scaramouche Ermite*, si les dévots, afin de parler le langage du temps, le laissèrent passer, ils avaient une raison pour cela, l'oubli profond où cette pièce sans génie tomba immédiatement.

Au contraire, le *Tartuffe* de Molière nuira, combien de siècles encore, par le talent de son auteur, par cette double équivoque du vice dissimulé sous de franches allures, et de l'hypocrisie revêtant les couleurs de la vertu!

Jusqu'à ce moment Molière n'a donc pour lui, d'une manière absolue, que le frère du roi, si décrié et trop semblable à Henri III, Henriette d'Angleterre, dont le repentir final a couvert les fautes, une incrédule, la princesse Palatine, et Ninon de l'Enclos....

En 1667, Louis XIV, qui partait pour une nouvelle expédition, laissa croire peut-être à l'auteur de *Tartuffe* qu'il tolérerait, en son absence, ce qu'il ne permettait point officiellement. Le 5 août, Molière fit représenter la pièce, à Paris, avec quelques adoucissements. Tartuffe a changé de nom; c'est Panulphe, et la comédie a pour titre : l'*Imposteur*.

Voulez-vous avoir une idée du succès de *Tartuffe* qui n'est plus *Tartuffe?*

> Dès hier en foule on le vit,
> Et je crois que longtemps on le verra de même;
> On se fait étouffer pour ouïr ce qu'il dit,
> Et l'on le paye mieux qu'un prêcheur de Carême.

Le scandale d'une telle victoire, racontée en mauvaises rimes, ne dura point. Le lendemain de la représentation, le président Lamoignon, qui administrait, en l'absence du monarque, la police de Paris, interdit la pièce; il fit même fermer et garder la porte de la Comédie.

Molière avait une vraie tendresse pour ses œuvres, comme Racine, et quelque chose de sa sensibilité, avec une souffrance plus obstinée et une persévérance plus grande. Racine se consola d'un échec en se réfugiant au sein de sa famille; il y endormit sa peine et vécut paisible, en aimant sa femme, ses enfants, son Dieu et son roi. Heureux malheur! Molière, plus opiniâtre, et rivé au mal, par un funeste mariage, profondément découragé du côté de Dieu, compta sur les passions du souverain pour faire triompher une œuvre mauvaise. Racine fit *Athalie* par pénitence; Molière, après une lutte de cinq ans, força la main au roi pour obtenir que *Tartuffe* corrompît officiellement les mœurs, et contentât son orgueil acharné.

Il envoya, après son nouvel insuccès, deux acteurs, en ambassade, à la poursuite de Louis XIV alors occupé de conquérir la Flandre. Pendant qu'ils suppliaient au loin, lui-même alla supplier Lamoignon, en compagnie de Boileau. Sans aucun doute, l'honnête satirique n'avait pas saisi la vraie fin de *Tartuffe* (1), ni entrevu l'idéal de son auteur. Il était resté dans le détail, avec

(1) Dans son *Discours au Roi*, Boileau peint ainsi les hypocrites, en même temps qu'il loue la comédie de *Tartuffe:*
> Ce sont eux que l'on voit, d'un discours insensé,
> Publier dans Paris que tout est renversé,
> Au moindre bruit qui court qu'un auteur les menace
> De jouer des bigots la trompeuse grimace.
> Pour eux un tel ouvrage est un monstre odieux :
> C'est offenser les lois; c'est s'attaquer aux cieux.
> Mais bien que d'un faux zèle ils masquent leur faiblesse,
> Chacun voit qu'en effet la vérité les blesse.

son exacte et peu large critique, et n'avait point songé à soulever le voile des apparences (1). Mais ce qui me frappe avant tout, dussé-je me répéter, c'est l'entêtement de Molière, réduit il y a quelques mois, par la maladie, à la dernière extrémité, et qui, à peine revenu des portes de la mort, abandonné par Mme la duchesse d'Orléans, son ancienne protectrice, s'en va, en quête d'une réparation peu méritée, chez le pieux président Lamoignon (2). Est-ce qu'il se sentait appuyé, en secret, par les ressentiments du roi ? Ou bien avait-il une si petite idée de la race humaine qu'il la méprisât au point d'espérer même le triomphe du mal, par la bouche d'un homme vertueux ? Ou encore, croyait-il à sa propre vertu persécutée dans la comédie interdite ? L'orgueil peut nous jouer de ces tours là.

> En vain d'un lâche orgueil leur esprit revêtu
> Se couvre du manteau d'une austère vertu :
> Leur cœur qui se connaît et qui fuit la lumière,
> S'il se moque de Dieu, craint *Tartuffe* et Molière.

(1) Si Boileau avait cru la comédie de *Tartuffe* dirigée contre les Jansénistes, il ne l'aurait pas louée, et n'aurait pas conduit Molière chez M. de Lamoignon. L'auteur de la comédie n'avait en vue ni le Jansénisme ni la compagnie de Jésus ; son œuvre avait une autre portée.

(2) Brossette nie que Molière ait jamais dit au public, à propos de *Tartuffe*. « Monsieur le président ne veut pas qu'on le joue. »

Arrivé chez Lamoignon, dit Brossette d'après Despréaux, Molière expliqua le sujet de sa visite. M. le président, l'homme du monde le mieux élevé, lui répondit en ces termes (1) : « Monsieur, je fais beaucoup de cas de votre mérite : je sais que vous êtes non seulement un acteur excellent, mais encore un très habile homme, qui faites honneur à votre profession et à la France. Cependant avec toute la bonne volonté que j'ai pour vous, je ne saurais vous permettre de jouer votre comédie. Je suis persuadé qu'elle est fort belle et fort instructive; mais il ne convient pas à des comédiens d'instruire les hommes sur les matières de la morale chrétienne et de la religion : *Ce n'est pas au théâtre à se mêler de prêcher l'Evangile.* Quand le roi sera de retour, il vous permettra, s'il le trouve à propos, de représenter le *Tartuffe;* mais, pour moi, je croirais abuser de l'autorité que le roi m'a fait l'honneur de me confier, pendant son absence, si je vous accordais la permission que vous me demandez.»

Molière, qui ne s'attendait pas à ce discours,

(1) J'emprunte ces détails, comme j'en ai déjà emprunté beaucoup d'autres, aux notices renfermées dans l'édition classique de M. Régnier.

demeura entièrement déconcerté, de sorte qu'il lui fut impossible de répondre à M. le premier président. Il essaya pourtant de prouver à ce magistrat que sa comédie était très innocente, et qu'il l'avait traitée avec toutes les précautions que demandait toute la délicatesse de la matière ; mais, quelques efforts que pût faire Molière, il ne fit que bégayer, et ne put point surmonter le trouble où l'avait jeté M. le premier président. Ce sage magistrat, l'ayant écouté quelques moments, lui fit entendre, par un refus gracieux, qu'il ne voulait pas révoquer les ordres qu'il avait donnés, et le quitta en lui disant : « Monsieur, vous voyez qu'il est près de midi ; je manquerais la messe si je m'arrêtais plus longtemps. »

On a prétendu que Molière s'était vengé d'un tel refus, en attribuant à Tartuffe les derniers mots du président, mis en vers. Alors Molière aurait changé d'avis, après son échec, sur la piété de M. de Lamoignon? Je ne l'affirme point. Néanmoins, que nous estimions les gens à la balance de notre intérêt, rien n'est plus certain, en général.

Treize ans après la mort du comique, *Tartuffe* rencontrait encore un adversaire dans Adrien

Baillet, bibliothécaire de l'avocat général, fils du premier président si ferme et si poli. Auteur d'un ouvrage intitulé : *Jugement des savants*, Baillet nomme Molière « un des plus dangereux ennemis que le siècle ou le monde ait suscités à l'Eglise de Jésus-Christ. » Il ajoute : « Si Tertullien a eu raison de soutenir que le théâtre est la seigneurie ou le royaume du diable, je ne vois pas ce qui nous peut obliger, pour chercher le remède à notre hypocrisie et à nos fausses dévotions, d'aller consulter Belzébut, tandis que nous avons des prophètes en Israël. »

Mais n'anticipons pas sur l'avenir.

A peine Lamoignon avait-il interdit la pièce, au nom du roi, que l'archevêque de Paris, Hardouin de Péréfixe, la condamnait au nom de Dieu ; et cette condamnation retentissait du haut de la chaire de Notre-Dame. Je transcris de cette ordonnance d'un archevêque, institué par le Pape lui-même, le passage le plus important :

« Hardouin, par la grâce de Dieu et l'autorité du Saint-Siège apostolique, archevêque de Paris, à tous, curés et vicaires de cette ville et faubourgs, salut en Notre-Seigneur.

» Sur ce qui nous a été remontré par notre promoteur, que, le vendredi, cinquième de ce mois, on représenta, sous le nouveau nom de l'*Imposteur*, une comédie très dangereuse, et qui est d'autant plus capable de nuire à la religion, que, sous prétexte de condamner l'hypocrisie ou la fausse dévotion, elle donne lieu d'en accuser indifféremment tous ceux qui font profession de la plus solide piété, et les expose, par ce moyen, aux railleries et aux calomnies continuelles des libertins : de sorte que, pour arrêter le cours d'un si grand mal, qui pourrait séduire les âmes faibles, et les détourner du chemin de la vertu, notre dit promoteur nous aurait requis de faire défenses à toutes personnes de notre diocèse de représenter, sous quelque nom que ce soit, la susdite comédie, de la lire ou entendre réciter, soit en public, soit en particulier, sous peine d'excommunication :

» Nous, sachant combien il serait, en effet, dangereux de souffrir que, par une représentation si scandaleuse, et que le roi même avait ci-devant très expressément défendue, et, considérant d'ailleurs que, dans un temps où ce conquérant expose si librement sa vie pour le bien de son Etat, et où notre principal soin est d'exhorter les gens de bien de notre diocèse, à faire des prières continuelles pour la conservation

de sa personne sacrée, et pour le succès de ses armes, il y aurait de l'impiété de s'occuper à des spectacles capables d'attirer la colère du ciel, avons fait et faisons très expresses inhibitions et défenses à toute personne de notre diocèse de représenter, lire ou entendre réciter la susdite comédie, soit publiquement, soit en particulier, sous quelque nom et sous quelque prétexte que ce soit et sous peine d'excommunication... »
11 août 1667.

Combien Molière ne fut-il pas coupable de persister dans sa résolution, après ce nouvel arrêt prononcé au nom du roi et du ciel, par la voix d'un des princes de l'Eglise! Certes, nul autre ne pouvait mieux que ce délégué de Dieu et du Pape nous sauver de notre admiration pour un génie profond et satanique. La conscience humaine est sujette à s'égarer dans ses meilleures intentions ; elle a des erreurs sans malice et pleines de périls. Qui donc avertira l'esprit abusé et le cœur séduit ? Qui donc nous fera voir le mal jusque sous les apparences du bien ? Notre siècle le sait, qui fut, un jour, entraîné sur la pente de sa ruine, par les spécieux docteurs du naturalisme chrétien. Il faut, contre des équivoques habiles, comme celles de *Tartuffe* ou du libéralisme, une voix irrésistible, et qui règle la volonté, même en dépit de la raison ou plutôt des illusions du raisonnement. Rome n'a pas démenti Hardouin de Péréfixe, archevêque de Paris, qui interdit *Tartuffe*, sous peine d'excommunication. L'ordre hiérarchique avait été suivi. Prêtres, docteurs, magistrats avaient parlé ; le roi avait prononcé, l'Eglise avait confirmé leur sentence.

Et cependant Molière triomphait, en 1669. Il y avait un an que Mme de Montespan régnait. Son oncle Gondrin, évêque de Sens, indigné de sa conduite, l'avait souffletée; on en avait beaucoup parlé ; certains l'avaient blâmé, et les dévots n'étaient pas en odeur de sainteté, parmi la foule des courtisans. Les dévots n'étaient plus que des hypocrites. La pièce, qui tournait en ridicule l'hypocrisie, parut à son heure. Le 9 février 1669, *Tartuffe* était représenté à Paris. La foule fut grande ; plusieurs spectateurs faillirent s'étouffer. La troupe de Molière, pour le consoler de tant d'alternatives pénibles, voulut qu'il touchât double part dans les bénéfices.

Du reste, la pièce ne parut pas sans atténuation. La principale porte sur le rôle de Cléante, plus développé, moins grossier, et mis en pleine lumière, dans le nouveau *Tartuffe*, de façon à représenter, par opposition, la vraie et solide piété, en théorie, du moins, car Cléante ne parle pas même en son propre nom. Le personnage essentiel quitta le rabat, le chapeau à large bord, le vêtement sombre et le manteau, enfin le costume à peu près ecclésiastique, pour porter les longs cheveux, le grand collet, les dentelles, le petit chapeau et l'épée, tout ce qui faisait alors l'homme du monde. Ainsi déguisé hypocritement, au gré de certaines convenances, de façon à ridiculiser les dévots, et à les empêcher de crier, *Tartuffe* n'abusa point tous les honnêtes gens. Cependant Condé surpris prévint le roi, et fit jouer cette pièce, autant dire nouvelle, à Chantilly, au mois de septembre 1668.

Ce moment heureux de la vie de Molière, suivant le monde, flétrit en réalité son honneur devant l'histoire. Car c'est une œuvre immortelle, populaire que cette pièce de *Tartuffe*, et qui nuira à la piété, tant qu'il y aura en France des théâtres, des impies et des débauchés. Poquelin, père de Molière, mourut à la date d'une des premières représentations de *Tartuffe*. Cet excellent homme, qui n'avait pas voulu d'un fils comédien, lut ou entendit le mandement de l'archevêque. Il dut rougir de honte ; il put mourir de douleur.

La censure ne manqua pas à Molière, après comme avant son triomphe. Charles Perrault avait compris que dans « cette matière, le vice et la vertu se prenaient aisément l'un pour l'autre.» La Bruyère, au point de vue étroit de l'art seulement, trouva à reprendre dans le personnage de Tartuffe, et, pour mieux faire, inventa le portrait d'Onuphre, entièrement ignoré du commun des lecteurs, et qui est habile hypocrite, jusqu'à ne se laisser jamais deviner, ce qui paraît invraisemblable. Là, comme ailleurs, La Bruyère se montra plus ingénieux que profond, plus artiste que penseur. Bossuet, écrivant au Père Caffaro, en 1694, semble avoir en vue Molière et *Tartuffe*, quand il dit à son contradicteur : « Songez… si vous oserez soutenir à la face du ciel, des pièces où la vertu et la piété sont toujours ridicules. » Bourdaloue avait été plus précis, aussi éloquent, et non moins énergique dès 1671. Quand nous aurons fini d'étudier la pièce, nous le citerons, en appuyant sa grave parole de témoignages tout à fait modernes. Massillon, bien des années après Bourdaloue et Bossuet, s'exprimait ainsi :

« Un théâtre profane a eu tort de ne donner que du ridicule à un caractère abominable (celui de l'hypocrite) si honteux et si effrayant pour l'Eglise, et qui doit plutôt exciter les larmes et l'indignation que la risée des fidèles. »

Nous avons la réponse de Molière lui-même aux premières critiques de *Tartuffe*. Il faut en mettre au jour les parties essentielles, et les discuter ; cette réponse est tout entière dans la préface de la comédie, et dans les placets au roi. La préface est de 1669. On y sent, dès le début, l'orgueil du triomphe : « Voici une comédie dont on a fait beaucoup de bruit, qui a été longtemps *persécutée*; et les gens qu'elle joue, ont bien fait voir qu'ils étaient plus puissants en France que tous ceux que j'ai joués jusqu'ici. Les marquis, les précieuses, les médecins, ont souffert doucement qu'on les ait représentés, et ils ont fait semblant de se divertir, avec tout le monde, des peintures que l'on a faites d'eux ; mais les hypocrites n'ont point entendu raillerie ; ils se sont effarouchés d'abord, et ont trouvé étrange que j'eusse la hardiesse de jouer leurs grimaces, et de vouloir décrier un métier dont tant d'honnêtes gens se mêlent. C'est un crime qu'ils ne sauraient me pardonner ; et ils se sont tous armés contre ma comédie *avec une fureur épouvantable.* »

Quelle impudence de l'orgueil victorieux ! Quelle audace maladroite, jusqu'à se découvrir enfin, après tant de feintes hypocrites et de déguisements successifs pour dissimuler le but véritable de la pièce ! Quelle est donc cette foule de Tartuffes qui s'est précipitée sur Molière avec une fureur épouvantable ? Si j'en juge par les chefs illustres qui la dirigent et traduisent sa pensée, Hardouin de Péréfixe, de Lamoignon, nous allions oublier Anne d'Autriche, sont-ce bien là ceux qui, suivant l'expression de l'auteur, « ont pensé couvrir leurs intérêts de la cause de Dieu ? » Dans son enivrement, le comédien n'a pas songé jusqu'où portait sa calomnie. D'ailleurs croirons-nous un instant que ces vertueux personnages aient pu conduire un troupeau d'hypocrites ? — Ce qui apparaît ici, dans tout son jour, c'est la rage (1) inassouvie de l'auteur contre

(1) Dans le passage suivant de la comédie de *Don Juan*, où Molière fait dire leurs vérités aux hypocrites, par la bouche d'un athée, il est difficile de ne pas voir éclater les rancunes amères de l'auteur, contre les prétendus faux dévots, qui avaient poursuivi *Tartuffe*, une année auparavant. Pour Molière, dans le parti des dévots, il n'y a que des imposteurs ou des dupes, les saints sont des niais :

les dévots, malgré les apparences du contentement. Le mal a cela de commun avec le bien qu'il est infini dans ses désirs et qu'il recule

« Aujourd'hui la profession d'hypocrite a de merveilleux avantages. C'est un art de qui l'imposture est toujours respectée ; et, quoiqu'on la découvre, on n'ose rien dire contre elle. Tous les autres vices des hommes sont exposés à la censure, et chacun a la liberté de les attaquer hautement ; mais l'hypocrisie est un vice privilégié qui, de sa main, ferme la bouche à tout le monde, et jouit en repos d'une impunité souveraine. On lie, à force de grimaces, une société étroite avec les gens du parti. *Qui en choque un se les attire tous sur les bras* ; et ceux que l'on sait même agir de bonne foi là-dessus, et que chacun connaît pour être véritablement touchés, ceux-là, dis-je, sont toujours les *dupes des autres*, ils donnent bonnement dans le panneau des *grimaciers*, et appuient aveuglément les singes de leurs actions. Combien crois-tu que j'en connaisse qui, par ce stratagème, ont rhabillé adroitement les désordres de leur jeunesse, qui se font un bouclier du manteau de la religion, et, sous cet habit respecté, ont la permission d'être les plus méchants des hommes du monde ! On a beau savoir leurs intrigues, et les connaître pour ce qu'ils sont, ils ne laissent pas pour cela d'être en crédit parmi les gens ; et quelque baissement de tête, un soupir mortifié, et deux roulements d'yeux rajustent dans le monde tout ce qu'ils peuvent faire. C'est sous cet habit favorable que je veux me sauver, et mettre en sûreté mes affaires. Je ne quitterai point mes douces habitudes, mais j'aurai soin de me cacher, et me divertirai à petit bruit. Dès qu'une fois on m'aura choqué, tant soit peu, je ne pardonnerai jamais, et garderai tout doucement une haine irréconciliable. Je me ferai le vengeur des intérêts du ciel ; et, sous ce prétexte commode, je pousserai mes ennemis, je les accuserai d'impiété, et saurai déchaîner contre eux des zélés indiscrets qui, sans connais-

toujours la borne de ses satisfactions. — N'est-ce pas vraiment pitoyable, d'autre part, que le coupable puisse s'étayer du jugement du roi et de la reine, des ministres qui ont vu la pièce? Mais que prouve à nos yeux la faiblesse de Louis XIV? Qu'il n'a pas su écouter la raison plus de cinq années entières ; elle prouve contre lui et ne sauve pas Molière. Disons mieux: dans l'âme du roi, la passion ou l'amour du plaisir a mis cinq ans pour détrôner la raison. Quant à l'auteur de *Tartuffe*, il me rappelle le loup de Lafontaine qui se fit berger. C'est même un agneau que Molière, au dire de Molière :

« Si l'on prend la peine d'examiner, de bonne foi, ma comédie, on verra, sans doute, que mes intentions y sont partout *innocentes*, et qu'elle ne tend nullement à jouer les choses que l'on doit révérer, que je l'ai traitée avec toutes les précautions que demandait la délicatesse de la matière, et que j'ai mis tout l'art et tous les soins qu'il m'a été possible, pour bien distinguer le personnage de l'hypocrite d'avec celui du vrai dévot. »

---

sance de cause, crieront en public contre eux, qui les accableront d'injures, et les damneront hautement de leur autorité privée. » Comme le curé Roullé damna Molière. L'allusion est transparente.

Alors, pourquoi tant de changements? pourquoi Cléante, si développé dans le sens d'une dévotion pleine de mesure, en 1669, quand Molière, même en 1667, nous livrait sa pensée véritable, dans un Tartuffe ou Panulphe, chargé de faire briller, autant dire, sans aucun contraste honnête, l'hypocrisie généralisée des dévots? Pourquoi ce nouveau costume du traître? Pourquoi l'ancien qui était presque celui d'un ministre des autels? L'innocence ne se déguise point ainsi. Elle n'a pas ces physionomies diverses. Son allure est simple, sa droiture ne connaît pas les chemins couverts; elle ignore l'art de laisser deviner sa pensée, et de la dissimuler sous d'habiles couleurs.

Molière veut-il prouver, d'une façon générale, que le théâtre est sans danger, l'histoire lui procure un argument irrésistible :

« Il ne serait pas difficile de faire voir que la comédie, chez les anciens, a pris son origine de la religion et faisait partie de leurs mystères. »

On n'ignore pas ce que valaient les mystères et la religion des anciens. Quel genre d'infamie n'y était point renfermé? Et que pouvaient perdre, au spectacle, les Grecs et les Romains?

Voici ce qui est plus grave :

« Les Espagnols, nos voisins, ne célèbrent guère de fête où la comédie ne soit mêlée; et même, parmi nous, elle doit sa naissance aux soins d'une confrérie à qui appartient encore aujourd'hui l'hôtel de Bourgogne; c'est un lieu qui fut donné, pour y représenter les plus importants *mystères de notre foi*. »

Encore si l'auteur ne voulait que représenter les *mystères*, à sa mode! Il n'en est pas question. Mais parce que la piété s'est dénaturée, l'acteur Molière, bouffon à ses heures, aura le droit de s'ériger en docteur, et d'établir sa nouvelle église, sur la scène, en lui donnant pour fondements les planches d'un théâtre libertin! Ce qui dépasse tout, c'est l'air d'onction qu'affecte, en parlant *de notre foi*, le peintre de *Tartuffe*. Son rôle veut cette mine là. L'inventeur ne fait plus qu'un avec le type qu'il a créé.

Il ose s'appuyer sur l'exemple de Corneille :

« Et sans chercher si loin, l'on a joué, de notre temps, des pièces saintes de M. de Corneille, qui ont été l'admiration de toute la France. »

Polyeucte, à propos de *Tartuffe*, quelle impudence! Quel rapprochement, entre les élans les plus sincères de la foi, et les calomnies intéressées qui la font soupçonner de ne produire que des hypocrites.

Mais Molière n'a pas fini, il a besoin, en effet, de se justifier :

« Si l'emploi de la comédie est de corriger les vices des hommes, je ne vois pas pour quelle raison il y en aura de privilégiés. Celui-ci est dans l'Etat d'une conséquence bien plus dangereuse que tous les autres ; et nous avons vu que le *théâtre a une grande vertu pour la correction.* »

C'est au moins prétentieux, et l'Etat n'avait pas besoin de Molière, autant que Molière pouvait se l'imaginer. D'ailleurs, qu'on vienne rire des autres, au théâtre, rien n'est plus vrai. On y est pour son plaisir et pour soi ; mais contre soi, qui l'a jamais pensé ?

« Les plus beaux traits d'une sérieuse morale sont moins puissants le plus souvent que ceux de la satire.... »

Est-ce à dire que la morale de la chaire convertirait moins que celle du théâtre ?

« Et rien ne reprend mieux la plupart des hommes que la peinture de leurs défauts. C'est une grande atteinte aux vices que de les exposer à la risée de tout le monde. On souffre aisément des répréhensions, mais on ne souffre point la raillerie. »

Elle irrite en effet; cela veut-il dire qu'elle corrige? Pour les hypocrites, ils n'ont pas l'air d'y prendre garde; ils ont bien autre chose à faire; ils sont trop profonds pour s'émouvoir d'une plaisanterie même cruelle. Tout au plus, la raillerie, en s'acharnant sur les Tartuffes de religion, peut-elle guérir les faibles, qui sont nombreux, et les jeunes gens, de leur dévotion, en inspirant aux uns et aux autres la peur de passer pour des hypocrites. Je ne suis pas seul de mon avis.

Molière, dévot et savant dans l'intérêt de sa pièce, s'appuie sur certains Pères de l'Eglise, qui n'ont pas condamné la comédie. C'est qu'ils l'avaient considérée dans sa pureté, comme un jeu innocent (1). Il est bien entendu que celle du *Tartuffe* est sans reproche. Même la morale pernicieuse débitée par Dorine, « qui n'en a les oreilles rebattues? » Il paraît que Molière ne croyait pas à la sainte ignorance des âmes innocentes. Et puis il comptait pour rien l'attrait des scènes scandaleuses, les charmes d'une vieille et

(1) Un Père de l'Église la désigne sous le nom grec de Εὐτραπελία; il s'agit moins, en somme, de la comédie que de toute honnête distraction nécessaire à l'esprit.

complaisante morale qui fait tomber l'homme depuis six mille ans ; mais l'innocent Molière ne croyait pas à la contagion du mal. En somme, cette pièce de *Tartuffe* est si parfaite « que l'on doit l'approuver, ou condamner généralement toutes les comédies. » Ce dernier trait me paraît la perfection de la comédie.

Molière a beau remonter jusqu'aux temps de Rome et d'Athènes, ou distinguer « entre Olympe qui est la femme de bien, » et une autre Olympe, dévote aussi, «qui a été débauchée;» tout cela n'est qu'ingénieux. Il n'y a pas d'ailleurs une Olympe véritablement femme de bien dans la pièce de *Tartuffe*, et Cléante, le modèle proposé à notre édification, n'est, au fond, qu'un indifférent.

Voici le trait final :

« Supposé, comme il est vrai, que les exercices de la piété souffrent des intervalles, et que les hommes aient besoin de divertissements, je soutiens qu'on ne peut leur en trouver un qui soit plus *innocent* que la comédie. »

La question était celle-ci : la comédie de *Tartuffe* est-elle *innocente*? Molière est loin de l'avoir prouvé, malgré l'amour qu'il professe « pour les mystères de notre foi. » — En somme, la modération relative de ces pages perfides laisse voir, plus d'une fois mêlées aux joies de l'orgueil, les rancunes mal apaisées, les doutes et les sophismes d'un grand esprit mal convaincu dans sa propre cause, les agitations d'un cœur qui a encore des remords, bien qu'il ait, ou peu s'en faut, perdu l'espérance. Molière, dans un siècle chrétien, nous semble un révolté de génie qui proteste, non sans précaution, contre la religion et la société qu'elle a faite.

Un mot des trois placets au roi, bien qu'ils répètent à peu près les mêmes arguments que la préface. Le premier fut adressé à Louis XIV pour se plaindre du pamphlet écrit par le curé de Saint-Barthélemy. La haine, si je ne me trompe, paraît visiblement dans le passage où l'auteur peint « les grimaces étudiées de ces gens de bien à outrance, toutes les friponneries couvertes de ces faux monnayeurs en dévotion qui veulent attraper les hommes avec un zèle contrefait et une charité sophistique. »

On sent de mieux en mieux que Molière, avec une verve endiablée, attaque plutôt ses détracteurs qu'il n'accuse l'hypocrisie elle-même; il plaide pour lui. Mais, encore une fois, qui Molière veut-il nommer, au pluriel, après le curé qui lui avait donné les verges? On ne distille pas tant de venin, quand on n'a personne à haïr? Est-ce Anne d'Autriche? est-ce, en bloc, tous les honnêtes gens qui avaient protesté avec elle, en faveur de la véritable piété ? N'est-ce pas la religion elle-même qu'il déteste, avec tous les dévots?

« Je n'ai point laissé d'équivoque, » ajoute encore l'auteur.

Ce n'est point vrai.

L'hypocrisie a su, plus d'une fois, prendre les airs de la piété ; c'est incontestable. Mais, dites-nous si, après cette peinture de Tartuffe faite de génie, toute piété ne vous paraîtra pas avoir les allures de l'hypocrisie? Voilà où est l'illusion et l'équivoque. Ce directeur de notre conscience appuie encore sa justification sur l'opinion de Louis XIV, comme dans la préface. Il a tort, puisque le roi, à cette époque, interdisait la pièce. Il s'appuie sur M. le Légat et MM. les Prélats. Que M. le Légat, et les Prélats de sa maison lui aient administré quelques compliments trop généreux, après une lecture incomplète de sa comédie, c'est possible. Molière devrait bien préciser les éloges de ses prétendus partisans. Les ennemis de *Tartuffe* ont parlé énergiquement, et sans ambages ; les amis de la pièce le sont d'une façon assez vague, dans la bouche de Molière. Ce premier placet prouve la grande haine d'un comédien pour le curé de Saint-Barthélemy, nommé Roullé, qui lui avait dit crûment la vérité.

Un autre placet proteste contre le coup de foudre du président Lamoignon. Il est assez pâle, et ne dit rien de neuf. L'auteur insiste sur la façon dont il a déguisé son *Tartuffe* sous le nom d'*Imposteur* et atténué la première hardiesse de son dessein. Molière cache donc ses véritables intentions. Est-ce ainsi qu'il enseigne à fuir le mensonge?

Dans le troisième et dernier placet, le comique victorieux raille la *piété* battue sous le titre de l'*hypocrisie*. Protecteur ironique de la religion, dans la personne de l'un de ses amis, un vrai dévot, celui-là, il réclame pour son médecin, un canonicat vacant de la chapelle royale de Vincennes. Il finit ainsi : « Oserai-je demander à Votre Majesté encore cette grâce, le propre jour de la grande résurrection de *Tartuffe* ressuscité par vos bontés? Je suis, par cette première faveur, réconcilié avec les dévots (1); et je le serais, par cette seconde, avec les médecins. »

(1) Voltaire a écrit, après avoir fait hommage au pape Benoît XIV, de la tragédie de *Mahomet*, qu'il appelait *le grand Tartuffe*:

Le génie du mal rit et triomphe dans la personne de Molière.

Résumons-nous à grands traits. Louis XIV, dans sa raison en 1664, Anne d'Autriche dans sa vertu, de Lamoignon dans sa gravité, l'archevêque de Paris au nom du Pape et du ciel, un prêtre indigné, des prédicateurs éloquents, tels que Bossuet, Bourdaloue, Massillon, en un mot, le grand siècle, dans ce qu'il a de plus marquant et de plus saint, ont condamné la pièce de *Tartuffe*. *Tartuffe* et Molière ont pour eux Boileau qui ne voulait pas du surnaturel (1) sur le théâtre, mais qui permit innocemment à un comédien de bafouer la religion sur les tréteaux ; Saint-Evremont, un sceptique, dans le genre de Fontenelle, et qui, en raillant,

« Je suis joliment avec Sa Sainteté. C'est, à présent, aux dévots à me demander ma protection pour ce monde et pour l'autre. » C'est la même ironie, la même impiété.

(1) Chez nos dévots aïeux le théâtre abhorré
Fut longtemps dans la France un plaisir ignoré.
De pèlerins, dit-on, une troupe grossière,
En public, à Paris, y monta la première ;
Et, *sottement zélée* en sa simplicité,
Joua les *Saints, la Vierge, et Dieu, par piété*.
Le savoir, à la fin, dissipant l'ignorance,
Fit voir de ce projet *la dévote imprudence* ;
On chassa ces docteurs prêchant sans mission :
On vit renaître *Hector, Andromaque, Ilion*.

s'avoue converti à la piété facile de Cléante ; le duc d'Orléans et sa femme, l'un corrompu et l'autre légère; Anne de Gonzague qui ne pouvait, sans rire, entendre parler de nos mystères ; Condé, par l'effet d'une curiosité téméraire, alors qu'il était soupçonné de libertinage ; enfin, Ninon de l'Enclos, une des corruptrices du grand siècle. C'est elle qui le lie aux temps précurseurs de la révolution ; elle donne la main à Molière et à Voltaire; l'expérience qu'elle a de la dévotion aide l'auteur de *Tartuffe ;* et son argent paie la première bibliothèque du jeune Arouet; son impureté est le trait d'union entre le naturalisme de l'un et l'incrédulité de l'autre.

En face de pareils témoignages, assemblés des deux côtés, séparés et opposés, est-il permis seulement d'hésiter? Et si nous prenons les termes les plus expressifs de la comparaison, Bourdaloue et Ninon, qui osera préférer Ninon à Bourdaloue?

D'autre part, en se défendant, Molière se découvre ; ses rancunes étouffent sa prudence, et l'orgueil de sa victoire met à nu le fond de sa pensée.

La pièce elle-même achèvera de nous convaincre.

NEUVIÈME COURS

Tartuffe (Suite).

NEUVIÈME COURS

Tartuffe (Suite).

Orgon est un riche bourgeois de Paris, d'âge moyen, penchant vers le retour ; sa femme se nomme Elmire ; il a une fille et un fils, Mariane et Damis ; un beau-frère, Cléante ; une domestique, Dorine...; un ami, M. Tartuffe. Il l'a recueilli à l'église, le plus misérable des dévots ; il lui a donné pour asile sa propre demeure ; il l'a vêtu, nourri ; il en a fait son tout. Mme Pernelle, la mère d'Orgon, exagère encore, si c'est possible, l'exagération de son fils, dans son admiration pour l'hôte puissant et gênant de la maison. Elle ouvre la scène de la plus vive et piquante manière. C'est une vieille dévote à qui tout déplaît, hormis M. Tartuffe. Sa volubilité fait rire, ses antipathies sont comiques, sa morosité ne l'est pas moins ; elle est tartuffiée jusqu'à l'extrême ridicule. Elle est à peine entrée chez sa bru et ses petits-enfants, qu'elle se sauve avec précipitation :

Allons, Flipote, allons; que d'eux je me délivre.
ELMIRE.
Vous marchez d'un tel pas, qu'on a peine à vous suivre.

Nous la voyons, comme une de ces petites fées malignes dont certains contes ont nourri notre imagination. Elle passe sa vie à se plaindre :

De lui complaire on ne prend nul souci.

Elle remet Dorine, la domestique, à sa place ; puis c'est le tour de son petit-fils :

Vous êtes un sot en trois lettres, mon fils,
C'est moi qui vous le dis, qui suis votre grand'mère.
Et j'ai prédit cent fois à mon fils, votre père,
Que vous preniez tout l'air d'un méchant garnement,
Et ne lui donneriez jamais que du tourment.

(A Mariane :)

Mon Dieu! sa sœur, vous faites la discrète,
Et vous n'y touchez pas, tant vous semblez doucette.
Mais il n'est, comme on dit, pire eau que l'eau qui dort,
Et vous menez, sous chape, un train que je hais fort.

Elmire a sa part :

Ma bru, qu'il ne vous en déplaise ;
Votre conduite, en tout, est tout à fait mauvaise :
Vous devriez leur mettre un bon exemple aux yeux;
Et leur défunte mère en usait beaucoup mieux.

Elmire est une seconde femme d'Orgon :

Vous êtes dépensière ; et cet état me blesse,
Que vous alliez vêtue ainsi qu'une princesse.

Quiconque à son mari veut plaire seulement,
Ma bru, n'a pas besoin de tant d'ajustement.

Quant à Cléante, qui essaie de glisser un mot, parmi cet ouragan de paroles :

Pour vous, monsieur son frère,
Je vous estime fort, vous aime, et vous révère ;
Mais enfin si j'étais de mon fils son époux,
Je vous prierais bien fort de n'entrer point chez nous.
Sans cesse vous prêchez des maximes de vivre
Qui par d'honnêtes gens ne se doivent point suivre.

Il a son compte.
Pour Tartuffe :

C'est un homme de bien qu'il faut que l'on écoute.

Dorine, la franche Dorine, ne l'entend pas ainsi :

Il passe pour un saint dans votre fantaisie :
Tout son fait, croyez-moi, n'est rien qu'hypocrisie.
.... Je crois que de Madame, il est, ma foi, jaloux.

Autrement

Ne saurait-il souffrir qu'aucun hante céans ?

Dorine a trop parlé :

Taisez-vous, et songez aux choses que vous dites.
Ce n'est pas lui tout seul qui blâme ces visites :
Tout ce tracas qui suit les gens que vous hantez,
Ces carrosses, sans cesse, à la porte plantés,

Et de tant de laquais le bruyant assemblage
Font un éclat fâcheux dans tout le voisinage.
Je veux croire qu'au fond il ne se passe rien ;
Mais enfin, on en parle, et cela n'est pas bien.
.... Ces visites, ces bals, ces conversations,
Sont du malin esprit toutes inventions.
Là, jamais on n'entend de pieuses paroles ;
Ce sont propos oisifs, chansons et fariboles :
Bien souvent le prochain en a sa bonne part,
Et l'on y sait médire et du tiers et du quart.

Que c'est vrai! Mais Mme Pernelle est ridicule et maniaque. Elle a beau prêcher, elle prêche dans le désert. Quel caractère intolérable! D'ailleurs, qu'est-ce que la vertu, le plus souvent, aux yeux de Dorine et de Damis? Pruderie pure, beauté passée qui se convertit, faute de mieux, à la religion médisante. Admirable exposition, malgré tout, si nous considérons l'art seulement, et qui nous fait connaître les principaux personnages de la pièce, tels que Molière veut les peindre, suivant le but qu'il s'est proposé. Nous soupçonnons déjà, en général, le dépit dans une feinte vertu ; dans la piété de Tartuffe, l'hypocrisie ; dans celle de Mme Pernelle, la folie ; dans l'engouement pieux d'Orgon, la bêtise. Qui n'admirerait, d'autre part, la prudence de Cléante, la vertu sans affectation, quoique un peu mondaine, de l'élégante Elmire si maltraitée par Mme Pernelle, et la franchise d'une domestique élevée jusqu'à l'état de moraliste. Orante, en effet, une dévote,

> Tant qu'elle a pu des cœurs attirer les hommages,
> Elle a fort bien joui de tous ses avantages;
> Mais, voyant de ses yeux tous les brillants baisser,
> Au monde qui la quitte elle veut renoncer,
> Et du voile pompeux d'une haute sagesse
> De ses attraits usés déguiser la faiblesse.
> Ce sont là les retours des coquettes du temps;
> Il leur est dur de voir déserter les galants.
> Dans un tel abandon, leur sombre inquiétude
> Ne voit d'autre recours que le métier de prude;
> Et la sévérité de ces femmes de bien
> Censure toute chose et ne pardonne à rien.

Mme Pernelle n'effacera point, tant s'en faut, par son bon sens grondeur, la joie que trouve l'humaine malignité à surprendre ainsi le mensonge sous les apparences du bien. D'ailleurs, c'est une vieille; Dorine est jeune et pleine d'entrain. Mme Pernelle s'esquive, en souffletant sa servante Flipote. C'est le comble :

> Allons, vous, vous rêvez et bayez aux corneilles.
> Jour de Dieu! je saurai vous frotter les oreilles.
> Marchons, gaupe, marchons!

Impossible de mieux connaître Mme Pernelle. Dorine, un oracle, achève de nous convaincre à l'endroit d'Orgon et... de M. Tartuffe. Si la mère en est coiffée, « cela n'est rien auprès du fils. »

> Et si vous l'aviez vu, vous diriez : C'est bien pis !
> Nos troubles l'avaient mis sur le pied d'homme sage ;
> Et, pour servir son prince, il montra du courage,
> Mais il est devenu comme un homme hébété,
> Depuis que de Tartuffe on le voit entêté ;
> Il l'appelle son frère, et l'aime dans son âme
> Cent fois plus qu'il ne fait mère, fils, fille et femme.
> C'est de tous ses secrets l'unique confident,
> Et de ses actions le directeur prudent.
> Il le choie....
> A table, au plus haut bout il veut qu'il soit assis ;
> Avec joie, il l'y voit manger autant que six ;
> Les bons morceaux de tout, il faut qu'on les lui cède ;
> Et s'il vient à roter, il lui dit : Dieu vous aide !

C'est jugé. Si Tartuffe est un hypocrite, Orgon est un imbécile. Molière a chargé une servante, au moins légère, de nous le faire savoir. N'est-ce pas se moquer de ses lecteurs et de la postérité ? Martine était à sa place dans les *Femmes savantes*; et même Molière pouvait lire ses pièces à une vieille domestique dont il prenait conseil. Mais que Dorine nous donne des leçons de morale, même de religion, c'est trop démocratique. Ce rôle mérite qu'on l'étudie ; il s'accusera davantage.

Orgon paraît. En attendant Tartuffe, c'est la

victime de Tartuffe. Absent depuis deux jours, le chef de famille demande « comment va son monde. »

Qu'est-ce qu'on fait céans? comme est-ce qu'on s'y porte?

Le brave homme! il est si rond! On l'aimerait volontiers.

Dorine de répondre :

Madame eut avant-hier la fièvre jusqu'au soir,
Avec un mal de tête étrange à concevoir.

Orgon qui s'oublie :

Et Tartuffe?

C'est peint.

DORINE.
Tartuffe! Il se porte à merveille,
Gros et gras, le teint frais et la bouche vermeille.

ORGON.
Le pauvre homme!

DORINE.
Le soir, elle eut un grand dégoût,
Et ne put, au souper, toucher à rien du tout,
Tant sa douleur de tête était encor cruelle!

ORGON.
Et Tartuffe?

DORINE.
Il soupa, lui tout seul, devant elle;
Et fort dévotement....

La maligne!

> ... il mangea deux perdrix,
> Avec une moitié de gigot en hachis.

ORGON.

Le pauvre homme!

Lire n'est rien, il faut entendre.

DORINE.

> La nuit se passa tout entière
> Sans qu'elle pût fermer un moment la paupière;
> Des chaleurs l'empêchaient de pouvoir sommeiller,
> Et jusqu'au jour, près d'elle, il nous fallut veiller.

Dorine a beau insister, exagérer peut-être; peine perdue! Orgon n'entend rien; il est sourd.

ORGON.

Et Tartuffe?

DORINE.

> Pressé d'un sommeil agréable,
> Il passa dans sa chambre au sortir de la table;
> Et dans son lit bien chaud il se mit tout soudain,
> Où, sans crainte, il dormit jusques au lendemain.

C'est la paraphrase des vers heureux de La Fontaine, l'ami de Molière :

> Dieu prodigue ses biens
> A ceux qui font vœu d'être siens.

Orgon avec un sentiment de compassion plus accusé que tout à l'heure :

Le pauvre homme!

La tendre affection d'Orgon pour Tartuffe lui a rendu l'ouïe :

DORINE

A la fin, par nos raisons gagnée,
Elle se résolut à souffrir la saignée;
Et le soulagement suivit tout aussitôt.

ORGON.

Et Tartuffe?

Elmire n'est, pour Orgon, qu'une insignifiante parenthèse dans la conversation.

DORINE.

Il reprit courage comme il faut;
Et, contre tous les maux fortifiant son âme,
Pour réparer le sang qu'avait perdu Madame,
But, à son déjeuner, quatre grands coups de vin.

L'ironie de Dorine ne réveille pas Orgon de son idée fixe.

ORGON.

Le pauvre homme!

Il ne faut pas être un acteur médiocre, pour soupirer, sans monotonie, avec des changements imprévus, les deux uniques notes de la sensibilité d'Orgon, « Et Tartuffe?... Le pauvre homme! »

Je ne me soucie pas de savoir si Louis XIV interrompit, un jour, de la façon la plus comique, l'énumération faite, devant lui, des mets exquis savourés par un prélat, en répétant, à chaque plat nouveau : « Le pauvre homme! » délicatement nuancé. Ce qui me répugne, — dans certaines relations du grand siècle, — c'est que le roi est de tout, dirige tout, domine tout; on dirait vraiment qu'il a tout dit et tout inventé. C'est intolérable, et je m'étonne que sa raison ait survécu à tant de flatteries. En attendant, rien n'est moins sûr que cette petite histoire. D'ailleurs, Molière n'avait pas besoin de Louis XIV pour voir à fond dans la nature et pour la peindre. Mais il n'était pas fâché de laisser courir des bruits à la louange du roi, qui faisaient de Sa Majesté, peu chrétienne alors, non seulement le protecteur, mais aussi l'inspirateur de son génie.

Morale à part, la scène est comique, et quoique trop chargée, conforme cependant à la nature humaine. Vous avez une idée fixe, le monde disparaît ; l'univers au moins se rétrécit, le point qui absorbe votre esprit, le point noir s'élargit. Il n'y a pour Orgon ni femme, ni frère, ni enfant, ni intérêts domestiques. Il y a Tartuffe ! C'est une vérité d'expérience. Retournons vers le passé, pour faire face un instant à notre ancien visage de jeune homme ou d'enfant. Rappelons-nous quelque vif désir.... Y avait-il, ici-bas, autre chose que notre convoitise? Mais ce qui s'appelle folie à un certain âge, en revanche, dans un homme mûr, père d'un grand fils et d'une fille nubile, s'appelle imbécilité!

Molière a voulu peindre Orgon imbécile et tout à fait imbécile. Il y a réussi. C'est important à constater.

Quant à Tartuffe, il dort bien, il mange très bien, il boit encore mieux; nous soupçonnons même qu'il est jaloux de Madame. Dorine le prétend. Il n'a point paru, il est connu. C'est un méchant homme, digne de toute l'exécration possible. Nous attendons sa présence avec une certaine impatience, mêlée d'un commencement d'horreur. Nous attendrons encore; et nous serons tentés, en le voyant, de le huer, tant l'exposition a été bien menée, avec une science parfaite du spectateur en général, et du peuple français en particulier, prompt à juger et l'adversaire acharné de toute hypocrisie. Si notre impression est déjà si défavorable à l'hypocrite, à Tartuffe mis en cause, peint d'avance des plus noires couleurs, que sera-ce quand Cléante, beau-frère d'Orgon, aura mis en parallèle, ou plutôt en opposition, avec la vivacité du génie de Molière, la fausse religion d'un dévot perfide, et la solide piété d'un parfait dévot. Notre impression première ne pourra que se renforcer. En effet, du premier coup, Cléante gagne notre entière confiance; il a tous les dehors de la sagesse. Nous connaissons les Aristes de Molière et même ses Philintes. Ce sont des gens consommés en prudence mondaine, tandis que les Sganarelles ou les Arnolphes, gens pieux au fond, nous paraissent sots à l'excès et ridicules. Cléante, pour le besoin de sa cause, a dû ajouter une note au clavier de la sagesse ordinaire, c'est la note de la piété; non pas qu'il en fasse usage pour lui, mais, sans avoir l'air de pratiquer la religion, étant plutôt un honnête homme qu'un dévot, il a, par l'expérience des autres, acquis une connaissance exacte de la solide piété. Orgon, au contraire, a monté d'un ton sur la gamme de la sottise; il parle de Tartuffe :

> Ah! si vous aviez vu comme j'en fis rencontre,
> Vous auriez pris pour lui l'amitié que je montre.
> Chaque jour, à l'église, il venait, d'un air doux,
> Tout vis-à-vis de moi, se mettre à deux genoux.
> Il attirait les yeux de l'assemblée entière
> Par l'ardeur dont au ciel il poussait sa prière;
> Il faisait des soupirs, de grands élancements,
> Et baisait humblement la terre à tous moments:

Et lorsque je sortais, il me devançait vite,
Pour m'aller, à la porte, offrir de l'eau bénite.
Instruit par son garçon, qui dans tout l'imitait,
Et de son indigence, et de ce qu'il était,
Je lui faisais des dons; mais, avec modestie,
Il me voulait toujours en rendre une partie.
C'est trop, me disait-il, c'est trop de la moitié;
Je ne mérite pas de vous faire pitié.
Et quand je refusais de le vouloir reprendre,
Aux pauvres, à mes yeux, il allait le répandre.
Enfin le ciel chez moi me le fit retirer,
Et depuis ce temps-là tout semble y prospérer.
Je vois qu'il reprend tout, et qu'à ma femme même
Il prend, pour mon honneur, un intérêt extrême;
Il m'avertit des gens qui lui font les yeux doux,
Et plus que moi six fois il s'en montre jaloux.

Tartuffe jaloux de l'honneur d'Orgon! C'est suspect et même assez risible. Cependant Molière est dans le vrai. En sa qualité de saint homme, Tartuffe est chargé de la vertu d'Elmire. La nonchalance d'Orgon y trouve son compte, et sa crédulité naturelle appuie sa nonchalance. Ajoutez qu'en excitant (si faire se peut) la jalousie de son hôte, par dévouement, le faux dévot a augmenté sa reconnaissance.

Rien de plus audacieux que Tartuffe; rien de plus stupide qu'Orgon. Molière poursuit son but.

Cléante, qui n'a pas les mêmes raisons d'être

crédule que son beau-frère, traite Orgon de
« fou »; Orgon traite Cléante de « libertin »; nous
dirions aujourd'hui d'impie ou de libre-penseur.
Cléante, indigné, riposte :

> C'est être libertin que d'avoir de bons yeux,
> Et qui n'adore pas de vaines simagrées...

Qu'est-ce que « vaines simagrées? » est-ce le
culte extérieur? ou bien sont-ce les simagrées de
Tartuffe? Il semble que Molière ait visé plutôt
les dehors de la piété.

> ... N'a ni respect ni foi pour les choses sacrées.
> Allez, tous vos discours ne me font point de peur,
> Je sais comme je parle, et le ciel voit *mon cœur.*

C'est le raisonnement banal de tous les temps.
Qui ne l'a entendu dans la bouche des plus
vulgaires? Il leur manque le loisir de franchir
le seuil de l'église, mais leur religion facile se
réfugie dans le sanctuaire du *cœur* pour éviter
le sanctuaire fréquenté par le commun des
fidèles :

> De tous vos façonniers on n'est point les esclaves.

Il y a une langue de Molière, il faut le dire,
originale et familière, que rien ne vaut, et qui
rend populaire la pensée dans toutes les classes.
Elle peint ce qu'elle veut peindre de couleurs

qui ne se ternissent point. *Façonniers* est des plus heureux. Mais pourquoi l'originalité du poète tourne-t-elle à nous faire croire que les dévots, sans exception, sont des *façonniers ?*

CLÉANTE.
Il est de faux dévots ainsi que de faux braves.

C'est vrai.

Et, comme on ne voit pas qu'où l'honneur les conduit,
Les vrais braves soient ceux qui font beaucoup de bruit,
Les bons et vrais dévots, qu'on doit suivre à la trace,
Ne sont pas ceux aussi qui font tant de grimace.

Qui a jamais prétendu, parmi les hommes de bon sens, qu'il fallût faire des grimaces pour être un bon dévot ? mais encore les cérémonies du culte, et les actes de la dévotion ne doivent-ils pas être traités de singeries hypocrites ? Je redoute que Molière, sous prétexte de franchise, ne nous incline doucement à supprimer le nécessaire, sous prétexte de purger l'exagération. Où donc sera la limite ? ou plutôt, comment juger les vrais et les faux dévots sur des apparences presque semblables ? Les Cléantes nous y aideront. Ce n'est point rassurant. Le sage, l'indifférent personnage, dont le sang-froid voit de haut la piété et règle les mœurs de l'Eglise, Cléante continue :

> Eh quoi ! Vous ne ferez nulle distinction
> Entre l'hypocrisie et la dévotion ?
> Vous les voulez traiter d'un semblable langage,
> Et rendre même honneur au masque qu'au visage ;
> Egaler l'artifice à la sincérité,
> Confondre l'apparence avec la vérité,
> Estimer le fantôme autant que la personne,
> Et la fausse monnaie à l'égal de la bonne ?

Toujours la même équivoque ! Est-ce d'ailleurs un acteur de théâtre qui m'éclairera sur la piété de celui-ci ou l'hypocrisie de celui-là ?

> Les hommes, la plupart, sont étrangement faits ;
> Dans la juste nature on ne les voit jamais.
> La raison a pour eux des bornes trop petites ;
> En chaque caractère ils passent ses limites,
> Et la plus noble chose, ils la gâtent souvent
> Pour la vouloir outrer et pousser trop avant.

Ceci est pour Orgon qui salue. Tel que Molière l'a fait, il est évident qu'Orgon n'a ni poids ni mesure. Mais Molière ne peut se rassasier de nous faire admirer Cléante, l'homme parfait. Combien n'est-il pas difficile d'échapper à l'impression que produit le faux semblant d'une sincérité hypocrite qui prétend nous éclairer pour mieux nous égarer ! L'auteur a incarné sa sagesse dans la personne de Cléante :

> Et comme je ne vois nul genre de héros
> Qui soient plus à priser que les parfaits dévots,

Aucune chose au monde et plus noble et plus belle,
Que la sainte ferveur d'un véritable zèle....

L'hypocrite! C'est une manière de prendre son élan pour mieux aplatir la piété qu'il déteste, sous prétexte de perfidie :

Aussi ne vois-je rien qui soit plus odieux
Que le dehors plâtré d'un zèle spécieux,
Que ces francs charlatans, que ces dévots de place,
De qui la sacrilège et trompeuse grimace
Abuse impunément et se joue à leur gré,
De ce qu'ont les mortels de plus saint et sacré ;
Ces gens qui, par une âme à l'intérêt soumise,
Font de dévotion métier et marchandise,
Et veulent acheter crédit et dignités
A prix de faux clins d'yeux et d'élans affectés;
Ces gens, dis-je, qu'on voit, d'une ardeur non commune,
Par le chemin du ciel courir à leur fortune;
Qui, brûlants et priants, demandent chaque jour,
Et prêchent la retraite au milieu de la cour ;
Qui savent ajuster leur zèle avec leurs vices,
Sont prompts, vindicatifs, sans foi, pleins d'artifices....

J'en passe. — L'antithèse est longue, monotone, moins vive que si elle était plus courte, fatigante, malgré d'heureux traits, comme tout ce qui est personnel. Molière, traitant de haut et impersonnellement l'hypocrisie, en artiste généreux, n'aurait pas tant insisté. Mais on ne se lasse jamais d'appuyer sur sa vengeance. Les faux dévots reparaissent encore dans la préface de

Tartuffe, dans les trois placets au roi et dans la comédie de *Don Juan*. Ne sont-ce pas eux qui ont retardé le triomphe de Molière, et la représentation de *Tartuffe ?* Ceux-là, nous les connaissons et nous les estimons pour de vrais dévots ; mais l'auteur distille sur leur dévotion le venin de sa longue tirade. Si nous nous trompons, tant mieux. La vraie dévotion, la voici :

> Les dévots de cœur sont aisés à connaître.
> Notre siècle, mon frère, en expose à nos yeux
> Qui peuvent nous servir d'exemples glorieux.
> Regardez Ariston, regardez Périandre,
> Oronte, Alcidamas, Polydore, Clitandre ;
> Ce titre par aucun ne leur est débattu ;
> Ce ne sont point du tout fanfarons de vertu....

C'est bien pâle. Qu'est-ce qu'Alcidamas ? Qu'est-ce que Polydore ! J'ai besoin, comme tous les mortels, que la vertu se réduise dans ma mémoire sous une forme vivante, et sorte du vague des Aristons ou des Périandres, pour se définir, se préciser et se peindre. Autrement je ne me souviens point. Nous savons bien ce qu'est Tartuffe. Il a, dans notre imagination, et dans la mémoire de notre cœur indigné, une allure, un visage, un masque, des paroles impérissables. C'est un type que nous haïssons et qui nous reste. Il vit, il vivra. Mais la vraie dévotion va peut-être se colorer et se faire aimer? Les vrais dévots

> Ne sont point du tout fanfarons de vertu.

C'est exact.

> On ne voit point en eux ce faste insupportable,
> Et leur dévotion est humaine, est traitable :
> Ils ne censurent point toutes nos actions,
> Ils trouvent trop d'orgueil dans ces corrections;
> Et, laissant la fierté des paroles aux autres,
> C'est par leurs *actions* qu'ils reprennent les nôtres.

Est-ce qu'il serait défendu aux gens pieux de parler?

> *L'apparence du mal a chez eux peu d'appui,*
> Et leur âme est portée à juger bien d'autrui.

Je m'arrête ici. La contradiction est trop flagrante; et Cléante, qui n'est pas un dévot, aurait cependant bien fait de se taire. Quoi! ce sage rempli d'impartialité, cet indifférent, a le droit de croire au mal sous les apparences du bien, et d'accuser d'hypocrisie, sans preuves, la piété de Tartuffe! Mais le vrai dévot, du moment où il est dévot, devra croire au bien, malgré les apparences du mal! C'est insensé, c'est absurde, c'est vouloir réduire le chrétien à la servitude du silence parce qu'il est chrétien. Le chrétien s'abstiendra de juger les crimes les plus évidents, les scandales publics, tout ce qui tombe sous la réprobation même de la charité ; car

L'apparence du mal a chez *lui* peu d'appui.

Le vrai dévot n'aura pas le droit de juger Mme de Montespan. En revanche, il a celui d'être jugé par tous les Cléantes du monde. Au silence de sa parole s'ajoutera un autre silence. Sa piété ne devra faire aucun bruit, sous peine d'être de l'hypocrisie. Il devra renoncer aux soupirs, aux élancements, aux larmes, à toutes les manifestations extérieures d'une âme qui aime Dieu, qui se plaint devant Dieu, qui témoigne à Dieu sa gratitude. Le monde admirera sa piété, si elle est tout intérieure. Il la verra de bon œil, s'il ne la voit point, si elle ne lui fait aucun reproche, si elle ne le tire point, fût-ce une minute, par un remords passager, de son heureuse et médisante tranquillité.

C'est le système de la religion *du cœur*, de l'indifférence absolue décorée du nom de religion, de la tolérance qui ne tolère que soi, et qui hait ou emprisonne, ou réduit à néant, tout ce qui n'est pas soi, tout ce qui n'est pas le monde, tout ce qui n'est pas le plaisir. C'est l'hypocrisie du bien, qui accuse le bien d'être le mal, pour ruiner le bien, et faire régner l'égoïsme. Mais abrégeons ; il y a une loi connue que l'homme de bien est le plus serré de près par le regard et le témoignage sévère d'autrui. Il n'a pas le droit de trébucher, même un peu. C'est dans ce coin noir de la nature envieuse que réside le germe latent de toute persécution. C'est là qu'a puisé l'auteur. Le mal n'a rien d'inconnu pour Molière.

Mais il faut à la thèse du comique un canevas, une petite intrigue, un prétexte. Cléante rappelle à Orgon que Valère et sa fille Mariane sont fiancés, que Valère a la foi d'Orgon. Hélas ! Orgon a conçu un autre dessein ; il mande Mariane :

ORGON.

.... Que dites-vous de Tartuffe, notre hôte ?

« Vous l'épouserez. — Non, je ne l'épouserai pas. »

Toujours ancien, toujours nouveau. Dorine a entendu le père et la fille ; elle écoutait à la porte ; elle prend la défense de Mariane. Une mère de plusieurs demoiselles à marier disait naguère que Molière avait prêché l'union des cœurs par l'amour et mis à la mode les mariages d'inclination. Cette excellente dame était bien charitable pour Molière, et Molière l'aurait mise au rang des dévotes les plus parfaites. En ce lieu, le moraliste des hymens fortunés, c'est Dorine, moraliste d'autant plus fort qu'il paraît plus insignifiant sous son costume de servante, personnage d'autant plus séduisant qu'il revêt les apparences d'une fille franche, spirituelle, un peu moqueuse. Voyons comment ce professeur des mœurs faciles, Dorine, va livrer à notre mépris un clérical nommé Orgon et défendre les droits d'une amoureuse petite fille nommée Mariane :

> Quoi! se peut-il, Monsieur, qu'avec l'air d'homme sage,
> Et cette large barbe au milieu du visage,
> Vous soyez assez fou pour vouloir?...

Assez fou? Orgon ne l'est pas encore; il postule pour l'être.

> DORINE.
> Vous moquez-vous des gens d'avoir fait ce complot?
> Votre fille n'est point l'affaire d'un bigot :
> Il a d'autres emplois auxquels il faut qu'il pense.
> Et puis, que vous apporte une telle alliance?...
> Choisir un gendre gueux?...

Un gueux? Ce mot s'adresse en douceur à la cupidité de quelques parvenus. Un bigot, c'est le mot universel qui s'adresse à l'amour-propre de tous les spectateurs. Saura-t-on jamais toute la force d'un seul mot pour jeter le ridicule sur ce qu'il y a de plus sacré ? Et quand une femme nous raille, c'est bien mieux. On ne veut pas être raillé par une femme. La dent maligne d'une fille d'Eve emporte la pièce ; tant pis si c'est le cœur.

Orgon a la bonhomie de répondre. Dès lors le dialogue s'engage de puissance à puissance.

Tartuffe, un petit gentilhomme de province, n'est qu'un ambitieux, un orgueilleux ; sa piété n'est qu'un leurre. De ces banalités graves Dorine revient à son propre rôle, et résume sa pensée principale dans ces deux vers :

> Il est bien difficile enfin d'être fidèle
> A de certains maris faits d'un certain modèle.

Puis elle en appelle au ciel. Quelle bouche pour parler de Dieu ! Orgon, devant Dieu, sera responsable du malheur de Tartuffe et de la conduite de Mariane.

N'est-ce pas mépriser la piété et la sagesse que d'en mettre les prétendues leçons sur les lèvres d'une fille au moins très légère, sinon très corrompue, et qui sait donner à ses pressentiments d'infidélité conjugale une tournure piquante et même comique ? On serait tenté de rire, par avance, du malheur présumé de Tartuffe. Elle y revient, Dorine, combien de fois, je ne sais au juste, mais trop souvent, dans la même scène. C'est la note dominante et toujours gaie. Menacée d'un soufflet par Orgon, elle s'enfuit, en donnant une dernière leçon à Mariane :

> Je me moquerais fort de prendre un tel époux.

Elle a déjà dit :

> Si j'étais en sa place, un homme assurément
> Ne m'épouserait pas de force impunément;
> Et je lui ferais voir bientôt après la fête
> Qu'une femme a toujours une vengeance prête.

De plus en plus ridicule, Tartuffe! de plus en plus ridicule, Orgon! Ce sont deux dévots.

Mais Dorine, qu'elle a d'esprit, de bon sens, de bonne humeur, de franchise, de dévouement pour sa jeune maîtresse!

Un père méprisé, une fille désobéissante, une domestique maîtresse, une mère qui ne paraît pas. Quel renversement! Quel tableau! Quelle famille! C'est pis que dans l'*Avare*. La suite ne vaut pas mieux. Dorine, la nature elle-même, la nature affranchie de tous préjugés, règne de plus en plus. Mariane a de la pudeur; Dorine la raille. Mariane a du respect pour son père, Dorine appelle Orgon *bourreau fieffé*.

Mais non, Mariane a raison; car

> Il faut qu'une fille obéisse à son père,
> Voulût-il lui donner un singe pour époux.

Je mourrai (dit Mariane).

Dorine éclate de rire. La jeune fille de nouveau :

> .... Tu sais qu'à toi toujours je me suis confiée....

- Où donc est la mère, encore une fois?

MARIANE.

Fais-moi....

DORINE.

Non, vous serez, ma foi, tartuffiée.

L'obéissance filiale est-elle assez ravalée, la vertu condamnée, la nature déifiée, la dévotion tartuffiée ?

En certains lieux, on prise fort, à notre époque, les nouvelles couches sociales. Elles émergent du fond à la surface; le pouvoir les tente. Il y a deux siècles que Molière les avait illustrées, sur la scène. En élevant Dorine jusqu'à une telle influence, dans une riche et pieuse maison, Molière a humilié, d'instinct, la morale et la piété aussi bien que la fortune, tout ce qui est haut, en un mot; il semble avoir détesté, en général, la philosophie, la noblesse, la piété, la famille; il a respecté, de temps en temps, quelques vertus moyennes. Son libertinage et son malheur lui avaient ravi toute joie. A-t-il voulu enlever au cœur humain ce qui lui en restait dans la radieuse tranquillité des mœurs chrétiennes? On le dirait. Sa peine était profonde comme son âme; mais la peine ne le rendit pas meilleur. Affligé d'une douleur incurable, par sa faute, il vit le mal partout, et son rire, à la longue, porte la tristesse dans le cœur. Même son génie, si vif qu'il soit d'ordinaire, a des langueurs. Par instant, Molière est loin de faire rire; il devient monotone. Peint-il dans *Tartuffe* une brouille d'amants? C'est terne. Valère est faible, et Mariane minaude, sans intéresser. Pas de gaieté, ou peu, malgré Dorine.

Mais silence! l'homme important paraît. — Molière nous l'a si habilement fait attendre et nous l'a si bien peint, que, sans l'avoir jamais vu, le spectateur l'a jugé. Et cependant qu'a-t-il fait? Avec quel art le poète, l'inventeur, a-t-il calculé notre impatience française, et approfondi, pour s'en servir, dans l'intérêt de sa thèse, notre généreux amour de la franchise?

Nous avons toujours été bons, légers et crédules. Il a suffi même, souvent, qu'un hypocrite criât à l'hypocrisie, nous l'avons cru, et nous avons lâché la proie pour l'ombre.

Quelle entrée en scène! Tartuffe, accompagné de son serviteur Laurent, aperçoit Dorine :

> Laurent, serrez ma haire avec ma discipline,
> Et priez que toujours le ciel vous illumine.
> Si l'on vient pour me voir, je vais aux prisonniers
> Des aumônes que j'ai partager les deniers.

Il y a des Tartuffes, sans aucun doute ; ils ne parlent pas autrement ; ils aiment qu'on les voie, et c'est nécessaire à leurs fins ; ils se servent pour tromper les honnêtes gens des apparences de la vertu. Il me semble qu'en cet endroit le parterre doit murmurer. Le peuple, dans sa rudesse, hait l'hypocrisie ; plus elle est vivement rendue ou colorée, et plus il la comprend. Il faut à ses sens, lourds à s'émouvoir, des impressions puissantes. Il ne faut pas dire, il faut peindre. Même l'image grossière, de temps à autre, le saisit mieux, et nous aussi, qui passons pour des connaisseurs et des délicats. Il y a telle peinture qui, vue de près, est informe ; à quelques pas, *en un point*, dirait Bossuet, elle sépare ses lignes, s'ordonne, et brille de tout son éclat. Rien de plus net. Du reste, le vice, ignoble dans sa nature, a besoin de paraître ce qu'il est. L'art du poète suffit à en effacer, sous une douce lumière, la trop exacte laideur. Tartuffe semble avoir vécu ; il est audacieux comme un homme qui connaît les hommes et leur éternelle crédulité.

Dorine avertit Tartuffe qu'Elmire, femme d'Orgon, désire s'entretenir avec lui. Elle veut le faire renoncer à Mariane. Comment ? C'est son secret, et c'est là, pour la critique, un point délicat. Représentons la scène sous la forme d'une allégorie. Jadis le serpent tenta Eve, il y a bien longtemps, et la perdit. Elmire, Eve, si vous aimez mieux, tentera le serpent.... le serpent de l'hypocrisie ; mais elle aura l'air de se laisser tenter et mettra à découvert l'odieux amour de Monsieur Tartuffe.... pour Mariane ? non, pour Elmire, l'épouse de son bienfaiteur. Damis, d'un cabinet voisin, aura tout entendu ; il racontera tout à son père, et son père, désabusé, se débarrassera, sans doute, de Tartuffe. On a dit qu'un hypocrite aussi consommé que Tartuffe devait voir le piège et l'éviter. Il faudrait, pour cela, que l'hypocrite fût toujours d'un sang-froid parfait et net de toute passion. Or, il a des passions à cacher ; autrement, il ne serait pas hypocrite. Celles-ci sont furieuses par elles-mêmes, et d'autant plus ardentes à se déchaîner, qu'elles sont depuis longtemps comprimées et emprisonnées. Il n'a pas été donné à l'homme le plus adroitement pervers de ne jamais s'oublier ; il suffit même d'une distraction, d'un moment, d'une surprise, pour laisser tomber le masque et découvrir l'homme sous le plâtre.

L'hypocrite a beau accuser les autres, pour détourner le soupçon, il s'accuse un jour, et le plus raffiné Tartuffe apparaît, à l'heure voulue, dans toute sa difformité. L'attrait d'une femme y sert beaucoup, et le jeu d'une hardie comédienne, comme l'est la peu dévote mais très honnête Elmire, suivant le vrai chrétien nommé Molière. La honteuse passion de Tartuffe obscurcit sa prudence ; celle-ci, trompée par une apparente facilité et le mystère, s'échappe ; elle le découvre ; Damis paraît :

> Non, Madame, non ; ceci doit se répandre.
> J'étais en cet endroit, d'où j'ai pu tout entendre.

La comédie est finie? pas du tout. La crédulité d'Orgon n'est pas épuisée ; le désastre de Tartuffe n'est pas irréparable ; il a son idée. Son maître coup d'œil a saisi dans la colère de l'époux une nuance d'indécision. Il est si difficile aux personnes qui ont une douce manie de s'en défaire à l'instant, surtout s'il est question de gens nonchalants, qui n'ont qu'une pensée et qui en vivent. C'est toute leur joie :

ORGON.

Ce que je viens d'entendre, ô ciel! *est-il* croyable?

Il doute.

TARTUFFE.

Oui, mon frère, je suis un méchant, un coupable,
Un malheureux pécheur, tout plein d'iniquité,
Le plus grand scélérat qui jamais ait été.
Chaque instant de ma vie est chargé de souillures;
Elle n'est qu'un amas de crimes et d'ordures,
Et je vois que le ciel, pour ma punition,
Me veut mortifier en cette occasion.
De quelque grand forfait qu'on me puisse reprendre,
Je n'ai garde d'avoir l'orgueil de m'en défendre.
Croyez ce qu'on vous dit; armez votre courroux,
Et comme un criminel chassez-moi de chez vous;
Je ne saurais avoir tant de honte en partage,
Que je n'en aie encore mérité davantage.

Un saint peut exagérer sa faute par le sentiment profond de son humaine misère; mais sa vertu perce à travers son humilité, ou plutôt son humilité est la marque de sa vertu. L'hypocrite, au contraire, a l'air de se mépriser, pour cacher son vice, sous la ressemblance d'un saint. Les faibles y sont pris, et les forts, de temps en temps.

Dieu a permis, pour aiguiser notre prudence, que le mal ait quelquefois, à s'y méprendre, l'extérieur de la vertu.

Ce que nous venons d'entendre dans la bouche de Tartuffe est d'un scélérat profond. Audace, promptitude de coup d'œil, finesse et pénétration, tout y est; le geste a dû s'ajouter à la parole, et aussi ce regard tourné vers Orgon qui dément le discours lui-même, et semble dire : « Voyez comme je suis bon! On veut que je sois ce que je ne suis pas, un scélérat; eh bien! pour la paix, j'avouerai un crime que je n'ai point commis; mieux que cela, je paraîtrai plus criminel encore. Honneur, repos, amitié, je sacrifierai tout, cher Orgon, à votre bonheur domestique. »

Aussi l'hypocrite, ce n'est pas Tartuffe, mais Damis. Oses-tu bien, lui dit son père,

.... par cette fausseté,
Vouloir de sa vertu ternir la pureté?

Orgon est tombé dans le piège; Tartuffe, qui sent sa fortune se rétablir, l'y enfonce de plus en plus et s'en réjouit. Il aime son rôle; c'est le vrai méchant, qui éprouve un plaisir odieux à diviser une famille, à tromper un ami, à se moquer de son bienfaiteur et de la vertu elle-même, en faisant profiter le mal des apparences du bien. C'est un artiste que l'enfer a élevé à la perfection de *l'égoïsme*. Le mal, sous ses diverses apparences, se réduit là. Le méchant n'est qu'un *égoïste* renforcé qui se rit d'un ciel gênant, l'emploie, s'il le faut, pour son utilité, et le raille sournoisement, lorsqu'il l'utilise. C'est effrayant. Mais y a-t-il de ces gens-là? On voudrait le nier. En attendant, Molière, qui ne croyait pas sans doute à la vertu, devait croire à l'hypocrisie. Il ne croyait pas à la vertu? Et que direz-vous de celle d'Alceste? Elle est grande; mais la conclusion de Molière, dans la comédie du *Misanthrope*, semble prouver contre la vertu elle-même. Nous en reparlerons. — Ce qui peint au vif l'hypocrisie parfaite de Tartuffe, c'est la simplicité même de son langage. Certains auteurs modernes n'ont pas su représenter un méchant homme sans lui donner des pieds fourchus et lui faire répandre une odeur de soufre. C'est faux. Le vrai méchant est plus habile. Voyez Narcisse. Tartuffe représente moins l'hypocrite que l'hypocrisie elle-même, fatale comme le sont tous nos vices et nos défauts dans Molière. Tartuffe n'a pas un seul mouvement du cœur en sens contraire de son hypocrisie. Mais qu'elle est bien peinte!

Ah! laissez-le parler; vous l'accusez à tort,

dit le saint homme, défenseur de Damis, en continuant de s'accuser,

> Et vous ferez bien mieux de croire à son rapport.
> Pourquoi, sur un tel fait, m'être si favorable?
> Savez-vous, après tout, de quoi je suis capable?
> Vous fiez-vous, mon frère, à mon extérieur?
> Et pour tout ce qu'on voit, me croyez-vous meilleur?
> Non, non : vous vous laissez tromper à l'apparence,
> Et je ne suis rien moins, hélas ! que ce qu'on pense.
> Tout le monde me prend pour un homme de bien;
> Mais la vérité pure est que je ne vaux rien.

Mentir, en disant la vérité, c'est le chef-d'œuvre de l'hypocrisie.

Tartuffe, en effet, dit vrai pour faire croire le contraire de ce qu'il dit.

Il demande pardon à Damis dont il veut la perte et convoite l'héritage. Il se jette à genoux. Damis n'y est point pris. Mais Orgon déshérite son fils, il le met à la porte, et, par un testament en bonne forme, il donnera tout son bien à Tartuffe, comme il va lui donner sa fille. C'est invraisemblable? Non; on a vu des foules suivre les faux prophètes ; hier on courait après des magnétiseurs et des charlatans moins profonds que Tartuffe.

Ce qui, d'ailleurs, aide singulièrement le génie

de l'hypocrite, c'est la stupide confiance d'Orgon. Qui dirige sa vie pourra bien gouverner son argent ; au fond, Tartuffe semble, à son indolence, une sorte d'intendant dont la sainteté fera tout prospérer chez lui. Mais n'est-il pas triste qu'un homme d'un si grand esprit, Molière, ait prodigué son talent à nous peindre uniquement la sottise de l'un et la méchanceté de l'autre? Encore une fois, est-ce là l'homme tout entier? Et le tragique, le comique, l'historien, enfin l'auteur d'une œuvre écrite, quelle qu'elle soit, aurait-il le droit de nous mettre sous les regards le mal seulement, pour nous décourager et nous désespérer? C'est ce qu'a fait Molière ; c'est ce qu'a fait Pascal ; avec eux, les sophistes du dix-huitième siècle, et les sentimentalistes ou les cyniques du dix-neuvième. — Est-ce que Dorine, par hasard, est-ce qu'Elmire, ou même Cléante représenteraient les joies de la vertu? Nullement. Ce sont les avocats de la nature, et d'une certaine nature, de l'indifférence, de la désobéissance, de la passion, de la coquetterie. Que direz-vous, en particulier, de la franchise de Dorine? La franchise, d'ordinaire, ne conseille pas l'infidélité. — Mais le saint homme que Tartuffe! Orgon n'en revient pas.

ORGON.
Offenser de la sorte une sainte personne !
TARTUFFE.
O ciel ! pardonne-lui comme je lui pardonne.
Si vous pouviez savoir avec quel déplaisir
Je vois qu'envers mon frère on tâche à me noircir !...
.... Le seul penser de cette ingratitude
Fait souffrir à mon âme un supplice si rude....
L'horreur que j'en conçois.... J'ai le cœur si serré,
Que je ne puis parler, et crois que j'en mourrai.

Il entrecoupe ses paroles de sanglots... il va mourir ! Quel comédien peut égaler un comédien pareil?

Aussi Orgon :

.... Je vais de ce pas, en fort bonne manière,
Vous faire de mon bien donation entière.
Un bon et franc ami, que pour gendre je prends,
M'est bien plus cher que fils, que femme et que parents....

La colère a parlé, l'hypocrisie répond :

La volonté du ciel soit faite en toute chose !

La volonté de Dieu qui déshérite un fils innocent !

Le notaire a passé chez Orgon; nul ne le sait, le chef de famille excepté, et son bon ami. Mais Damis est chassé. Personne ne l'ignore. Cléante entreprend d'attendrir le cœur de Tartuffe. Ce serait on ne peut plus dramatique, si nous ne savions d'avance que l'hypocrite sera sourd comme la pierre du tombeau, que l'écrivain soutient une thèse pour la *vraie religion*, la sienne, contre l'*autre*, et que Cléante sert de paravent à la dévotion de Molière, disons mieux, à son naturalisme. M. Jules Simon n'a pas inventé « la religion naturelle »; ce n'est qu'une défroque du dix-septième siècle. La sagesse elle-même a la parole. Ouvrons bien les oreilles et l'esprit.

CLÉANTE.
Supposons que Damis n'en ait pas bien usé...

Que Cléante est bon!

Et que ce soit à tort qu'on vous ait accusé :
N'est-il pas d'un chrétien de pardonner l'offense,
Et d'éteindre en son cœur tout désir de vengeance?
Et devez-vous souffrir, pour votre démêlé,
Que du logis d'un père un fils soit exilé?...
Sacrifiez à Dieu toute votre colère,
Et remettez le fils en grâce avec le père.

Parfait.... si la dévotion elle-même n'était pas en cause, si Molière n'en avait pas fait l'hypocrisie, et s'il n'avait pas déguisé l'indifférence sous le voile de la plus charitable bonté. C'est là qu'est l'adresse. Tous les jours nous entendons vanter, par l'esprit contrariant des faibles, les vertus des incrédules et peindre les vices, ou, au moins, les insupportables défauts des gens pieux ; ce n'est pas nouveau. Mais nul n'égale la mise en scène du comique. Naguère les libéraux (quand il en existait encore parmi les catholiques), si habiles qu'ils fussent à élargir l'imperceptible part de bien dans la malice des méchants, étaient à mille toises et plus de la perfidie d'un Molière.

Tartuffe, les yeux baissés, répond :

Hélas! je le voudrais, quant à moi, de bon cœur ;
Je ne garde pour lui, Monsieur, aucune aigreur ;
Je lui pardonne tout ; de rien je ne le blâme,
Et voudrais le servir du meilleur de mon âme ;
Mais l'intérêt du ciel n'y saurait consentir,
Et s'il rentre céans, c'est à moi d'en sortir.

La méchanceté perce ; la charité reparaît.

Après son action, qui n'eut jamais d'égale,
Le commerce entre nous porterait du scandale.

Tout à l'heure l'hypocrite dissimulait son vice dans son humilité. Il se cachait, en se découvrant, comme le serpent, qui, selon Tertullien, « cache sa queue, s'il montre sa tête. » Tout à l'heure il s'accusait, il accuse ; il se condamnait lui-même, pour sauver Damis ; il consent à le perdre pour éviter le scandale. Pur effet de sa charité ! Damis restera dehors, chassé par son père ; lui, Tartuffe, l'étranger, restera dedans ; car si je sortais,

> .... A pure politique on me l'imputerait,
> Et l'on dirait partout que, me sentant coupable,
> Je feins, pour qui m'accuse, un zèle charitable ;
> Que mon cœur l'appréhende, et veut le ménager
> Pour le pouvoir sous main au silence engager.

A y regarder de près, tout ce raisonnement subtil, fort éloigné de la droite raison, est obscur au premier chef. Sous le courant de cette dialectique tortueuse, harmonieuse, colorée ou vernie de charité, mettez un homme du commun des hommes, il se retirera à bout d'attention, lassé, embrouillé, ébloui, charmé, persuadé, au moins pour le moment. Ce qui fait le salut de l'hypocrite, c'est trop souvent notre faiblesse ; ce sont les habiles nuances où il s'enveloppe ; il est insaisissable. Sa perte, heureusement, c'est la violence de quelque passion mortelle, qui lui fait oublier son rôle, montrer sa véritable nature et son visage démasqué.

Cléante, très au fait des équivoques de l'hypocrisie, répond à Tartuffe :

> Quoi ! le faible intérêt de ce qu'on pourra croire
> D'une bonne action empêchera la gloire ?

Quel irréparable malheur que Cléante, si charitable, en général, et qui fait si bien la leçon à Tartuffe, soit si intolérant pour les vrais dévots qu'il réduit au silence! Voilà, dans Molière, le point qu'il faut saisir, invisible au premier coup d'œil, tant l'auteur a su, en multipliant les couleurs, troubler le regard et bâillonner la piété, sous l'air de mettre à nu l'hypocrisie. Cléante n'est rien que Molière, et la duplicité de ce rôle, où l'auteur et l'acteur ne font qu'un, ne nous offre-t-elle pas une variété du vice que l'écrivain propose à notre indignation ?

Poursuivons. Il y a certainement des Tartuffes, et leur peintre ne pouvait pas mieux réussir. Chaque trait renchérit sur l'autre, dans la bouche de l'hypocrite, comme il convient.

Le ciel vous ordonne-t-il, dit Cléante,

... D'accepter le don qui vous est fait d'un bien
Où le droit vous oblige à ne prétendre rien?

TARTUFFE.

Ceux qui me connaîtront n'auront pas la pensée
Que ce soit un effet d'une âme intéressée.
Tous les biens de ce monde ont pour moi peu d'appas;
De leur éclat trompeur je ne m'éblouis pas.
Et, si je me résous à recevoir du père
Cette donation qu'il a voulu me faire,
Ce n'est, à dire vrai, que parce que je crains
Que tout ce bien ne tombe en de méchantes mains.

Le vice a son idéal, c'est-à-dire son expression, telle que notre idée ne peut la surpasser.

Mais Tartuffe est pressé :

> Il est, Monsieur, trois heures et demie ;
> Certain devoir pieux me demande là-haut,
> Et vous m'excuserez de vous quitter si tôt.

Il faut pourtant se débarrasser d'un hôte aussi incommode. Mariane est aux genoux de son père :

> Ne me réduisez point, par cette dure loi,
> Jusqu'à me plaindre au ciel de ce que je vous doi ;
> Et cette vie, hélas ! que vous m'avez donnée,
> Ne me la rendez pas, mon père, infortunée....

ou bien, je me suiciderai. Elle a déjà dit à Dorine :

> J'ai formé le dessein
> De me donner la mort si l'on me violente.

Mariane est une vulgaire païenne. Qu'elle n'aime pas Tartuffe, je le comprends ; mais à quoi bon le suicide ? C'est invraisemblable ; ou bien Molière a supposé qu'une jeune fille, née de parents très chrétiens, ne devait avoir de refuge contre un époux odieux que dans la mort. Est-ce bien à Molière, ignorant à l'excès des espérances de la piété, qu'il appartenait d'en fixer les règles, de donner sur la scène des leçons de la véritable dévotion, et d'établir, en quelque sorte, dans l'intéressante personne d'une Mariane, la limite où l'on pouvait désespérer de Dieu? Où donc cet aventurier avait-il pris un droit pareil? et l'Eglise a-t-elle mérité jamais cet opprobre ?

Pour une fois que Molière a mis la piété sur la scène, il l'a martyrisée. Le vice peut laisser, dans les choses ordinaires ou naturelles, au raisonnement sa lucidité ; mais la haute raison, celle qui reçoit sa lumière de la foi aux vérités surnaturelles, il la corrompt insensiblement, il la rend impuissante et stérile. De là, avec l'incrédulité, la haine d'un bien que l'on envie, sans y croire, et le besoin de calomnier ceux qui le possèdent. C'est pourquoi Molière offre la piété en sacrifice à la nature.

Orgon, malgré son amitié pour Tartuffe, se sent attendri à la vue des larmes de sa fille :

> Allons, ferme, mon cœur! point de faiblesse humaine!

Imaginons seulement, sans mettre Tartuffe en cause, qu'Orgon, un père quelconque, résiste à son émotion paternelle, pour empêcher sa fille de faire « un sot mariage », le vers sera beau, exactement chrétien. Dans la pièce, il est ironique, et sous la plume de l'écrivain, il raille

« ce plus qu'humain », ce surnaturel dont s'arme le courage d'un père pour faire rentrer son enfant dans l'obéissance.

Mariane ne veut plus mourir; elle ira au couvent. Elle n'ira pas plus au couvent qu'à la mort. Elle n'est point émouvante, malgré ses pleurs. Et son Valère l'est encore moins. Le frère de Mariane, Damis, qui se cachait tout à l'heure dans un cabinet, n'est qu'une « utilité ». Il est déshérité, c'est vrai, mais par un dévot et pour faire pièce à la dévotion. On saisit trop facilement le fil; on touche sans peine les ressorts, on les voit. Plus d'illusion, de pathétique encore moins. Tout l'intérêt de la comédie est dans Dorine, Orgon, Tartuffe et Cléante. Même Cléante, qui nous répète, à satiété, les préceptes de la sagesse naturelle, Cléante, qui est la leçon de la pièce, n'est pas un personnage vivant. Bien qu'écouté avec un certain intérêt, cet avocat d'une morale facile fait languir l'action. Il parle comme un livre. Elmire est plus attrayante; mais le respect que nous avons pour nos auditeurs ne nous permet guère de lui donner la parole. Elle obtient de son mari qu'une nouvelle épreuve sera tentée, et qu'on essaiera encore la vertu de Tartuffe. Eve, une seconde fois, va tenter le serpent. Orgon sera caché sous une table. La scène est friande, et dans le goût des libertins. Pourtant, tout immorale qu'elle paraît, c'est une soi-disant satire de la morale relâchée. Molière y satisfait la débauche de plus d'un, sous apparence de défendre les mœurs contre une certaine casuistique mise dans la bouche de Tartuffe. On ne saurait être plus impudent que l'auteur, et plus contradictoire à dessein :

> Il est une science,

dit l'hypocrite,

> D'étendre les liens de notre conscience,
> Et de rectifier le mal de l'action
> Avec la pureté de notre intention.

Cette subtile distinction s'appliquerait bien à Molière lui-même. Il pensait, sans doute, dans sa casuistique relâchée, que la pureté de son intention excusait l'impureté d'une scène scandaleuse. Ou encore, est-ce le succès que provoquait l'intention de Molière, par l'attrait d'un mal cher à la nature dépravée? Comme c'était prévu, Tartuffe succombe ; Orgon paraît, l'hypocrite est enfin démasqué, sans qu'il puisse rester l'ombre d'un nuage dans l'esprit crédule d'un ami trop débonnaire. Il faut, dit celui-ci,

> ... tout sur-le-champ sortir de la maison.

Et Tartuffe :

C'est à vous d'en sortir, vous qui parlez en maître :
La maison m'appartient, je le ferai connaître.

Il est noir de colère et de méchanceté... Hélas ! Orgon, par-devant notaire, lui a donné son bien ; Orgon, tout à l'heure si facile, est le plus courroucé de tous, sacrifié jusqu'au dernier moment par Molière. Il ne croit plus à la dévotion :

C'en est fait, je renonce à tous les gens de bien.

Cléante, l'homme charitable, lui fait voir sa faute, sans aucune charité, quand il est si à plaindre :

Dans la droite raison jamais n'entre la vôtre,
Et toujours d'un excès vous vous jetez dans l'autre.

Il y a, en effet, de vrais dévots, quoi qu'en dise Orgon ; tout dévot n'est pas Tartuffe.
Nous devons le croire, Cléante le dit :

Vous voulez que partout on soit fait comme lui,
Et qu'aucun vrai dévot ne se trouve aujourd'hui ?

Quelle erreur ! Cependant,

Ne hasardez jamais votre estime trop tôt,
Et soyez pour cela *dans le milieu* qu'il faut.

Ce Cléante, tellement fait de sentences et d'antithèses qu'il nous donne à la longue sur les nerfs, aboutit platement à la doctrine du *juste milieu*. Il eût été, à notre époque, de n'importe quel centre, droit ou gauche. Il aurait tout permis aux méchants, sous prétexte de conciliation ; charitable pour le mal, il eût été sévère pour le bien. La dévotion, c'est le juste milieu. Le juste milieu, « c'est la leçon de la comédie ». Rien de plus pénétrant, en résumé, que le coup d'œil jeté par Molière sur nos vices ; rien de plus banal que la philosophie de ses conclusions !

La pièce est finie, autant dire. Orgon, complice sans le vouloir, ou le savoir, — il est sot jusqu'au bout, — d'un crime d'Etat dont un de ses amis est l'auteur ; Orgon, trahi par Tartuffe, sera jeté en prison, comme il va être, par son propre testament, jeté hors de sa maison. L'hypocrite triomphe. — Tout change de face ; le regard du roi, abusé d'abord, a tout deviné. Il a découvert les preuves de plusieurs scélératesses dont Tartuffe est coupable ; dans cet homme, qui a changé de nom, il a surpris un fourbe jadis fameux. D'autre part, le monarque s'est rappelé qu'Orgon avait, un jour, défendu ses droits. Vainqueur et vaincu en un clin d'œil, l'hypocrite est entraîné au cachot qu'il réservait à son ami. L'éloge, en mauvais vers, de Louis XIV, et la punition du méchant, dans un dénouement sans vraisemblance, terminent la pièce. Tout est pour le mieux. Mais l'honnêteté a le dernier mot sans que sa victoire émeuve le spectateur, dont l'impression dernière est celle-ci : « Des dévots il n'y en a pas ; il n'y a que des hypocrites. » C'est ce que voulait Molière. — Mme Pernelle n'est pas encore désabusée de l'hypocrite, même après son fils Orgon :

Mon Dieu, le plus souvent l'apparence déçoit ;
Il ne faut pas toujours juger sur ce qu'on voit.

Mme Pernelle ne semble pas déjà si absurde. Et si Tartuffe n'était pas un dévot, il aurait fallu, suivant Cléante, ne pas le juger *criminel sur les apparences*. L'auteur, qui a voulu une dernière fois, ridiculiser la dévotion, est tombé étourdiment dans son propre piège ; il a découvert la contradiction de sa pensée, ou plutôt l'odieux d'une haine qui fait changer la raison, la justice et la charité, suivant les personnes.

Mme Pernelle, pour finir, se convertit à Cléante. Molière a dû élaborer cinq actes pour en arriver là. Mais il n'a point converti toute la postérité. Néanmoins le peintre et la peinture sont immortels. A Tartuffe il ne manque rien de ce qui peut faire un méchant accompli. Il représente aussi bien le méchant que l'hypocrite. C'est un orgueilleux qui domine Orgon pour le tromper et aussi pour le plaisir de régner. Il est avare ; s'il ne l'était point, sa cupidité aurait-elle convoité l'héritage de deux enfants dont il n'est pas même le parent? Il est gourmand, le *pauvre homme!* Il est débauché... envieux, lui qui, sans amour, ravirait à Valère ses espérances et sa fiancée ; sa colère éclate quand il est démasqué ; pour sa paresse, Dorine nous l'a peinte. La femme de son ami absent est malade; il n'en a cure :

> Et dans son lit bien chaud il se mit tout soudain,
> Où sans trouble il dormit jusques au lendemain.

Il pratique les sept péchés capitaux. Si la paresse est le moins accusé de tous, c'est qu'il paraît difficile à un méchant de trouver quelque repos. Cependant Tartuffe jouit. Longtemps misérable, il n'est pas encore blasé sur les nouvelles délices d'une situation inattendue. Même le luxe de sa vie explique, en partie, sa passion, son imprudence et sa confusion. Je ne dis pas qu'il n'y ait certains hypocrites, de bon ton, plus fins, plus nuancés, encore plus insaisissables. Mais s'ils gardent, comme c'est certain, au fond du cœur, une convoitise, une envie, elle les déborde un jour, et, quelque subtile que soit leur nature, quelque souverainement étudiée que soit leur conduite, quelque aimable que soit leur méchanceté, quelque agréablement réfléchie et composée que soit leur noirceur, quelque étendu de bonne éducation que soit leur égoïsme, quelque vernie que soit leur cruauté d'une fausse bonhomie, il arrive un instant où l'âme perce l'enveloppe toujours un peu sèche du méchant le plus habile, dans un geste, dans une parole, dans un regard, dans un détail, dans une imprudence de l'intérêt ou de la vanité surprise. L'homme n'est impénétrable ni à Dieu, ni à l'homme :

> Quiconque est loup agisse en loup,
> C'est le plus certain de beaucoup.

Ne cherchons pas qui Molière a voulu *jouer* dans Tartuffe, ou s'il est question des directeurs de conscience dépeints par Labruyère et décriés par un certain public, qui les croyait capables de s'insinuer dans les familles, pour y mettre la division et la ruine. D'une façon générale, et d'après même ce que raconte Orgon des circonstances où il a rencontré Tartuffe empressé à lui donner de l'eau bénite, l'hypocrite de Molière est, avant tout, un homme d'église.

Voilà pour le personnage. Mais du but de l'auteur il faut dire un dernier mot. Mettons en face les uns des autres, les principaux acteurs. D'une part, je vois Tartuffe, dévot, mais hypocrite; Orgon, dévot, mais imbécile et ridicule ; Madame Pernelle, dévote, mais maniaque et si ridicule elle-même, que tout, jusqu'au bon sens, fait rire sur ses lèvres. D'autre part, j'admire Dorine, une fine mouche, vive, spirituelle, prompte à la repartie, jolie, franche au possible, toute indépendante qu'elle est dans sa morale, et qui aime sa maîtresse à l'infini. Elle est contre Tartuffe, et pour l'adultère, s'il est nécessaire ; mais il faut y regarder de près. Au premier coup d'œil et même au second, c'est une brave fille, une ennemie acharnée du mensonge; elle nous captive, elle nous entraîne ; et nous n'y prenons pas garde. Enfin, sans parler de Damis ni même de Valère, que la petite Mariane, malgré la faiblesse générale de son rôle, a bon air, quand, victime d'un père stupide, elle prétend au suicide ! Elle est si malheureuse, que le suicide n'est plus le suicide, absolument comme l'adultère n'est plus l'adultère. Il est des circonstances où la passion est fatale, l'adultère fatal, le suicide fatal. Il y a, en un mot, des jours où nous n'avons pas de liberté, où nous pouvons faire ce que nous voulons. Rien n'est mal. — Et Cléante? mais c'est la sagesse elle-même, malgré certaines redites, qui se déclare contre Orgon et Madame Pernelle, en faveur de la nature, de ses penchants, et *du juste milieu*, si cher à notre volonté toujours fatiguée d'agir et de tourner la roue trop loin du centre où désire se reposer notre égoïsme. Ah! Cléante, vous avez beau être pédant, et nous rassasier de vos répétitions, vous êtes un irrésistible prédicateur! Pour Elmire, devons-nous croire qu'elle attire Tartuffe, uniquement par vertu, et pour désabuser son époux? A ce jeu de coquetterie ne faut-il pas être coquette, pour bien remplir son rôle? et si nous cherchons dans nos souvenirs, quelle femme aimée et estimée put avoir, un seul jour, la pensée d'essayer d'un pareil emploi? Molière, élevé d'abord dans un milieu honnête, bourgeois et chrétien, n'a pas eu l'air de se rappeler la délicatesse des vertus dont son enfance avait été le témoin.

Ainsi, d'une part, la religion est pervertie ou

moquée ; elle a les airs de la sottise, de l'imbécilité, du mensonge ; de l'autre, le monde, avec une religion vague, facile et soi-disant sincère, se fait voir à nous sous l'extérieur le plus agréable de l'esprit, de la franchise, de la gaieté, de l'amabilité, de la modération, de la tendresse ; il a tout ; il faut aller au fond, si l'on veut voir son néant. En un mot, malgré le fantôme de dévotion que nous présente l'indifférence, les joies de la nature ont raison, la piété a tort ; elle ment ou elle divague ; elle est effrayante ou risible.

Supposons, cependant, que Molière n'ait pas eu un but hostile à la vieille foi de ses ancêtres. Qui fut plus osé que lui de placer son théâtre si près de l'autel et d'immoler l'hypocrisie sur des tréteaux? Les planches de la scène et le culte de Dieu n'ont rien à voir ensemble. Il appartient à Dieu du haut du ciel, au prêtre du haut de la chaire, de juger et de condamner l'hypocrisie religieuse. Pour un comédien, c'est un sacrilège. Mais Molière n'était pas innocent, même d'intention.

Napoléon le jugeait en ces termes : « Je n'hésite pas à dire que si la pièce du *Tartuffe* avait été faite de mon temps, je n'en aurais pas permis la représentation. » Bien au-dessous de l'empereur, M. Despois, un fin critique, mort récemment en libre-penseur, écrivait : « Peut-être Louis XIV a-t-il manqué de clairvoyance, en n'apercevant pas la pensée de cette pièce ; car il n'est pas contestable qu'en raillant la fausse dévotion, Molière ne fournît des arguments contre la dévotion véritable, quelles que fussent les intentions de Molière, et je doute qu'elles fussent à l'abri de tout soupçon. » C'est un de ses admirateurs qui parle.

Si la raison d'un sceptique blâme Molière, quelle force n'aura pas la raison divinement inspirée d'un prêtre éloquent! Bourdaloue, avec son irrésistible logique, a découvert ce qui n'avait pu échapper à l'auteur, le danger de *Tartuffe* pour le chrétien, qui hait naturellement d'être raillé, et dont l'amour-propre devra craindre que sa dévotion ne passe pour de l'hypocrisie. Voici les paroles elles-mêmes de l'orateur, pleines de simplicité et de profondeur. Elles sont tirées d'un sermon prêché contre la comédie (1) de *Tartuffe*, et s'adressent à tous les hommes, jeunes et vieux :

« Ils craignent de passer pour des hypocrites, et cette crainte les arrête. Voilà ce que nous

(1) *De l'hypocrisie.*

voyons tous les jours, nous, ministres de Jésus-Christ, secrets confidents des âmes ; voilà ce qui fait perdre à nos exhortations toute leur vertu, et ce qui rend notre ministère inutile auprès de tant de chrétiens lâches. Ils ont du penchant pour la piété. Ils connaissent là-dessus leurs obligations, et ils seraient très disposés à y satisfaire. Nous tâchons à les y porter, nous leur en représentons l'importance et la nécessité, et il semble qu'ils soient déterminés. Mais dès qu'il faut faire le premier pas, une malheureuse réflexion survient, et c'en est assez pour les retenir. Que pensera-t-on de moi ? à quelles raisons vais-je m'exposer ? Croira-t-on que c'est la piété qui me fait agir ? On se figure que j'ai mes vues, que je tends à mes fins. On donnera à mes plus droites intentions un mauvais tour et l'on en rira. En un mot je passerai pour un Tartuffe. *Et voilà le péril où nous entraînent les esprits profanes, bien éloignés de vouloir entrer dans les voies de Dieu,... exposant sur le théâtre et à la risée publique un hypocrite imaginaire, ou, si vous voulez, un hypocrite réel; et tournant en sa personne les choses les plus saintes en ridicule* (1).... »

(1) On a beaucoup parlé d'une pièce de vers où le P. Bouhours

Sans doute, les jeunes gens qui m'écoutent sauront s'élever au-dessus des motifs humains qui les éloigneraient de la piété. Mais ce sont des privilégiés. Dieu les a choisis, à l'aurore d'une nouvelle ère chrétienne, pour servir d'exemples mémorables, et relever, dans la suite des temps, la jeunesse de France sous l'étendard de la croix. Ils sont et resteront pieux, quand même, sans crainte, comme sans ostentation, dût leur piété les faire passer pour des hypocrites. C'est là qu'est le vrai courage, comme la plus grande joie du critique est de dire librement la vérité, sans idolâtrie, même pour le grand siècle!

Il nous reste à conclure, ou plutôt à résumer, une dernière fois, notre pensée. — Tartuffe est un hypocrite accompli, qui nous fait douter de la vraie dévotion par le penchant naturel que nous avons à généraliser le mal. Mieux il est peint et de traits sensibles, plus nous risquons,

louait Molière. Elle n'est que la version française d'une pièce latine faite par un autre écrivain. C'est un effort de traduction, dont nous nous serions bien passés. Les vers les plus caractéristiques, les voici :

> *Ta Muse*, en jouant l'hypocrite,
> A redressé les faux dévots.

Qu'est-ce que cette mythologique distraction d'un auteur plus judicieux et plus posé d'habitude, auprès des graves paroles d'un Bourdaloue?

grâce à la vive impression qu'il nous laisse, surtout lorsque nous sommes travaillés par un désir qui contredit la dévotion, de voir l'hypocrisie peinte sur le visage de tous les dévots. J'ose même dire que ce dernier effet de sa pièce, Molière l'a prévu et voulu.

Son génie proteste contre son innocence. — Son libertinage, envieux du bien, ou du moins incrédule à la vertu, appuie ma conviction ; ses ressentiments si marqués contre les gens pieux qui ont accusé son œuvre et en ont retardé le succès, me persuadent mieux encore ; la fausse sagesse du personnage de Cléante, trop tard mis en relief, pour que nous croyions à la sincérité de l'auteur, loin d'infirmer mon jugement, lui donne plus de force. Oui, Molière a voulu ridiculiser les dévots; il l'a fait, non sans génie, avec un hypocrite respect pour une piété illusoire.

Dans cette affaire, le Tartuffe c'est Molière.

DIXIÈME COURS

Le Malade imaginaire (1673).

DIXIÈME COURS

Le Malade imaginaire (1673).

Le Malade imaginaire est une farce élevée jusqu'à la hauteur de la comédie par le génie de Molière. C'est une comédie de caractère; elle a sa sérieuse morale qui consiste à peindre l'empire universel de l'imagination sur l'homme, et, en particulier, l'influence qu'exerce cette folle du logis sur Argan affligé d'une maladie imaginaire, mais victime aussi d'une affection plus grave, l'égoïsme.

Qu'était-ce qu'une farce au temps de Molière? disons plutôt, au moyen âge. Alors, en effet, la farce brillait dans toute sa joyeuseté, avec la comédie primitive. La comédie elle-même était née depuis longtemps, et le XIIe siècle vit représenter de petits poèmes dialogués qui s'appellent: *Débats*, *Disputes*, *Dits*, *Jeux*, *Partis*, *Pastourelles*. Mais notre but n'est pas de faire une histoire abrégée de la comédie, ni de rappeler le

Jeu de Robin et de Marion ou le *Jeu de la Feuillée*, ou le *Jeu d'Adam*. C'est de la farce qu'il s'agit, avant tout satirique et gouailleuse, maligne et sceptique, quoique respectueuse des grands principes du catholicisme, triviale et fine, toujours gaie comme l'étaient eux-mêmes ses inventeurs, les *enfants de la Bazoche*.

Il importe de ne pas les confondre avec les « *enfants sans-souci*, joyeux, galants, bien plaisants en faits et en dits, » suivant le vieux Villon, très digne de les comprendre. Ceux-ci avaient leurs lettres patentes de Charles VI, leur théâtre, leur roi, *le roi des Sots*, leur *abbé de Liesse*, leur corporation. Un chariot leur servit souvent d'*escaffaut* pour y représenter leurs pièces nommées Soties ou Moralités, moralités de toutes sortes, politiques ou religieuses, gallicanes, écrites pour le roi, contre le Pape, dirigées parfois contre le roi lui-même, railleuses et frondeuses, comme le veut notre génie gaulois.

Pour les Bazochiens, ces auteurs des farces ou pièces farcies, mêlées de mauvais latin, *Fabulæ farcitæ*, c'étaient des clercs de procureurs du Parlement de Paris. Ils s'érigèrent en corporation, ou société du Palais, *Basilicæ*, d'où Bazoche, sous Philippe-le-Bel. Cette corporation eut son roi qui portait la toque, son chancelier, son avocat, son procureur, son grand audiencier, son aumônier, ses droits et ses privilèges ; elle frappa monnaie pour ses suppôts; elle eut sa suzeraineté sur les clercs ou bazochiens du Châtelet. François Ier lui donna cent arpents du pré de la Seine nommé Pré-aux-Clercs. Les Bazochiens étaient dix mille au XIIe siècle, divisés en douze compagnies, avec leurs trompettes, leurs haut-bois, leurs timbales, leur musique en un mot, qui donnait des aubades aux présidents de cours et au parquet. Pour les représentations dramatiques, si le terme n'est pas trop solennel, elles avaient lieu dans la cour du Palais, ou dans la grande salle, ou encore sur la table de marbre, brûlée en 1678. La témérité des farceurs de la Bazoche, excitée par la folie des étudiants de l'université et des jongleurs forains, fut plus d'une fois punie de la censure ou de la prison.

Molière, sans doute, recueillit dans leurs œuvres le sel de plusieurs comédies ; il nourrit, à leur lecture, son mépris pour l'honneur des femmes et dut rencontrer, un jour, ces deux vers adressés *au nouveau marié* par un docteur indiscret :

> Tu seras homme plus martyr
> Que saint Laurent qu'on fit rôtir.

Ailleurs, *Georges le Veau*, un paysan uni par l'hymen à une fille de maison, inspira peut-être *Georges Dandin*. Mais c'est à Rabelais que Molière emprunta l'histoire de la femme « Mute », intercalée dans le *Médecin malgré lui*.

Nous nous en tenons là, moins désireux de découvrir les sources apparentes où a puisé Molière que de le peindre lui-même. D'ailleurs, il a fouillé surtout au cœur de l'homme, et, quoique profond, il l'a mal connu; son coup d'œil est cruel. — Nous ne pouvons clore cette très petite dissertation sur la Farce avant Molière, sans nommer celle de l'avocat *Pathelin*, refaite ou défaite par Brueys et Palaprat, si naïve et si gauloise, dans sa simplicité première, écrite peut-être par l'avocat angevin Blanchet, imprimée pour la première fois, à Rouen, en 1486, et qui eut vingt-cinq éditions, jusqu'au temps de Henri IV.

Pathelin, avocat sans argent et sans cause, veut acheter du drap qui soit « bon à son ménage. » Il flatte le marchand, le corbeau, veux-je dire. Le marchand, flatté, laisse à crédit neuf aunes du drap si désiré. Le renard emporte son fromage. Non, Pathelin rapporte vivement au logis le drap inespéré. Le marchand, inquiet, court chez son débiteur, à l'heure indiquée, pour y manger l'oie et s'y faire payer. Le débiteur est très malade; il a le délire, il divague; il parle tous les patois de France; sa femme pleure. Effrayé et trompé, le drapier s'en revient chez lui; Pathelin a son drap, le marchand sa peine. Au même temps, un berger idiot, Agnelet, accusé d'avoir tué et mangé les moutons que lui a confiés le drapier, recourt à l'avocat du diable : « A toutes les questions tu répondras : Bée, bée. » Le berger joue son rôle et Pathelin le sien; il ne lui reste qu'à payer Pathelin : « Bée », répond-il à son créancier qui lui réclame son dû. Le trompeur est trompé; Pathelin n'aura pas d'autres honoraires. A qui faut-il donc se fier? Aux drapiers? Ce n'est pas sûr. Aux avocats? Ce n'est rien moins que certain. Aux imbéciles? pas du tout. Il est resté de cette pièce dont la morale est si difficile à découvrir un dicton populaire : *Mais revenons à nos moutons*. C'est le mot du juge à Guillaume le drapier, qui a perdu la tête et qui mêle sans cesse dans ses réponses ses moutons et son drap. — Voilà la farce.

Revenons nous-mêmes à nos moutons. Il est

temps de parler d'Argan dont nous avons annoncé seulement le nom et la manie. Il est malade ; il se croit malade ; il est malade imaginaire. Assis, une table devant lui, il compte avec des jetons les parties de son apothicaire :

« Trois et deux font cinq, et cinq font dix, et dix font vingt, trois et deux font cinq. »...
« Plus, du vingt-quatrième, un petit clystère insi-
» nuatif, (je demande pardon au lecteur) prépa-
» ratif et rémollient, pour amollir, humecter et
» rafraîchir les entrailles de Monsieur. » Ce qui me plaît de monsieur Fleurant, mon apothicaire, c'est que ses parties sont toujours fort civiles. « Les entrailles de Monsieur trente sols. » Oui, mais, monsieur Fleurant, ce n'est pas tout que d'être civil, il faut être aussi raisonnable et ne pas écorcher les malades. Trente sols !... Je suis votre serviteur, je vous l'ai déjà dit ; vous ne les avez mis dans les autres parties qu'à vingt sols ; et vingt sols, en langage d'apothicaire, c'est-à-dire dix sols ; les voilà. »

Ainsi de suite. Les comptes d'apothicaires n'en finissent point et nous entraîneraient trop loin. — Notre malade, tout imaginaire qu'il est, reste un bourgeois des plus positifs. Il sait compter sur le bout de ses doigts comme monsieur Jourdain; et s'il se paie une folie, c'est au meilleur compte possible.

Las de calculer, Argan sonne : « Toinette ! » Pas de réponse; il sonne encore, même silence. Il se fâche; il oublie qu'il est malade, il pousse des cris. Puis il se souvient qu'il n'est qu'un infirme; il se lamente :

« Est-il possible qu'on laisse comme cela un pauvre malade tout seul? Ils me laisseront mourir! »

Mais Toinette arrive : c'est la servante d'Argan. Argan a une seconde femme, Béline, qui est la belle-mère d'Angélique; Angélique est la fille du bonhomme. Elle aime un certain Cléante, et devra épouser, pour plaire à son père, monsieur Thomas Diafoirus, docteur de fraîche date. Non, elle ne l'épousera pas, car elle ne l'aime pas; et Toinette, comme Dorine dans *Tartuffe*, s'opposera au bonheur d'un gauche et disgracieux fiancé. Cette persuasive servante mène toute la maison; elle détrônera Béline elle-même. Nulle part les domestiques n'ont joué un rôle aussi important que dans Molière; ils sont comme les dieux protecteurs qui préparent un heureux dénouement et l'union des cœurs sympathiques. Toinette est une vive et peu scrupuleuse personne, maligne et franche d'allure. Elle prétend s'être cassé la tête, en venant trop vite au secours d'Argan ; elle pleure et ne le laisse point parler, redoublant ainsi l'orage de sa colère. Comme elle traite l'apothicaire et le médecin!

« Ce monsieur Fleurant là et ce monsieur Purgon s'égaient bien sur votre corps; ils ont en vous une bonne vache à lait, et je voudrais bien leur demander quel mal vous avez pour faire tant de remèdes. »

On se rappelle un peu maître Jacques et sa brutale sincérité. J'en passe, car nous sommes en pleine farce. De quoi s'agissait-il donc ? de faire appeler Angélique, la fille de monsieur Argan, dévouée, par ordre, à faire la félicité des Diafoirus, père, grand-père, fils et petit-fils. J'ai l'idée que le prétendu bonheur d'Angélique n'est pas même tout à fait étranger à celui d'Argan. Ce bourgeois malade, sans maladie, souffrirait-il de l'affection d'un égoïsme invétéré ? C'est possible.

Angélique approche de son père. Il allait parler ; il s'éloigne, un instant, appuyé sur son bâton de malade purgé. La jeune fille en profite pour renouveler à Toinette, dans les termes convenus, l'expression de son amitié pour Cléante :

« Ah! dit-elle entre autres belles choses, si

celui-là me trompe, je ne croirai de ma vie aucun homme. »

Refrain banal de l'amour! Si Molière est piquant, ici et là, quand il peint une brouille d'amants, il n'en dépense pas moins une facilité bien vulgaire à représenter les douceurs ou les inquiétudes de la passion. C'est du jargon. J'excepte le fils de l'Avare, intéressant au début, et fougueux comme doit l'être un vrai jeune homme. C'est dommage qu'il devienne ensuite un monstre d'ingratitude.

Du reste, dans le *Malade imaginaire*, comme ailleurs, l'enfant a raison et le père a tort. C'est la suite de l'éternel antagonisme qui fait de la famille une honteuse Babel sur le théâtre de Molière, réformateur des mœurs et du cœur des pères, critique de leur sévérité, comique soutenant des intérêts de l'indépendante jeunesse.

Argan a reparu. Une équivoque plaisante fait croire à Angélique, toute pleine de son amour, que son père la veut marier à Cléante. Argan n'a nommé personne. La jeune fille témoigne de la plus parfaite obéissance. Mais la douloureuse vérité éclate. Le fiancé, hélas! ne se nomme pas Cléante.

« C'est, dit le malade imaginaire et reconnaissant, le neveu de monsieur Purgon... le fils de son beau-frère le médecin, monsieur Diafoirus; et ce fils s'appelle Thomas Diafoirus, et non pas Cléante; et nous avons conclu ce mariage-là, ce matin, monsieur Purgon, monsieur Fleurant et moi; et demain ce gendre prétendu doit m'être amené par son père. Qu'est-ce? vous voilà tout ébaubie?

ANGÉLIQUE.

C'est, mon père, que je connais que vous avez parlé d'une personne, et que j'ai entendu une autre. »

Toinette se fait l'avocat de sa jeune maîtresse. C'est une puissance. Rien n'est à sa place, dans la famille, telle que l'a mise en scène Molière. Pour en représenter les défauts, fallait-il la défigurer à ce point? Fallait-il ruiner l'autorité du père en mettant la raison sur les lèvres de la servante? ou bien en était-on arrivé à ce renversement des rôles quand l'auteur écrivait? Je ne le crois pas. Dans une grande partie de la classe moyenne régnaient encore, avec l'autorité du père, les bonnes mœurs du christianisme, les joies et la paix du foyer. Même, toutes vulgaires qu'elles paraissent, nos mœurs du jour valent mieux que les mœurs dépeintes par Molière. Il a choisi ses types trop près de lui.

Toinette prend la parole pour Angélique. S'il s'agissait d'une bagatelle, cette familiarité n'aurait rien d'insolite. Mais il est question d'un mariage :

« Voulez-vous qu'en amie, je vous donne un conseil ? »

Toinette, l'amie de Monsieur!

ARGAN.

Quel est-il, ce conseil?

TOINETTE.

De ne point songer à ce mariage-là.

ARGAN.

Et la raison ?

TOINETTE.

La raison, c'est que votre fille n'y consentira point.

ARGAN.

Elle n'y consentira point ?

TOINETTE.

Non.

ARGAN.

Ma fille ?

TOINETTE.

Votre fille. Elle vous dira qu'elle n'a que faire de monsieur Diafoirus, ni de son fils Thomas Diafoirus, ni de tous les Diafoirus du monde. »

Angélique se tait. Elle est naturellement pour

celui qu'elle aime, contre celui qu'elle n'aime pas. Sans désobéir ouvertement à son père, elle obéit à sa domestique. D'ailleurs, nous ne faisons pas la moindre difficulté de l'avouer, Argan a sa raison à lui pour vouloir le mariage en question ; mais elle n'est pas raisonnable. Il parle :

« Ma raison est que, me voyant infirme et malade comme je suis, je veux me faire un gendre et des alliés médecins, afin de m'appuyer de bons secours contre ma maladie, d'avoir dans ma famille les sources des remèdes qui me sont nécessaires, et d'être à même des consultations et des ordonnances. »

Le brave homme ! Il marie sa fille pour se bien porter. L'extrême désir du bien-être et les nuages qu'accumule dans l'esprit l'oisiveté, lui ont noirci l'imagination, jusqu'à le persuader qu'il est malade. Il a voulu être trop heureux, et parce qu'il est malheureux, il faut que sa fille soit malheureuse. Je croirais volontiers que les malades de l'imagination sont plutôt des malades de l'âme elle-même, et qu'il n'y a pas de malades imaginaires, mais des égoïstes que l'amour de leur personne poussé aux dernières limites ferait souffrir couchés « sur le pli d'une feuille de rose. » D'autres disent que la maladie noire produit l'égoïsme. Peut-être ; mais n'est-il pas probable que les divagations d'une imagination chagrine naissent souvent d'un cœur sec et blasé ? Car, au sens naturel, si le cœur mène la machine, il se pourrait bien, au sens moral, que le cœur menât le cerveau lui-même.

Du reste, le portrait d'Argan est parfait. Le moraliste est exact, le vice est à nu ; les effets en sont comiques ; tant pis pour le vice. C'est de la vraie comédie.

Toinette, quoique des plus arrogantes, ne manque pas d'une certaine éloquence triviale :

« Une petite larme ou deux, des bras jetés au cou, un mon petit papa mignon, prononcé tendrement, sera assez pour vous toucher.

ARGAN.

Tout cela ne fera rien.

TOINETTE.

Mon Dieu ! je vous connais, vous êtes bon naturellement.

ARGAN.

Je ne suis point bon, et je suis méchant quand je veux. »

Il est dans notre nature de ne point vouloir paraître bons dans la crainte de passer pour imbéciles.

Argan oublie qu'il souffre; il se met en colère, absolument comme s'il était monsieur Jourdain. Tous deux ont le même fond sous une surface différente. L'un veut être malade, et l'autre gentilhomme; ce sont des tyrans dans leur ménage.

TOINETTE.

Doucement, Monsieur. Vous ne songez pas que vous êtes malade.

ARGAN.

Je lui commande absolument de se préparer à prendre le mari que je dis.

TOINETTE.

Et moi, je lui défends absolument d'en rien faire. »

C'est le monde à l'envers.

Argan veut battre Toinette; il appelle, de guerre las, sa femme Béline.

Béline accourt. La scène est délicieuse. Béline n'a de passion que pour les écus de son mari.

ARGAN.

Ah! ma femme, approchez.

BÉLINE.

Qu'avez-vous, mon pauvre mari? »

Celle-ci pense toujours comme Argan. Elle

l'abuse néanmoins. Mais nous aimons nos ennemis, du moment où ils ne nous contrarient jamais. Il ne faudrait pas croire, pour cela, qu'à la contradiction parfaite on reconnût l'amitié véritable. Je veux dire seulement qu'on peut se noyer en eau douce, et que les hommes sont bien sots, malgré tout leur esprit. Que d'Argans ici-bas!

BÉLINE.

Qu'est-ce donc qu'il y a, mon petit fils?

ARGAN.

Ma mie! »
Il ne peut plus parler.

BÉLINE.

Mon ami!

ARGAN.

On vient de me mettre en colère. »
Vous voyez bien que cet excellent homme a rêvé une paix impossible, qu'il a mis sa joie à ne pas éprouver la peine la plus légère, qu'il a voulu réduire toute opposition en servitude. « Le mettre en colère! » Quel crime! Tout le blesse. Moqué par les uns, trompé par les autres, victime de son imagination raffinée à l'excès, il est bien puni, l'égoïste!

BÉLINE.

Hélas ! pauvre petit mari ! Comment donc, mon ami ?

ARGAN.

Votre coquine de Toinette est devenue plus insolente que jamais.

BÉLINE.

Ne vous passionnez donc point.

ARGAN.

Elle m'a fait enrager, ma mie.

BÉLINE.

Doucement, mon fils.

ARGAN.

Elle a contrecarré, une heure durant, les choses que je veux faire. »

Argan n'est plus un homme ; c'est un enfant personnel et faible à la fois, et qui a besoin d'une femme pour le défendre.

BÉLINE.

Là, là, tout doux !... »

Ainsi de suite. — Malgré « M'amour, » et « Mon cœur, » Argan n'aime pas, il n'est pas aimé ; il n'aime que lui, comme Béline n'aime qu'elle-même. Pendant qu'il lui conte l'arrogance de Toinette hostile aux Diafoirus, et que Béline administre quatre oreillers à sa faiblesse, Toinette lui en jette rudement un cinquième à la tête, et s'enfuit. C'est la leçon de la farce; on rit. — On ne rit plus. Argan, comme Orgon, veut faire son testament en faveur de Béline. Les moyens ne sont pas variés dans Molière. Mais Béline ne veut pas... ce qu'elle veut dans le fond de son cœur.

BÉLINE.

Ah! mon ami, ne parlons pas de cela, je vous prie : je ne saurais souffrir cette pensée ; et le seul mot de testament me fait tressaillir de douleur. »

Cependant cette honnête personne a fait venir le notaire... Argan n'y voit rien. Béline est la plus généreuse des épouses, puisqu'elle ne l'a point contrarié. Elle a satisfait sa manie; elle lui ferait voir le soleil à minuit. Monsieur de Bonnefoi est devant nos yeux. Ainsi se nomme le notaire, et ce n'est pas par ironie. Tous les notaires de ce temps-là étaient de bonne foi. L'officier public a la parole. Suivant son opinion, la loi ou plutôt la coutume ne permet pas à Argan, qui a plusieurs enfants, de donner sa fortune à une seconde femme; mais si les avocats sont gens de difficultés, et qui sont ignorants des détours de la conscience, il y a d'autres personnes à consulter et qui sont bien plus accommodantes, qui ont des expédients pour passer doucement par-dessus la loi et rendre juste ce qui n'est pas permis.

« Vous pouvez, dit le notaire au malade, choisir doucement un ami intime de votre femme, auquel vous donnerez, en bonne forme, par votre testament, tout ce que vous pouvez ; et cet ami ensuite lui rendra tout. »

Les notaires ont pu changer depuis le temps de Molière; mais les marâtres sont les mêmes. Béline, la seconde femme, sûre de l'héritage, se désole d'une mort qui l'enrichira ; et plus elle se désole, plus son simple mari, certain d'être pleuré, fait pleuvoir sur elle les largesses ; et plus Béline est comblée, plus elle multiplie les signes extérieurs de sa désolation hypocrite.

Il pourrait lui arriver demain ce qui arriva un jour à certaine maîtresse femme qui essayait d'ouvrir la cassette aux écus, dans la chambre voisine de son vieil époux moribond. La porte s'ouvre, le mourant paraît, un revenant ! L'épouse en mourut, et l'agonisant lui survécut.

Mais que va devenir Angélique ? On le devine. Après des incidents vulgaires, elle épousera son Cléante. Ces incidents, la suite en est des plus banales; l'invariable amant des pièces de Molière, l'homme du juste milieu, (quand il aura quarante ans), expert à vingt dans le verbiage de la galanterie, toujours aimable et naturel, et qui est ici nommé Cléante, se fait professeur de musique pour un instant; sous un nom supposé, il remplace l'un de ses amis chez Argan, afin d'avoir un libre accès auprès d'Angélique. Il est musicien sans l'être, il n'est que travesti. Depuis Valère jusqu'à Cléante, l'amour a sans cesse besoin de tromper. C'est dans la nature, et nous devons suivre la nature. Epicure l'a dit. On l'a tant répété que cela doit être vrai.

Quoique le mensonge, dans le *Malade imaginaire*, ait parfois une allure assez comique, la médecine nous fait bien rire davantage, surtout quand elle a l'honneur d'être représentée par monsieur Purgon ou par les Diafoirus chargés de purger l'humanité souffrante. Monsieur Diafoirus présente son fils Thomas, Diafoirus comme lui, au père d'Angélique, à la jeune fille elle-même, en présence de Cléante, le faux musicien. La pédantesque bonne foi des deux docteurs ne sait pas qu'il y a là un ennemi visible et inconnu. Toujours l'équivoque. Après des salutations ridicules échangées entre les deux futurs beaux-pères, Thomas, qui s'est tenu debout, raide, timide, maigre et gauche, demande à l'auteur de ses jours s'il ne convient pas « de commencer. » En réalité, il n'est rien de plus respectueux que ce long jeune homme. Le contraste est remarquable avec l'enfant volontaire d'Argan. Seulement Thomas est d'un comique, tant il est sot, à faire rire jusqu'aux larmes. C'est la caricature bien réussie d'une éducation mal entendue; Angélique n'en devient que plus intéressante.

Le prétendant récite sa leçon :

« Monsieur, (il s'adresse au père) je viens saluer, reconnaître, chérir et révérer en vous un second père, mais un second père auquel j'ose dire que je me trouve plus redevable qu'au premier. Le premier m'a engendré; mais vous m'avez choisi. Il m'a reçu par nécessité; mais vous m'avez accepté par grâce.... et d'autant plus les facultés spirituelles sont au-dessus des corporelles, d'autant plus je vous dois, et d'autant plus je tiens précieuse cette future filiation, dont je viens aujourd'hui vous rendre, par avance, les très humbles et très respectueux hommages. »

Après Argan, la belle-mère. Thomas, avec un à-propos charmant, prend Angélique pour Béline :

« Madame, c'est avec justice, etc. »

Revenu de son erreur :

« Mademoiselle, ne plus ne moins que la statue

de Memnon rendait un son harmonieux lorsqu'elle venait à être éclairée des rayons du soleil, tout de même me sens-je animé d'un doux transport à l'apparition du soleil de vos beautés.... »

Il faut penser que la mémoire a des transports, car le cœur de Thomas n'en a pas. Encore si ce jeune homme avait un peu d'âme et d'éducation. Un savant ? C'est impossible. Voilà ce qu'a voulu dire Molière qui mêle dans sa satire, je ne veux pas dire dans sa haine, marquis, comtes, vicomtes, dévots et dévotes, avocats, notaires, pédants et savants, pharmaciens, médecins.

— Notre automate, le fils Diafoirus, a cependant une passion, la médecine; c'est déjà un amour, en attendant l'autre. Mais l'amour ne va guère sans la haine. Il a une haine, celle des gens qui ne pensent pas comme lui :

« Il a, contre les circulateurs, soutenu une thèse, qu'avec la permission d'Argan, il osera présenter à Mademoiselle, comme un hommage qu'il lui doit des prémices de son esprit. »

Aussi, quel n'est point pour ce fils savant et galant, l'enthousiasme de monsieur Diafoirus, son père !

« Ce n'est pas, dit-il, parce que je suis son père ; mais je puis dire que j'ai sujet d'être content de lui, et que tous ceux qui le voient, en parlent comme d'un garçon qui n'a point de méchanceté. Il n'a jamais eu l'imagination bien vive, ni ce feu d'esprit qu'on remarque dans quelques-uns ; mais c'est par là que j'ai toujours bien auguré de sa *judiciaire*, (un simple mortel dirait son *jugement*) qualité requise pour l'exercice de notre art.... »

Tout ridicule que paraît Diafoirus, Molière le fait parler comme un père. Ce n'est plus même un médecin, mais un homme que la tendresse paternelle aveugle sur les défauts de son enfant, au point d'en faire des qualités. D'ordinaire, l'on sourit à peine de cette faiblesse ; elle touche plutôt qu'elle n'excite l'hilarité ; chez une mère, elle attendrit.... Nous rions ici de l'excès d'un amour vrai ; et nous rions d'autant plus fort que le père est dans sa robe, le fils dans sa robe et sa sottise. Le pédant fait tort au père. Diafoirus continue :

« Enfin, à force de battre le fer, il en est venu glorieusement à avoir ses licences ; et je puis dire, sans vanité, que depuis deux ans qu'il est sur les bancs, il n'y a point de candidat qui ait fait plus de bruit que lui dans toutes les disputes de notre école. Il s'y est rendu redoutable ; et il ne s'y passe point d'acte où il n'aille argumenter à outrance *pour la proposition contraire.* »

L'étroitesse naturelle de l'esprit humain et sa vanité sont là… « Superbe néant », a dit Bossuet. Molière, qui est un poète comique, a sa manière à lui de s'exprimer. Bossuet est un orateur tragique. Ils pensent absolument de la même manière.

« Il est ferme dans la dispute, ajoute Diafoirus, fort comme un Turc sur les principes (les siens, entendons-nous), et poursuit un raisonnement jusque dans les derniers recoins de la logique. Mais, sur toutes choses, ce qui me plaît en lui, et en quoi il suit mon exemple, c'est qu'il s'attache aveuglément aux opinions de nos anciens…. »

Ah! routine sacrée; quel charme tu as! Il est si doux d'être savant et de ne point penser! Il est si agréable de s'appuyer sur la gloire des anciens, qui sont des morts, pour ne pas admirer les découvertes des vivants! La nature ne change pas. Périclès, par la plume de son historien, parlait de l'envie, il y a des siècles et des siècles; Molière en disait son mot, il y a deux cents ans, à propos de la routine. Mais chaque auteur a son style différent. Le propre du génie, c'est de renouveler la vérité, de nous en faire rire ou pleurer, comme si elle s'offrait à nos yeux pour la première fois, tant la forme que lui imposent un grand esprit et une vive imagination paraît neuve, sans cesser d'être naturelle. La vieille vérité, pour avertir les hommes et les garder du mal ou de l'erreur, a besoin d'être rajeunie, sans cesse, par l'expression ; ou bien, elle passe en nous, comme en un salon, une visite banale. Ne médisons ni des lettres ni de la forme. Ce serait une sottise. Raillons, sans pitié, la phrase et la rhétorique.

Monsieur Diafoirus achève l'éloge de son fils :

« Jamais il n'a voulu comprendre ni écouter les raisons et les expériences des prétendues découvertes de notre siècle, touchant la circulation du sang, et autres opinions de même farine. » Il a fait sa thèse « contre les circulateurs. »

Pour finir, l'éloquent Diafoirus invite Argan à venir voir, l'un de ces jours, pour se divertir, une dissection. Il veut pousser son fils à la cour ; mais « ce qu'il y a de fâcheux auprès des grands, c'est que, quand ils viennent à être malades, ils veulent absolument que leurs médecins les guérissent.

— Ce sont des impertinents, dit Toinette ; car « vous n'êtes auprès d'eux que pour recevoir vos pensions et leur donner des remèdes ; c'est à eux de guérir s'ils peuvent.

— Cela est vrai, riposte, sans hésiter, monsieur Diafoirus, pris au lacet, dans la bonne foi de son entêtement médical, on n'est obligé qu'à traiter les gens suivant les formes. »

C'est-à-dire dans les vieux principes.

Périsse le malade ! Périsse l'univers plutôt qu'un principe ! On dit mon principe, comme on dit ma maison, ma table, mon lit. On s'aime tant qu'on fait de son amour-propre une règle ; des opinions d'une vanité routinière, d'inflexibles axiomes; d'une chimère, une éternité. Que Molière peint bien l'homme dans son indéracinable amour-propre ! Ce qui suit vaut peu. Cléante fait chanter Angélique ; Argan est d'avis qu'elle chante de trop belles choses. Béline survient; Thomas cherche son compliment; il a perdu sa mémoire. Pour comble, Angélique lui refuse sa main. La jeune fille proteste contre une sorte de violence faite à son cœur. Monsieur Thomas « ne doit pas accepter une personne qui serait à lui par contrainte.

— *Nego consequentiam*, riposte, en latin, le fils Diafoirus. Je puis être honnête homme, et vous accepter des mains de Monsieur votre père. »

C'est la morale matrimoniale de Monsieur Trissotin. On espère qu'elle aura le même effet, et que le jeune Thomas en sera pour ses frais d'éloquence; que l'amour, en un mot, triomphera des prétentions du jeune docteur et de l'autorité paternelle. Le spectateur ou le lecteur, d'instinct, se range du côté de la révolte, si charmante sous les traits d'Angélique. D'autant plus que Thomas persiste dans son programme de galanterie officielle et scientifique :

« Nous lisons des anciens, Mademoiselle, que leur coutume était d'enlever par force, de la maison des pères, les filles qu'on menait marier. »

Pour le coup, Angélique n'y tient plus :

« Les anciens, Monsieur, sont les anciens, et nous sommes les gens de maintenant. »

On ne peut mieux dire, plus simplement et plus vivement. Il y a bien des années qu'Horace, dans une épître assez moqueuse, raillait avec une irritabilité de poète, les amateurs exclusifs des vieux écrivains. Il parlait pour son saint; mais il avait raison. Angélique n'a pas fini; elle célèbre, un peu plus qu'il ne convient, le retour aux instincts de la simple nature :

« Les grimaces ne sont point nécessaires dans notre siècle; et quand un mariage nous plaît, nous savons fort bien y aller sans qu'on nous y traîne. Donnez-vous patience ; si vous m'aimez, Monsieur, *vous devez vouloir tout ce que je veux.* »

Molière excelle à donner raison à la folie et tort à la raison. Ici la raison du père, l'autorité du chef de famille sont battues en brèche par la capricieuse volonté d'une enfant. Mais Argan est si égoïste ! Angélique est si malheureuse ! D'autre part, est-il possible d'être un prétendant plus mal élevé et plus ridicule que le jeune Thomas ?

« Vous devez vouloir ce que je veux, a dit Angélique.

— Oui, Mademoiselle, répond-il, jusqu'aux *intérêts* de mon amour exclusivement. »

Le bel amour !

Toinette a pour le fils Diafoirus des ironies admiratives.

« Vous avez beau raisonner, *(à Angélique)* Monsieur est frais émoulu du collège ; et il vous donnera toujours votre reste. Pourquoi tant résister, et refuser la gloire d'être attachée au corps de la Faculté ? »

Le drame devient sévère. Béline se prononce contre Angélique avec le sel amer de la marâtre sur les lèvres. Elle est pour l'autorité paternelle. Elle a raison ; mais elle a tort. Elle a tort d'en vouloir à la jeune Angélique. Celle-ci le lui rend bien, et lui peint « certaines femmes qui font du mariage un commerce de pur intérêt; qui ne se marient que pour gagner des douaires, que pour s'enrichir par la mort de ceux qu'elles épousent, et courent sans scrupule, de mari en mari, pour s'enrichir de leurs dépouilles. »

La leçon est mêlée de générosité, d'indignation et de féminine malice. Le couvent seul est capable de punir un tel forfait :

« Ecoute, résume Argan qui sent son médecin lui échapper, il n'y a point de milieu à cela : choisis d'épouser, dans quatre jours, ou Monsieur ou un couvent. »

Mais le malade imaginaire triomphe dans Béline.

« Voilà une femme qui m'aime... cela n'est pas croyable. »

Pour monsieur Diafoirus, qui triomphe aussi dans Argan, ce père énergique de la future madame Thomas Diafoirus, il témoigne sa reconnaissance au maniaque en lui tâtant le pouls; il se fait aider de son fils, pour lui gagner sans doute le cœur d'Angélique :

« Allons, Thomas, prenez l'autre bras de Monsieur pour voir si vous saurez porter un bon jugement de son pouls. *Quid dicis?*

THOMAS.

Dico que le pouls de Monsieur est le pouls d'un homme qui ne se porte pas bien. »

C'est assez pour nous donner une idée de la médecine du temps. La sottise du docteur n'est égalée que par la sottise du malade. Argan finit par demander « combien est-ce qu'il faut mettre de grains de sel dans un œuf.... »

Jusqu'où ne va point la faiblesse d'esprit ? Molière n'exagère pas ; et quand il exagérerait, il aurait encore raison.

Nouvelle reprise du drame. La petite Louison a vu sa sœur Angélique avec Cléante... J'abrège. Racine et Molière ont fait paraître l'enfance sur la scène, l'un pour l'honorer, l'autre pour la mêler à une intrigue galante. Argan est furieux ; il a tout appris par l'indiscrétion de Louison. Béralde, son frère, le console, en faisant danser devant lui des Egyptiens et des Egyptiennes. C'est un ballet ; nous sommes à la comédie et à l'opéra. Béralde, qui s'est proposé de dissiper l'humeur noire d'Argan, essaie, une fois le ballet évanoui, de parler raison au malade imaginaire ; il le détourne de marier sottement sa fille ; « il se présente un parti sortable pour elle. »

« Mais, dit naïvement le père, celui-ci, mon frère, est plus sortable pour moi. »

Béralde avec bon sens :

« Le mari qu'elle doit prendre doit-il être, ou pour elle, ou pour vous ? »

Argan, sans gêne :

« Il doit être, mon frère, et pour elle et pour moi ; et je veux mettre dans ma famille les gens dont j'ai besoin... »

Qu'on marie une fille de roi, malgré sa volonté, pour le salut de l'Etat, c'est de la politique. Ce n'est pas précisément « la politique du Ciel », pour emprunter l'expression de Bossuet ; mais elle a son excuse. — Qu'Argan dise : l'Etat c'est moi, et marie sa fille, contre son gré, pour la guérison d'une maladie imaginaire, voilà qui est odieux et ridicule à la fois. Ou bien, il nous faut répéter ce que nous avons dit, et supposer qu'Argan est malade, dans son cerveau, de l'oisiveté de son cœur et de son esprit.

Il est si peu malade que Béralde se moque de lui :

« J'entends, mon frère, que je ne vois point d'homme qui soit moins malade que vous, et que je ne demanderais point une meilleure constitution que la vôtre. Une grande marque que vous

vous portez bien et que vous avez un corps parfaitement bien composé, c'est qu'avec tous les soins que vous avez pris, vous n'avez pu parvenir encore à gâter la bonté de votre tempérament, et que vous n'êtes point crevé de toutes les médecines qu'on vous a fait prendre »... Car, « la médecine, entre nous, je la trouve une des plus grandes folies qui soient parmi les hommes ; et à regarder les choses en philosophe, je ne vois point une plus plaisante momerie, je ne vois rien de plus ridicule qu'un homme qui se veut mêler d'en guérir un autre. »

Cette scène réussira toujours. Molière qui parle pour lui, sous le couvert de Béralde, aura en sa faveur ceux qui ne veulent ni de la maladie ni des médecins, et ceux qui ont eu à se plaindre des médecins et de la maladie :

« Ils savent (les Diafoirus) la plupart de fort belles humanités, savent parler en beau latin, savent nommer en grec toutes les maladies, les définir et les diviser ; mais, pour ce qui est de les guérir, c'est ce qu'ils ne savent pas du tout... Toute l'excellence de leur art consiste en un pompeux galimatias, en un spécieux babil, qui vous donne des mots pour des raisons, et des promesses pour des effets. »

Molière parle comme il doit parler, en vrai malade que les médecins n'ont pu guérir ; il les voit à l'envers ; désabusé de tout, il voit le mal partout; il n'a ni la santé du corps ni la santé de l'âme. Aussi les dévots sont-ils des hypocrites, et les médecins des imbéciles. En revanche, Argan qui est bien portant, point du tout sceptique, mais pauvre d'esprit, s'est fait un dieu de son médecin, un demi-dieu de son apothicaire. — Il y a d'honnêtes médecins, Molière l'avoue, ce sont des fous ; il n'y a qu'un remède pour les malades ; la nature le donne. « Il ne faut que demeurer en repos. La nature d'elle-même, quand nous la laissons faire, se tire doucement des désordres où elle est tombée. C'est notre inquiétude, c'est notre impatience qui gâte tout, et presque tous les hommes meurent de leurs remèdes et non pas de leurs maladies. »

Toujours la nature ! Cependant j'ai le cœur malade ; une simple indisposition peut m'ouvrir une veine trop dilatée et m'étouffer dans mon sang.... J'ai le poumon gâté ; ou bien la fièvre bat la charge dans mon sang, fait trembler mon corps et met le délire dans mon cerveau. La nature, vous dis-je ; la nature vous sauvera! Vous n'avez qu'à demeurer en repos. Pauvre Argan ! Pauvre

Molière ! Pourtant notre comique ne fait qu'exagérer une thèse fort juste en elle-même ; il continue :

« De tout temps il s'est glissé, parmi les hommes, de belles imaginations que nous venons à croire, parce qu'elles nous flattent, et qu'il serait à souhaiter qu'elles fussent véritables. Lorsqu'un médecin vous parle d'aider, de secourir, de soulager la nature, de lui ôter ce qui lui nuit, et lui donner ce qui lui manque, de la rétablir et de la remettre dans une pleine facilité de ses fonctions; lorsqu'il vous parle de rectifier le sang, de tempérer les entrailles et le cerveau, de dégonfler la rate, de raccommoder la poitrine, de réparer le foie, de fortifier le cœur, de rétablir et conserver la chaleur naturelle, et d'avoir des secrets pour étendre la vie à de longues années, il vous dit justement le roman de la médecine. Mais quand vous en venez à la vérité et à l'expérience, vous ne trouvez rien de tout cela ; et il en est comme de ces beaux songes, qui ne vous laissent au réveil que le déplaisir de les avoir crus. »

Pardonnons à l'auteur aigri par la maladie, de ne pas avoir eu confiance dans la médecine du corps ; mais que le mal cruel dont son âme souffrait lui ait fait proscrire, ou peu s'en faut, cette médecine de l'âme, la religion, sous prétexte d'hypocrisie, c'est plus grave.

Ici, Molière n'a pu s'empêcher de se mettre en scène. Béralde le cite à l'appui de sa thèse. Argan n'entend point de cette oreille-là ; il injurie Molière :

« Voilà un bon nigaud, un bon impertinent, de se moquer des consultations et des ordonnances, de s'attaquer au corps des médecins, et d'aller mettre sur son théâtre des personnes vénérables comme ces Messieurs-là !... Si j'étais que des médecins, je me vengerais de son impertinence, et quand il sera malade, je le laisserais mourir sans secours. »

Quelques semaines après, Molière mourait sans médecin et sans prêtre. La nature, qui ne l'avait pas sauvé des peines de l'âme, le laissait mourir d'une maladie de poitrine.

Mais Argan, dans le feu de la conversation, a oublié une fois le soin de sa personne souffrante ; monsieur Purgon tombe sur lui comme la foudre :

« Je viens d'apprendre là-bas de jolies nouvelles ; qu'on se moque ici de mes ordonnances, et qu'on a fait refus de prendre le remède que j'avais prescrit. » — Aussi le malade ira de mal en pis, « de la bradypepsie dans la dyspepsie, de la dyspepsie dans l'apepsie, de l'apepsie dans la lienterie, de la lienterie dans la dyssenterie, de la dyssenterie dans l'hydropisie, de l'hydropisie dans la privation de la vie... où vous aura conduit votre folie », ajoute monsieur Purgon.

« Je suis mort, » soupire Argan.

Tout à l'heure, il ne savait plus s'il fallait arpenter sa chambre en long ou en large. Vit-il encore ? il n'en est pas sûr ; il sent que la médecine se venge. La médecine est donc tyrannique et vindicative. Toute science problématique n'a-t-elle pas, en effet, besoin d'être soutenue par la passion ? et le savant, ou celui qui croit l'être, n'est-il pas tenté de croire qu'il a découvert la vérité, le jour où il a imaginé quelque nouveau système ? Cette vérité lui appartient, elle est sienne ; il la défend comme le propriétaire bourgeois, sa propriété ; il veille sur elle ; il prend ombrage de tout. Encore un peu, il serait la vérité elle-même ; ce n'est qu'un charlatan.

Nous touchons à la fin de la pièce. Si elle durait davantage, nous finirions par nous croire malades. — Un médecin fameux, « un médecin de la médecine, » veut guérir Argan, c'est-à-dire mettre à la porte toute la dynastie des Diafoirus avec monsieur Purgon. Nous le savons, mais Argan ne le sait pas. Il y a là, sans doute, une honnête conspiration inventée par Béralde et par Cléante, sans oublier Toinette qui y joue le rôle principal. Argan, qui n'est pas seulement irascible comme monsieur Jourdain, mais encore plus crédule et aussi vain, ne peut s'imaginer un instant, malgré toute son imagination, qu'on ose se moquer de lui. Son esprit est isolé de tout jugement, dans une seule pensée, celle d'un mal qu'il n'a pas.

Toinette parle, je veux dire le médecin qui doit guérir Argan :

« Vous ne trouverez pas mauvais, s'il vous plaît, la curiosité que j'ai eue de voir un illustre malade comme vous êtes, et votre réputation qui s'étend partout peut excuser la liberté que j'ai prise. »

L'orateur est un médecin de passage, il a quatre-vingt-dix ans ; s'il n'a pas l'air d'en avoir trente, c'est l'effet des remèdes ; il s'attache surtout aux gens à l'agonie. M. Argan n'est malade ni de la rate ni du foie, comme le prétendent ces ignorants, qui s'appellent Purgon et Diafoirus, mais du poumon.

TOINETTE.

Que sentez-vous ?

ARGAN.

Je sens de temps en temps des douleurs de tête.

TOINETTE.

Justement, le poumon.

ARGAN.

Il me semble parfois que j'ai un voile devant les yeux.

TOINETTE.

Le poumon.

ARGAN.

J'ai quelquefois des maux de cœur.

TOINETTE.

Le poumon.

ARGAN.

Je sens parfois des lassitudes par tous les membres.

TOINETTE.

Le poumon.

ARGAN

Et quelquefois il me prend des douleurs dans le ventre comme si c'étaient des coliques.

TOINETTE.

Le poumon. Vous avez appétit à ce que vous mangez ?

ARGAN.

Oui, Monsieur.

TOINETTE.

Le poumon ! le poumon, vous dis-je. »

Remèdes naturels : « Du vin, du bon gros

bœuf, du bon gras porc. » Le médecin court ailleurs ; il n'est que temps « pour un homme qui mourut hier. »

ARGAN.

Pour un homme qui mourut hier ?

TOINETTE.

Oui, pour aviser et voir ce qu'il aurait fallu lui faire pour le guérir. Jusqu'au revoir. »

La médecine n'est pas seulement vindicative, elle est systématique ; elle ne sort pas plus de son idée fixe que l'âme d'un corps vivant. Elle fait des caractères despotiques et des esprits étroits. Témoin le médecin *du poumon*. Elle arrive toujours trop tard ; elle trouve le remède après la mort, pour « un homme qui mourut hier. »

Toinette redevient Toinette. Elle a déjà perdu les Diafoirus et va perdre Béline pour le bien de l'intéressante jeunesse. Afin de réussir, elle entre dans l'esprit d'Argan ; elle flatte sa manie ; Béline aime tant son époux !

« Tenez, mettez-vous tout étendu sur cette chaise, et contrefaites le mort. Vous verrez la douleur où elle sera quand je lui dirai la nouvelle. »

La chose n'est pas neuve ; Molière a toujours brusqué des dénouements vulgaires ou invraisemblables. Toinette pleure, Béline entre. A peine a-t-elle appris la nouvelle :

« Que tu es sotte de t'affliger de cette mort ! Quelle perte est-ce que la sienne ? et de quoi servait-il sur la terre ? Un homme incommode,.. malpropre, dégoûtant. »

C'est assez. Argan se lève, Béline s'écrie, Béline fuit ; elle est perdue.

Au tour d'Angélique. Argan se recouche, immobile et très mort. La jeune fille :

« O ciel ! ô ciel ! Quelle infortune ! Quelle atteinte cruelle !... » et la suite. Cléante partage sa douleur ; l'amour lui-même ne peut consoler la piété filiale. Argan ressuscite. Rien de plus beau. Non, la fin est plus belle encore. Cléante épousera Angélique, à condition qu'il se fera médecin :

« S'il ne tient qu'à cela, je me ferai médecin, apothicaire même. »

Il y a mieux. Argan, comme Cléante, entrera dans le corps de la médecine. « Il aura en lui tout ce qu'il lui faut ; il n'y a point de maladie si osée qui osera s'attaquer à sa personne. »

Fut-il jamais rien de plus gai ? et ne peut-on dire, sans exagération aucune, que Molière mourant nous fit rire de la plus franche manière ?

Il n'y eut que les médecins et lui de sacrifiés. Que dis-je? les médecins? ils sont plus nombreux que jamais.

Dans le *Malade imaginaire*, un mot m'a surtout frappé qui m'aide à caractériser le génie de Molière. Je l'ai fait ressortir tout à l'heure, *la nature*. C'est le mot de son œuvre ; c'est le mot de son âme. S'agit-il du style des *Précieuses?* revenez à la *nature*. L'auteur a raison. Et dans l'*Avare*, n'est-ce pas la nature, même perverse, qui triomphe de tout? Suivez la nature, bonne ou mauvaise, peu importe. Et le bonhomme Chrysale, dites-moi, n'est-ce pas le bonhomme Epicure? La fille de Chrysale, qui sait plusieurs secrets de la nature généralement étrangers à son âge, n'est-elle pas la digne fille de son père et d'Epicure ? La nature! vous dis-je. La nature! comme Toinette disait tout à l'heure : Le poumon! le poumon! Et dans *Tartuffe?* d'une part, le surnaturel, mais tartuffié, mais stupide, mais maniaque ; d'autre part, la nature gaie, charmante, heureuse, attrayante, vertueuse, quoique menteuse. Le surnaturel a tort, la nature a raison. Alceste, dont nous parlerons dans le *Misanthrope*, est au-dessus de la nature. Sa vertu rêve un idéal auquel répugne la nature de certaines gens égoïstes, vicomtes ou Philintes ou Célimènes. La nature triomphe aux dépens de la vertu d'Alceste, réduit au désespoir et abandonné par ses trop naturels amis. Vive la nature !

Ce n'est pas à dire que Molière ne soit jamais moral. Ici même, la leçon qu'il se propose est très visible, à la fois, et très utile. En effet, il nous arrive, la tête en plein soleil, d'être aveuglés par ses rayons, au point de ne plus voir aucun objet autour de nous. L'éblouissement de la lumière a troublé notre regard. Ainsi des couleurs de l'imagination qui aveuglent notre bon sens.

D'autre part, l'homme se fait volontiers le centre de tout, lui qui n'est dans le tout qu'un atome. Argan, qui nous met en garde contre notre imagination, doit nous faire rougir de notre égoïsme.

Autre leçon, dont Molière garde la pleine responsabilité : « Gardez-vous des médecins. » Il a tort. S'il semble nous dire aussi : « Gardez-vous des Bélines, » nous lui répondrons que toutes les secondes femmes ne sont pas des Bélines, tant s'en faut. Même Molière aurait pu désirer pour lui des noces nouvelles, vu le malheureux événement des premières.

ONZIÈME COURS

Le Misanthrope ou l'Homme atrabilaire (1666).

ONZIÈME COURS

Le Misanthrope ou l'Homme atrabilaire (1666).

Rien de plus simple que l'action du *Misanthrope*. Alceste, un homme de la cour, mais non un courtisan, aime Célimène, une coquette, qui ne l'aime point. Ce n'est pas l'unique malheur d'Alceste; il a un procès et ne veut pas voir ses juges; il le perd; il a un ami qui loue les mauvais vers du sonnet d'Oronte, et dont l'humeur facile se plie à tout, tandis que la trop parfaite honnêteté d'Alceste ne se plie à rien; il brusque son ami; il brusque le sonnet d'Oronte; il le condamne. Il s'est fait un ennemi de l'auteur qui porte ce nouveau procès devant la cour des maréchaux et calomnie ensuite son trop candide critique; il l'accuse d'un pamphlet,

D'un livre à mériter la dernière rigueur.

Oronte est un mauvais poète doublé d'un méchant cœur. Pour comble, Célimène, entourée d'une cour d'adorateurs, a des loisirs pour tous excepté pour Alceste, dont l'âme aimante souffre mille morts. Célimène écrit à Oronte; Alceste l'apprend par la jalouse Arsinoé. Nouveau supplice. Il veut rompre; l'adroite coquette le ramène à ses pieds, elle le raille; elle le joue de nouveau. La tendresse inconcevable d'Alceste lui propose l'hymen et la solitude, mais

> La solitude effraye une âme de vingt ans.

Elle refuse. Alceste, désespéré, l'accable de sa colère, et, se tournant du côté d'Eliante, qui a eu quelque goût pour lui, il se déclare indigne de l'épouser. C'est une manière de lui offrir son cœur.

Effrayée, la douce Eliante, pour éviter un bonheur trop sévère, s'empresse de le prendre au mot et de promettre sa main à Philinte, sous les yeux d'Alceste, son ami. Il reste au misanthrope... son malheur, le désert, et, s'il le veut, la prude Arsinoé.

Il ne paraît pas certain que Montausier, peint, dit-on, dans Alceste, ait voulu faire bâtonner Molière, et qu'ensuite, mieux instruit, au spectacle même, du caractère de la comédie, il ait embrassé l'auteur à plusieurs reprises, en le remerciant de l'avoir représenté sous les traits d'un aussi honnête homme que le misanthrope. En tout cas, si l'anecdote était vraie, je crois que l'époux de Julie d'Angennes se serait fait illusion sur son propre compte, et qu'il aurait exagéré sa propre vertu ; ou bien n'était-il pas le maître chez lui, quand sa femme donnait asile à Mme de Montespan, contre les emportements légitimes de son malheureux époux. Montausier n'en est pas moins réputé un type de vertu. Il y a des ornières historiques, comme il y a des routines littéraires, dont plusieurs siècles ont bien de la peine à nous tirer. C'est à se demander si l'homme est fait pour la vérité, ou s'il n'a pas quelque intérêt particulier à se rassurer, dans son for intérieur, en admirant des couleurs de vertu qui ne le font pas trembler pour la sienne. Un jour ou l'autre, on sait tout. — Alceste, qui vivait à la cour, en savait trop. Ce n'était pas un de ces hommes qui jugent sur l'étiquette ; il voulait voir au fond des choses ; et qu'y voyait-il? Il va nous le dire ; car il s'entretient avec son ami Philinte, un homme assez banal pour embrasser le premier venu. Philinte se prétend l'ami d'Alceste ; quelle erreur !

Moi, votre ami! Rayez cela de vos papiers.
J'ai fait jusques ici profession de l'être ;
Mais, après ce qu'en vous je viens de voir paraître,
Je vous déclare net que je ne le suis plus,
Et ne veux nulle place en des cœurs corrompus.

PHILINTE.

Je suis donc bien coupable, Alceste, à votre compte ?

ALCESTE.

Allez, vous devriez mourir de pure honte ;
Une telle action ne saurait s'excuser,
Et tout homme d'honneur s'en doit scandaliser.
Je vous vois accabler un homme de caresses,
Et témoigner pour lui les dernières tendresses ;
De protestations, d'offres et de serments,
Vous chargez la fureur de vos embrassements ;
Et, quand je vous demande après quel est cet homme,
A peine pouvez-vous dire comme il se nomme ;
Votre chaleur pour lui tombe en vous séparant,
Et vous me le traitez, à moi, d'indifférent !

La pensée d'une aussi furieuse contradiction dans un ami qu'il croyait un homme de cœur, un pareil mépris des termes de l'amitié jetés en l'air pour un inconnu, un petit soupçon de jalousie, car il aime Philinte et l'entend prostituer son âme à tout venant, voilà ce qui exalte Alceste à mesure qu'il parle, et fait monter son honnêteté froissée jusqu'à la gamme de la colère. Je n'ai pas la force de lui en vouloir. Que cet homme, le plus probe des hommes, martyrisé par une coquette, crispé par les chicanes d'un interminable procès, fasse déborder sur l'impassible Philinte le flot d'une indignation longtemps concentrée, quel grand mal ! Tant pis pour Philinte. Il donne son cœur aux passants ; il prêtera bien un peu de sa terrible patience à un véritable ami. Il est tellement droit, d'ailleurs, cet excellent Alceste, qu'on ne peut le voir dépasser, en paroles, les bornes de la modération, sans sourire et sans l'aimer. Il est si original ! Original, ne l'est pas qui veut; et vous verrez comme il est bon :

> Morbleu ! c'est une chose indigne, lâche, infâme,
> De s'abaisser ainsi jusqu'à trahir son âme ;
> Et si, par un malheur, j'en avais fait autant,
> Je m'irais, de regret, pendre tout à l'instant !

Il est évident qu'Alceste est allé trop loin, et que Philinte ne lui répond pas sans esprit :

> Je ne vois pas, pour moi, que le cas soit pendable ;
> Et je vous supplierai d'avoir pour agréable
> Que je me fasse un peu grâce sur votre arrêt,
> Et ne me pende pas pour cela, s'il vous plaît.

Quel heureux caractère ! Quel juste tempérament d'humeurs en parfait équilibre ! Il n'y a là, certainement, ni nuage, ni orage, ni même la moindre étincelle électrique. Qu'Alceste perd à la comparaison ! Il se fâche :

Que la plaisanterie est de mauvaise grâce!
PHILINTE.
Mais, sérieusement, que voulez-vous qu'on fasse?
ALCESTE.
Je veux qu'on soit sincère, et qu'en homme d'honneur,
On ne lâche aucun mot qui ne parte du cœur.

Du cœur, il en a; c'est évident.

PHILINTE.
Lorsqu'un homme vous vient embrasser avec joie,
Il faut bien le payer de la même monnoie,
Répondre, comme on peut, à ses empressements,
Et rendre offre pour offre, et serments pour serments.

Est-il possible d'être plus banal ? Si seulement Alceste était moins brusque. Mais on n'est pas parfait; et la brusquerie semble comme le parfum assez âcre mais saisissant de l'honnêteté. Cependant il y a un juste milieu. Atteignez-le, si vous le pouvez, et, si vous l'avez atteint, veillez bien à ne pas être compassé. Alceste n'est point arrivé à ce degré de perfection.

Alceste riposte avec une violence généreuse, qui nous fait connaître, à la fois, et sa personne et son temps, ou plutôt son cœur à lui et les dehors du siècle :

Non, je ne puis souffrir cette lâche méthode
Qu'affectent la plupart de vos gens à la mode;
Et je ne hais rien tant que les contorsions
De tous ces grands faiseurs de protestations,

Ces affables donneurs d'embrassades frivoles,
Ces obligeants diseurs d'inutiles paroles,
Qui de civilités avec tous font combat,
Et traitent du même air l'honnête homme et le fat.
Quel avantage a-t-on qu'un homme vous caresse,
Vous jure amitié, foi, zèle, estime, tendresse,
Et vous fasse de vous un éloge éclatant,
Lorsqu'au premier faquin il court en faire autant?
Non, non, il n'est point d'âme un peu bien située
Qui veuille d'une estime ainsi prostituée;
Et la plus glorieuse a des régals peu chers,
Dès qu'on voit qu'on nous mêle avec tout l'univers :
Sur quelque préférence une estime se fonde,
Et c'est n'estimer rien qu'estimer tout le monde.
Puisque vous y donnez, dans ces vices du temps,
Morbleu ! vous n'êtes pas pour être de mes gens;
Je refuse d'un cœur la vaste complaisance
Qui ne fait de mérite aucune différence ;
Je veux qu'on me distingue; et, pour le trancher net,
L'ami du genre humain n'est pas du tout mon fait.

L'ami du genre humain, c'est le philanthrope moderne, qui aime le pauvre jusqu'à le jeter dans un *dépôt de mendicité*, pour en décharger sa vue. Philinte aime tout le monde et n'aime personne. Il souffrirait d'avoir des ennemis et de lutter ; il ne veut ni lutter ni souffrir. Il embrasse l'humanité dans un égoïsme affectueux. Alceste a raison ; c'est là le tort d'Alceste. Rien d'insupportable comme un homme qui a toujours raison et qui le fait paraître. Ce n'est point par orgueil, au moins, qu'Alceste laisse échapper son cœur; il n'est pas patient, c'est fâcheux; mais il n'en peut plus de la banalité des amitiés frivoles; il ne lui agrée point d'être un atome dans l'universelle et vague sympathie dont son philanthrope ami enveloppe la cour d'un regard indifférent. Alceste veut qu'on le distingue. C'est dans la nature, Dieu l'a voulu; et qu'est-ce qu'un ami qui a tant d'amis? En dehors de la charité que nous devons au prochain, nous pouvons avoir des amis plus près du cœur. Les saints en ont eu; Alceste n'en aurait point? mais Philinte n'en aura jamais. Pauvre Alceste! Généreux Alceste, qui a compté sur Philinte, un philanthrope, sur Célimène, une coquette, sur le monde, car il est dans le monde, et n'est pas du monde!

Philinte n'a pas toujours tort dans le détail; il a, comme le monde, l'apparence de plus d'une vertu, et sa prudence a raison, quand elle dit:

> Il est bien des endroits où la pleine franchise
> Deviendrait ridicule et serait peu permise;
> Et parfois, n'en déplaise à votre austère honneur,
> Il est bon de cacher ce qu'on a dans le cœur.
> ... Quoi! vous iriez dire à la vieille Emilie
> Qu'à son âge il sied mal de faire la jolie,
> Et que le blanc qu'elle a scandalise chacun?

ALCESTE.

Sans doute.

PHILINTE.

A Dorilas, qu'il est trop importun?...

ALCESTE.

Fort bien.

J'ai presque envie d'abandonner Alceste, tant la charité de Philinte m'émeut. N'est-elle pas, cependant, un certain besoin de sécurité avant tout ? Mais Alceste est tellement singulier !

> *Il* ne trouve partout que lâche flatterie,
> Qu'injustice, intérêt, trahison, fourberie ;
> ... et *son* dessein
> Est de rompre en visière avec le genre humain.

Ce n'est pas un philanthrope.
On se moque de vous, riposte Philinte :

> Tant mieux, morbleu ! tant mieux, c'est ce que je
> [demande.
> Ce m'est un fort bon signe, et ma joie en est grande.
> Tous les hommes me sont à tel point odieux,
> Que je serais fâché d'être sage à leurs yeux.

Philinte le pousse avec calme, et le calme de Philinte excite la franchise exaspérée d'Alceste.

PHILINTE.

Vous voulez un grand mal à la nature humaine.

J'ajoute qu'il est toujours facile d'être calme, quand on ne sent rien.

ALCESTE.
Oui, j'ai conçu pour elle une effroyable haine.

Il n'en pense pas un mot.

Philinte enfonce le trait, doucement, comme il faut :

Tous les pauvres mortels, sans nulle exception,
Seront enveloppés dans cette aversion?
Encore en est-il bien, dans le siècle où nous sommes....

ALCESTE.

Non, elle est générale, et je hais tous les hommes :
Les uns, parce qu'ils sont méchants et malfaisants,
Et les autres, pour être aux méchants complaisants,
Et n'avoir pas pour eux ces haines vigoureuses
Que doit donner le vice aux âmes vertueuses.

Est-il vrai, oui ou non, qu'on ne peut aimer chaudement le bien, sans haïr le mal de tout son cœur? Tel est le véritable Alceste. S'il hait l'humanité, c'est par hyperbole, et encore c'est le vice de l'humanité plutôt que l'homme lui-même. Pardonnons-lui de dépasser sa pensée, d'exagérer la vérité, de figurer, en traits de feu, sa haine, pour l'homme? non, mais pour le courtisan, en réalité, et le monde perverti de la cour. L'excès de l'image nous fait mieux sentir, en nous le peignant de plus vives couleurs, cet univers en raccourci, la cour, dont Molière a su flatter les passions, mais dont il flagelle aujourd'hui les vices trop avérés. L'homme, dans cette pièce, s'appelle le courtisan; mais Alceste en veut à quelqu'un en particulier :

> De cette complaisance on voit l'injuste excès
> Pour le franc scélérat avec qui j'ai procès.
> Au travers de son masque on voit à plein le traître :
> Partout il est connu pour tout ce qu'il peut être ;
> Et ses roulements d'yeux, et son ton radouci,
> N'imposent qu'à des gens qui ne sont point d'ici.
> On sait que ce pied-plat, digne qu'on le confonde,
> Par de sales emplois s'est poussé dans le monde,
> Et que par eux son sort, de splendeur revêtu,
> Fait gronder le mérite et rougir la vertu.

Ce vers sort du cœur, il est éloquent. Un orgueilleux ne l'aurait pas fait; l'orgueil est sec.

Alceste est un satirique ; il gronde à la façon de Juvénal, mais il fait du bien à l'âme. Il ravive, par l'excès même de son honnête colère, la source des généreuses pensées. Derrière lui se tient le poète, l'inventeur, qui a le droit d'exagérer la leçon pour émouvoir l'âme la plus indifférente. Il y a peu d'honnêtes gens à la cour. Il n'y en a pas, dit le poète, et après lui, Alceste. Il le croit au moment où il le dit. Nous faisons de ces sortes de raisonnements là, tous les jours, sans mentir. Où en serions-nous, si chacun restait dans la médiocrité de la vérité? Le génie disparaîtrait du monde, l'héroïsme et la sainteté. Et qui, d'ailleurs, niera qu'il n'y ait au monde, surtout à la cour, des méchants et des complaisants? Enumérez-nous les bons qui poursuivent sans atermoiement l'œuvre périlleuse d'une active bonté. Les cœurs les mieux situés ont des illusions étranges, surtout aux jours de l'action. Et cependant le monde subsiste, mais par la volonté de Dieu. Or, une cour est un peu le portrait réduit, non seulement du monde, mais du pire monde que nous puissions imaginer sous des dehors agréables. Ni Molière n'a tort, en général, ni Alceste non plus. Alceste pourrait prendre les choses en douceur, sans s'étonner de rien; il serait Philinte. En vaudrait-il mieux? Il a des défauts, soit; la comédie ne voudrait pas de lui sans cela. Le monde a des vices; nous les souffrons et nous l'aimons; supportons Alceste qui a de rares qualités, et jugeons Philinte qui paraît avoir toutes les vertus:

Mon Dieu! des mœurs du temps mettons-nous moins
[en peine,
Et faisons un peu grâce à la misère humaine....

Que c'est bien dit!

Ne l'examinons point dans la grande rigueur,
Et voyons ses défauts avec quelque douceur.

Il faut, parmi le monde, une vertu traitable.
A force de sagesse, on peut être blâmable ;
La parfaite raison fuit toute extrémité,
Et veut que l'on soit sage avec sobriété.

On ne peut mieux... Saint Paul l'a dit, et même Horace.

Cette grande raideur des vertus des vieux âges
Heurte trop notre siècle et les communs usages.

Dans la pensée de Philinte, « la raideur des vieux âges, » serait-ce la raideur des chrétiens de l'Eglise primitive qui commettaient la folie de préférer l'arène à l'apostasie ? Mais Philinte n'y a pas songé ; il ne remonte pas si haut. Les vieux âges sont tous les âges possibles où l'on donne l'exemple d'une perfection gênante.

Il l'avoue ; cette raideur

.... veut aux mortels trop de perfection ;
Il faut fléchir au temps sans obstination ;
Et c'est une folie à nulle autre seconde
De vouloir se mêler de corriger le monde.

Il en cuit ; c'est certain :

J'observe, comme vous, cent choses tous les jours,
Qui pourraient mieux aller, prenant un autre cours ;
Mais, quoi qu'à chaque pas je puisse voir paraître,
En courroux, comme vous, on ne me voit point être.
Je prends tout doucement les hommes comme ils sont ;
J'accoutume mon âme à souffrir ce qu'ils font...

En prose : Toute ma vertu s'applique à savoir pratiquer l'indifférence, à ne rien sentir pour ne rien souffrir. Philinte est un stoïcien qui descend d'Epicure :

.... Et je crois qu'à la cour, de même qu'à la ville,
Mon flegme est philosophe autant que votre bile.

ALCESTE.

Mais ce flegme, Monsieur, qui raisonnez si bien,
Ce flegme pourra-t-il ne s'échauffer de rien ?
Et s'il faut, par hasard, qu'un ami vous trahisse,
Que, pour avoir vos biens, on dresse un artifice,
Ou qu'on tâche à semer de méchants bruits de vous,
Verrez-vous tout cela sans vous mettre en courroux ?

C'est là, sans doute, le cas d'Alceste. Mais Philinte met sa morale en pratique; voici comme:

Oui, je vois ces défauts, dont votre âme murmure,
Comme vices unis à l'humaine nature.

On n'avait pas encore dit que des défauts étaient des vices, ni que c'était un défaut, en particulier, de vouloir le mal de son voisin :

Et mon esprit enfin n'est pas plus offensé
De voir un homme fourbe, injuste, intéressé,
Que de voir des vautours affamés de carnage,
Des singes malfaisants et des loups pleins de rage.

C'est très juste, si nous sommes des singes; mais nous sommes des hommes, et ce n'est pas avoir d'âme que de considérer son prochain avec le même flegme que l'on considérerait, de loin, un vautour affamé, ou bien un loup plein de rage. Philinte n'a que du mépris pour la nature humaine; il peut avoir de l'esprit, il n'a pas de cœur. Que nous nous écartions des méchants, soit; mais que le vice ne nous cause aucune impression, à nous, qui sommes nés pour le bien, quelle philosophie misérable! Maître Jacques en sait davantage et vaut mieux; je préfère encore les indignations d'Alceste. Alceste souffre plus qu'il ne faut des imperfections humaines; il devrait plus songer aux siennes; mais Philinte, encore une fois, ne veut pas souffrir.

Aucune exposition ne nous a fait connaître mieux les personnages, et mis en présence, dans un contraste plus saisissant, d'une part, la fougueuse vertu d'un Alceste impatienté par le perpétuel spectacle de la justice et des mœurs outragées, et, d'autre part, l'égoïsme du monde verni d'une couche légère de charité dans le très prudent, très personnel et très indifférent Philinte.

Le charme d'un pareil début nous a tenus longtemps au seuil de l'action ; avant d'y entrer, apprenons qu'Alceste refuse de gagner son procès, en passant sous le joug intolérable de quelques précautions préliminaires. Il ne visitera pas ses juges :

> Non. J'ai résolu de ne pas faire un pas.
> J'ai tort ou j'ai raison.

Vous avez beau dire, Philinte, et nous avons beau sourire, c'est sans doute excessif, à force d'être élevé, mais il nous fallait un idéal pour nous hausser un peu au-dessus de l'ordinaire. Le voilà trouvé.

PHILINTE.
Ne vous y fiez pas.
ALCESTE.
Je ne remuerai point.
PHILINTE.
Votre partie est forte,
Et peut, par sa cabale, entraîner....
ALCESTE
Il n'importe.
PHILINTE.
Vous vous tromperez.
ALCESTE.
Soit. J'en veux voir le succès.
PHILINTE.
Mais...
ALCESTE.
J'aurai le plaisir de perdre mon procès.
PHILINTE.
Mais enfin...
ALCESTE.
Je verrai dans cette plaiderie
Si les hommes auront assez d'effronterie,

> Seront assez méchants, scélérats et pervers;
> Pour me faire injustice aux yeux de l'univers.

C'est un peu fort, et l'univers n'a pas les yeux sur Alceste; à moins qu'il s'agisse de l'univers en raccourci de Paris et de Versailles. Mais cet homme sent trop vivement, pour rester dans l'uni; plus on le met à l'étroit, sous la tyrannie des usages, plus il s'y soustrait, par un violent effort qui élève, dans la lutte, son expression au-dessus du langage commun. Au fond, il songe autant à l'univers, qu'il songeait tout à l'heure à haïr le genre humain. Plus on le veut asservir aux faux semblants du monde, et plus il exagère sa résistance. Nous y gagnons une peinture nouvelle de la vertu la moins vulgaire. Avons-nous à nous en plaindre?

Mais Philinte fait un juste reproche à son ami Alceste:

> Je m'étonne, pour moi, qu'étant, comme il me semble,
> Vous et le genre humain si fort brouillés ensemble,
> Malgré tout ce qui peut vous le rendre odieux,
> Vous ayez pris chez lui ce qui charme vos yeux;
> Et ce qui me surprend encore davantage,
> C'est cet étrange choix où votre cœur s'engage.
> La sincère Eliante a du penchant pour vous;
> La prude Arsinoé vous voit d'un œil fort doux;
> Cependant à leurs vœux votre âme se refuse,
> Tandis qu'en ses liens Célimène l'amuse,

> De qui l'humeur coquette et l'esprit médisant
> Semblent si fort donner dans les mœurs d'à présent.
> D'où vient que, leur portant une haine mortelle,
> Vous pouvez bien souffrir ce qu'en tient cette belle ?
> Ne sont-ce plus défauts dans un objet si doux ?
> Ne les voyez-vous pas, ou les excusez-vous ?

Alceste, cet ennemi de nos faiblesses, a son faible : il aime une coquette ! Sa trop vive imagination, qui lui exagère les défauts du prochain, s'est laissé séduire par les charmes d'une Célimène.

O contradiction ! ô châtiment trop cruel d'une âme franche, avide de perfection, sévère à la surface et tendre à l'excès ! Mais c'est assez gémir sur le sort d'Alceste. Voici sa réponse :

> Non. L'amour que je sens pour cette jeune veuve
> Ne ferme point mes yeux aux défauts qu'on lui treuve,
> Et je suis, quelque ardeur qu'elle m'ait pu donner,
> Le premier à les voir, comme à les condamner.
> Mais avec tout cela, quoi que je puisse faire,
> Je confesse mon faible ; elle a l'art de me plaire :
> J'ai beau voir ses défauts, et j'ai beau l'en blâmer,
> En dépit qu'on en ait, elle se fait aimer ;
> Sa grâce est la plus forte ; et sans doute ma flamme
> De ces vices du temps pourra purger son âme.

L'amour est aveugle ; rien de plus connu. L'amour, qui s'émeut d'un rien, et qui voit si clair dans certains petits détails, s'obstine à ne rien voir, quand la pleine lumière de la raison lui découvre la vanité de son objet. Ainsi d'Alceste retombé dans le commun des mortels. C'est d'autant plus gai que notre héros, tout à l'heure, contemplait l'humanité du haut de son indignation; c'est même très moral. Mais Alceste se fait tout pardonner, tant il est franc et bon. Il avoue son faible; d'ailleurs, il convertira Célimène; *il purgera son âme des vices du temps*. C'est un foudre de guerre; c'est un ingénu. Sa naïveté fait ressortir les vices de la cour; sa sincérité démasque les faux semblants du monde. Elle va être mise à une nouvelle épreuve. La véritable action commence. Oronte paraît, l'un des bourreaux d'Alceste; il a cependant conçu pour lui une estime incroyable :

> Oui, mon cœur au mérite aime à rendre justice,
> Et je brûle qu'un nœud d'amitié nous unisse.
> Je crois qu'un ami chaud, et de ma qualité,
> N'est pas assurément pour être rejeté.

Alceste s'étonne; Oronte insiste, avec force compliments.

ALCESTE.

Monsieur....

Il répétera, en modifiant les inflexions, ce mot de *Monsieur*, avec l'air gêné d'un bourru modeste. Les nuances de la voix, qui ne le sait? font dire tout ce qu'on veut au terme le plus vulgaire. Il ajoute, quand il peut glisser une phrase :

> C'est trop d'honneur que vous me voulez faire;
> Mais l'amitié demande un peu plus de mystère;
> Et c'est assurément en profaner le nom,
> Que de vouloir le mettre à toute occasion.
> Avec lumière et choix cette union veut naître;
> Avant que nous lier, il faut nous mieux connaître.
> Et nous pourrions avoir telles complexions,
> Que tous deux du marché nous nous repentirions.

Ce n'est pas Alceste qui est ridicule, c'est la manie d'Oronte qui fait rire. Elle s'explique ; il a commis un sonnet, il a la démangeaison de le lire. Alceste passe pour un homme de goût; il est encore plus homme de cœur.

ORONTE.

Sonnet. C'est un sonnet... *L'Espoir.* C'est une dame
Qui de quelque espérance avait flatté ma flamme.
L'Espoir.... Ce ne sont point de ces grands vers pompeux,
Mais de petits vers doux, tendres et langoureux.

Encore le genre précieux. Gorgibus ne l'a donc pas enterré ! Oronte est modeste; Alceste promet d'être sincère :

« Même il a le défaut
D'être un peu plus sincère en cela qu'il ne faut. »

« C'est entendu. — Le sonnet, le voici :

» L'espoir, il est vrai, nous soulage,
» Et nous berce un temps notre ennui;
» Mais, Philis, le triste avantage
» Lorsque rien ne marche après lui.

» Vous eûtes de la complaisance;
» Mais vous en deviez moins avoir,
» Et ne vous pas mettre en dépense
» Pour ne me donner que l'espoir.

» S'il faut qu'une attente éternelle
» Pousse à bout l'ardeur de mon zèle,
» Le trépas sera mon recours.

» Vos soins ne m'en peuvent distraire:
» Belle Philis, on désespère
» Alors qu'on espère toujours.

Philinte applaudit avec des yeux charmés et cet air de comprendre les sous-entendus qui plaît tant aux intéressés. Alceste enrage; Philinte ne peut maîtriser son admiration de commande :

La chute en est jolie, amoureuse, admirable.

Alceste, exaspéré, mais tout bas :

La peste de ta chute, empoisonneur, au diable!
En eusses-tu fait une à te casser le nez!

Le précieux de l'éloge justifie la brutalité de l'image. Il y a de ces réactions.

Le public, par malheur, n'a pas entendu Alceste; il en eût ri. Il applaudit Oronte, malgré

Molière, tant l'herbe parasite de la fausse délicatesse avait pris racine jusque dans le bon peuple du parterre. Pressé de porter son jugement, Alceste se recueille; il parle :

> *Monsieur*, cette matière est toujours délicate,
> Et sur le bel esprit nous aimons qu'on nous flatte.
> Mais, un jour, à quelqu'un dont je tairai le nom,
> Je disais, en voyant des vers de sa façon,
> Qu'il faut qu'un galant homme ait toujours grand empire
> Sur les démangeaisons qui nous prennent d'écrire;
> Qu'il doit tenir la bride aux grands empressements
> Qu'on a de faire éclat de tels amusements;
> Et que, par la chaleur de montrer ses ouvrages,
> On s'expose à jouer de mauvais personnages....

Est-il possible de plus ménager la susceptibilité d'Oronte ? Cet emploi charitable du style indirect, est-ce le fait d'un misanthrope ? Le ton est resté un peu brusque ; c'est comme un petit grondement, au dehors, de l'orage intérieur.

Oronte, qui est du monde :

> Est-ce que vous voulez me déclarer par là
> Que j'ai tort de vouloir...

Alceste, en étouffant sa franchise :

> *Je ne dis pas cela.*
> Mais je lui disais, moi, qu'un froid écrit assomme,
> Qu'il ne faut que ce faible à décrier un homme,
> Et qu'eût-on d'autre part cent belles qualités,
> On regarde les gens par leurs méchants côtés.

Oronte, qui comprend de mieux en mieux :

Est-ce qu'à mon sonnet vous trouvez à redire ?
ALCESTE.
Je ne dis pas cela....

Les gens embarrassés se répètent volontiers. On dirait qu'Alceste a besoin de se jeter sur un mot insignifiant, pour écarter la colère qui lui monte au gosier et reprendre sa charité !

Mais enfin, lui disais-je,
Quel besoin si pressant avez-vous de rimer ?
Et qui diantre vous pousse à vous faire imprimer ?
Si l'on peut pardonner l'essor d'un mauvais livre,
Ce n'est qu'aux malheureux qui composent pour vivre.
Croyez-moi, résistez à vos tentations ;
Dérobez au public ces occupations,
Et n'allez point quitter, de quoi que l'on vous somme,
Le nom que dans la cour vous avez d'honnête homme,
Pour prendre, de la main d'un avide imprimeur,
Celui de ridicule et misérable auteur.
C'est ce que je tâchai de lui faire comprendre.

Le bon sens peut-il parler sur des lèvres plus bienveillantes ? Boileau n'a pas si bien dit, à propos de Chapelain. Le satirique, même dans ses meilleures inspirations, est en même temps fin et lourd, comme l'ours montagnard dont il n'était pas loin d'avoir le caractère. Le ton aisé, familier d'Alceste, malgré l'embarras du moment et les boutades du caractère, est celui d'un homme bien élevé, qui a l'habitude du beau langage et qui le parle naturellement, sans y penser. Philinte aussi, Oronte également, sont des hommes de cour, plus distingués même que leur interlocuteur, au moins plus unis; mais ils n'ont pas le sel de son originalité. Ils parlent ainsi que le commun du monde élégant. Alceste n'est pas commun du tout; il tranche sur le prochain, par ses défauts, ses qualités et sa parole; mais il reste de la grande société.

Oronte a tout à fait compris :

Voilà qui va fort bien, et je crois vous entendre.
Mais ne puis-je savoir ce qui dans mon sonnet.....

Alceste n'y tient plus; n'a-t-il pas été assez charitable? Il est temps de dire leur fait aux mauvais poètes, aux mauvais sonnets, au sonnet d'Oronte. C'est encore de la charité... pour la vérité.

ALCESTE.

Franchement, il est bon à mettre au cabinet.

Quel plaisir d'entendre, une fois au moins, ce langage franc sur les lèvres d'un homme, quand la finesse nuance le mensonge sur les lèvres de tant de comédiens (1)!

(1) Bourdaloue nomme quelque part son siècle : *le siècle de*

Franchement, il est bon à mettre au cabinet.
Vous vous êtes réglé sur de méchants modèles,
Et vos expressions ne sont point naturelles.

Oronte l'a voulu ; son insistance lui vaut une leçon pittoresque. La vérité n'y perd rien. Alceste continue ; c'est Molière qui parle, et ce serait un malheur, qu'à force de bonté, il nous eût refusé une excellente leçon de critique :

Qu'est-ce que : « Nous berce un temps notre ennui ? »
Et que : « Rien ne marche après lui ? »
Que : « Ne vous pas mettre en dépense
Pour ne me donner que l'espoir ? »
Et que : « Philis, on désespère
Alors qu'on espère toujours ? »
Ce style figuré, dont on fait vanité,
Sort du bon caractère et de la vérité ;
Ce n'est que jeu de mots, qu'affectation pure,
Et ce n'est point ainsi que parle la nature.
Le méchant goût du siècle en cela me fait peur ;
Nos pères, tout grossiers, l'avaient beaucoup meilleur.

Voilà qui est vrai et solidement caractérisé ; ce qui suit ne vaut pas autant. Alceste rentre dans le comique de son rôle. Son goût souffre un peu de sa bonhomie :

... Je prise bien moins tout ce que l'on admire
Qu'une vieille chanson que je m'en vais vous dire.

l'hypocrisie. — C'est trop général. Il est possible que la cour ait mérité cette sévérité.

> Si le roi m'avait donné
> Paris, sa grand'ville,
> Et qu'il me fallût quitter
> L'amour de ma mie,
> Je dirais au roi Henri :
> Reprenez votre Paris ;
> J'aime mieux ma mie, ô gué!
> J'aime mieux ma mie.

Alceste ajoute :

> La rime n'est pas riche, et le style en est vieux :
> Mais ne voyez-vous pas que cela vaut bien mieux
> Que ces colifichets dont le bon sens murmure,
> Et que la passion parle là toute pure?

Sans doute, la chanson populaire d'Alceste n'est pas dans le goût élevé de la véritable littérature; mais, en somme, elle vaut dix fois les colifichets d'Oronte. Seulement la passion toute pure parle un langage plus choisi, sans être raffiné. Le vrai est entre les deux extrêmes, la leçon également. S'il fallait incliner d'un côté, ce serait vers la vieille chanson. Nos pères nous en ont légué qui ne périssent point, et qui, aux jours de réunions mémorables, aux noces, aux baptêmes, réveillent dans leur simplicité des sentiments immortels et provoquent les larmes de nos yeux. D'ailleurs, Alceste, tout bon qu'il est, ne s'est-il pas légèrement moqué d'Oronte? Il répète sa chanson une seconde fois (je ne pense pas qu'il la chante); le sonnet précieux du courtisan n'en semble que plus ridicule par la riche opposition de deux genres aussi antipathiques; la bonhomie de l'un met en relief la quintessence de l'autre.

Mais Philinte rit, Oronte rougit. Alceste insiste; il n'est pas habile :

> Oui, monsieur le rieur, malgré *vos beaux esprits*,
> J'estime plus cela que la *pompe fleurie*
> De tous ces faux brillants où chacun se récrie.

J'aime « pompe fleurie; » il va bien avec « colifichets. » La haine de Molière pour les « faux brillants » inspire son génie et varie son expression. Quel bonheur qu'Alceste ait été de ce caractère un peu singulier, et si franc que c'est vraiment trop franc! Sans cela, quelle occasion nous aurions perdue de voir Molière flétrir à tout jamais le ridicule des précieux et les vices des courtisans; car la comédie du *Misanthrope* est une satire.

Oronte, en colère, découvre sa vanité et la sottise de toute vanité :

> Et moi, je vous soutiens que mes vers sont fort bons.

Cela devait être. Il a raison parce qu'il a

raison; ou plutôt il a raison parce qu'il a tort; nos torts nous donnent toujours l'envie extrême d'avoir raison. Dispute, gros mots, brouille complète. Philinte n'y peut rien. Un ennemi de plus pour Alceste. Le bon goût est vengé, mais Oronte se vengera. En attendant, Alceste tombe de Charybde en Scylla, d'Oronte en Célimène. Un procès, une haine d'auteur, une Célimène, est-ce assez pour exaspérer un homme ? Qu'est-ce que Célimène ? une coquette, une insaisissable égoïste, qui veut être aimée sans aimer et plaire sans souffrir ; car le monde ne veut pas souffrir, il ne peut pas aimer. Au fond, elle ressemble à Philinte, mais plus méchante parce qu'elle est femme. Philinte ne veut qu'être tranquille ; à notre époque, il aurait chargé le gouvernement de ses intérêts; il eût mis ses rentes sur l'Etat. Autant il est pacifique, autant Célimène est agressive... à sa manière. Des yeux, du geste, du sourire, elle tente son malheureux prochain, le sexe fort, et quand elle l'a séduit, aveuglé, enivré, elle change de mine; elle s'avançait, elle recule; elle attirait, elle résiste; elle était aimable, elle est froide; ses yeux où brillait le ciel deviennent deux étoiles sévères; sa bouche est comme la porte d'une prison qui reçoit tout et ne rend rien. Elle jouit de la vanité de ses charmes, elle jouit de l'orgueil de sa résistance. Elle garde son cœur, elle n'en a point; c'est un joli marbre où se jouent, sans l'échauffer, tous les rayons d'une belle lumière. Ses manœuvres ont tant de fois abusé Alceste, un des satellites gravitant autour de sa céleste personne, qu'il est à bout de patience. Il la rencontre, il lui dit :

Madame, voulez-vous que je vous parle net?
De vos façons d'agir je suis mal satisfait ;
Contre elles, dans mon cœur, trop de bile s'assemble,
Et je sens qu'il faudra que nous rompions ensemble.

Que ne l'a-t-il déjà fait?

CÉLIMÈNE.
C'est pour me quereller donc, à ce que je vois,
Que vous avez voulu me ramener chez moi?

Elle prend le dessus. Elle se plaint; c'est un des moyens qu'emploie la faiblesse pour vaincre le plus fort.

Vous avez trop d'amants qu'on voit vous obséder,

riposte ce fiancé mal soumis.

CÉLIMÈNE.
Des amants que je fais me rendez-vous coupable?

La vaniteuse!

Puis-je empêcher les gens de me trouver aimable?
Et, lorsque pour me voir ils font de doux efforts,
Dois-je prendre un bâton pour les mettre dehors?

Alceste, le plus pittoresque des hommes :

Non, ce n'est pas, Madame, un bâton qu'il faut prendre,
Mais un cœur à leurs vœux moins facile et moins tendre.
Le trop riant espoir que vous leur présentez
Attache autour de vous leurs assiduités;
Et votre complaisance, un peu moins étendue,
De tant de soupirants chasserait la cohue...

Le satirique Alceste a toute la mine de parler pour Molière, et Molière, la mine de se moquer des courtisans :

Dites-moi, par quel sort
Votre Clitandre a l'heur de vous plaire si fort?
Sur quel fonds de mérite et de vertu sublime
Appuyez-vous en lui l'honneur de votre estime?
Est-ce par l'ongle long qu'il porte au petit doigt,
Qu'il s'est acquis chez vous l'estime où l'on le voit?
Vous êtes-vous rendue, avec tout le beau monde,
Au mérite éclatant de sa perruque blonde?

Et le reste. Alceste est méchant, jaloux, amoureux. C'est tout un. Célimène s'excusait; elle se fâche.

CÉLIMÈNE.
De tout l'univers vous devenez jaloux.

ALCESTE.
C'est que tout l'univers est bien reçu de vous.

Comment se fait-il qu'un homme d'esprit sache

aussi bien définir « la coquette, » et n'ose se débarrasser de Célimène ?

Bien mieux, il devra croire, sur parole, à son amour; autrement elle se dédira de tout. Le fier Sicambre courbe la tête. Cependant il murmure :

> Morbleu ! faut-il que je vous aime !
> Ah ! que si de vos mains je rattrape mon cœur,
> Je bénirai le ciel de ce rare bonheur !

S'il est malheureux, il fait notre joie; son âme passionnée lui fait dire les choses comme personne. Il sent vivement; c'est ce qui donne du relief à son expression; le cœur seul a la puissance de caractériser la pensée.

La droiture de son âme lui fait pardonner l'hétérodoxie de son langage; sa faiblesse rend supportable l'excessive perfection de sa vertu. Cet amateur de l'idéal nous donne, sans y songer, une leçon d'humilité, dans les contradictions de sa propre nature. Il est ce que nous sommes; il rêve la vertu plus qu'il ne la pratique, mais il l'aime; et nous, nous l'aimons en lui, parce qu'il est faible comme nous. Enfin nous rions de nous-mêmes dans un autre; c'est assez commode.

Pour Célimène, d'un lion en colère elle a presque fait un mouton; elle ne daigne pas même lui dire une douce parole, ni lui passer un ruban bleu autour du cou; elle le renvoie avec des reproches; elle reçoit Acaste en sa présence. Alceste enrage ; c'est de ce jour-là, sans doute, qu'on a dit de certaines gens que c'étaient des « moutons enragés. »

Après Acaste, Clitandre; après Clitandre, deux marquis. Philinte revient, la douce Eliante le suit. Pour un cœur épris d'amour et de solitude, il y a de quoi devenir fou. Alceste s'en va? non, il reste ; un signe, un doigt, un ordre l'ont retenu :

Demeurez

Je le veux, je le veux.

Il demeure.

Alceste est dans un coin, il ronge son frein. On cause, on médit; chaque bouche est un charbon ardent, et la parole comme une flamme qui réduit en cendres la réputation du prochain. Célimène brille, en première ligne, dans ce tournoi d'une méchanceté de bon ton. Clitandre loue, elle blâme ; Acaste censure, elle renchérit. C'est un joli petit monstre. C'est un démon féminin. Rien ne lui plaît... qu'elle-même. Et Alceste a pu l'aimer !

Parmi divers portraits tracés de main de maître, j'en choisis deux ou trois. Célimène a réellement de l'esprit, tout l'esprit de Molière. Nous pouvons rire, car Molière ne médit pas ; il peint la médisance, et nous rions des figures, mais non des personnes ; Célimène seule est coupable.

S'agit-il de Timante :

C'est de la tête aux pieds, un homme tout mystère,
Qui vous jette, en passant, un coup d'œil égaré,
Et, sans aucune affaire, est toujours affairé.
Tout ce qu'il vous débite en grimaces abonde ;
A force de façons, il assomme le monde ;
Sans cesse il a tout bas, pour rompre l'entretien,
Un secret à vous dire, et ce secret n'est rien ;
De la moindre vétille il fait une merveille,
Et, jusques au bonjour, il dit tout à l'oreille.

Et Bélise ? Célimène se surpasse à son endroit, car Bélise est une femme ; c'est presque excusable :

Le pauvre esprit de femme ! et le sec entretien !
Lorsqu'elle vient me voir, je souffre le martyre ;
Il faut suer sans cesse à chercher que lui dire ;
Et la stérilité de son expression
Fait mourir à tous coups la conversation.
En vain, pour attaquer son stupide silence,
De tous les lieux communs vous prenez l'assistance :
Le beau temps et la pluie, et le froid et le chaud,
Sont des fonds qu'avec elle on épuise bientôt.
Et l'on demande l'heure, et l'on bâille vingt fois,
Qu'elle grouille aussi peu qu'une pièce de bois.

Quel mépris de ce qui ne brille pas. Quel

orgueil des apparences ! Quelle sottise de l'esprit ! Quel vide du cœur !

Pour Damis, dont Philinte insinue timidement la sagesse, en un vers, en un seul vers, où se réduit tout le courage des prudents du siècle ; pour Damis, disons-nous,

> Il pense que louer n'est pas d'un bel esprit,
> Que c'est être savant que trouver à redire,
> Qu'il n'appartient qu'aux sots d'admirer et de rire,
> Et qu'en n'approuvant rien des ouvrages du temps,
> Il se met au-dessus de tous les autres gens.
> Aux conversations même il trouve à reprendre ;
> Ce sont propos trop bas pour y daigner descendre ;
> Et les deux bras croisés, du haut de son esprit,
> Il regarde en pitié tout ce que chacun dit.

C'est frappé. A-t-on jamais mieux figuré un pédant de quelque distinction ? La bonne leçon ! Mais le satirique Molière est dans son droit ; Célimène est dans son tort. Le charitable et brusque fiancé de la coquette, Alceste, le comprend si bien, qu'il échappe à sa franchise une nouvelle saillie :

> Allons, ferme, poussez, mes bons amis de cour ;
> Vous n'en épargnez point, et chacun a son tour :
> Cependant aucun d'eux à vos yeux ne se montre,
> Qu'on ne vous voie en hâte aller à sa rencontre,
> Lui présenter la main, et d'un baiser flatteur
> Appuyer les serments d'être son serviteur.

Les Alcestes sont rares, et l'on en doit être assez fier pour supporter leurs écarts. Le nôtre a son côté populaire, tout grand seigneur qu'il est ; le beau monde, qui a le cœur sec et les nerfs susceptibles, ne saurait l'entendre sans souffrir. Sa franchise, qui dit tout, contrarie sans cesse le suprême bon ton des fines nuances et des subtils sous-entendus.

C'est à qui l'accablera, ce rude adversaire des malsaines délices de la médisance. Clitandre débute, Philinte le suivra, Célimène a la palme :

Il prend toujours en main l'opinion contraire.

Le mot dit beaucoup. — Il est inutile, sans doute, de contredire à l'excès ; mais le monde ne veut pas qu'on le contredise en rien. Il rêve le bonheur sans limites, le contentement parfait, la joie sans nuage, dans un plaisir continuel et sans l'épine d'une seule contrariété. Il s'est imaginé que le plaisir et la joie ne faisaient qu'un. Mais comme le monde a voulu ce qu'il ne fallait pas, il n'a pas ce qu'il a voulu. Il n'est point de cœurs plus déchirés que ceux des mondains. Leur volonté, qui s'épuise à poursuivre l'impossible, laisse toujours saignante une trop fine sensibilité. Et cependant, par une singulière erreur de l'esprit, comme ils ont fait du jour la nuit, ils ont prétendu, de leurs petits bras, arracher le ciel d'en haut pour le mettre sur la terre. Afin d'avoir la paix, ils ont cherché leurs aises dans les divertissements qui sollicitent le plus les sens, les passions et la guerre. Ils ont réussi à se donner une certaine surface de bonheur; mais cet extérieur cache mal la souffrance mortelle d'une agitation sans trêve. En somme, pour se croire heureux dans le monde, et pour le paraître, on a tout assourdi, on a refoulé la voix du cœur et distillé le miel sur des lèvres menteuses. Ce n'est pas charité, c'est hypocrisie. On a, par un raffinement d'égoïsme, fermé toute issue au moindre courant d'air de quelque vérité désagréable. Voilà pourquoi Alceste est si mal venu parmi les gens à la mode. Célimène est bien plus adroite, qui jette un peu de gaîté, faute de joie, sur ce monde affligé, et flatte l'épiderme toujours sensible du cœur humain naturellement jaloux. Elle nous fait rire des autres en nous rassurant sur nous-mêmes; car nous n'avons jamais les défauts des autres. Tel est le monde où notre héros jette le grès de sa rude franchise. Sa galanterie consiste à être vrai. O, l'insensé !

> Non, Madame, non, quand j'en devrais mourir,
> Vous avez des plaisirs que je ne puis souffrir;
> Et l'on a tort ici de nourrir dans votre âme
> Ce grand attachement aux défauts qu'on y blâme.

Après Alceste, son contraire, Clitandre :

> Pour moi, je ne sais pas ; mais j'avouerai tout haut
> Que j'ai cru jusqu'ici madame sans défaut.

Il ment, mais il ne froisse pas ; il a la science du monde. — Le monde ne médit pas seulement, il ne flatte pas toujours ; il a sa petite philosophie, et des *sagesses*, en personne, à la façon de la douce Eliante. On s'étonne qu'Alceste ait une manière à lui de courtiser Célimène ; c'est une merveille. Alors Eliante peint l'effet habituel des illusions de l'amour :

> L'amour, pour l'ordinaire, est peu fait à ces lois,
> Et l'on voit les amants vanter toujours leur choix.
> Jamais leur passion n'y voit rien de blâmable,
> Et, dans l'objet aimé, tout leur devient aimable ;
> Ils comptent les défauts pour des perfections,
> Et savent y donner de favorables noms.
> La pâle est au jasmin en blancheur comparable....

Et le reste, traduit de Lucrèce. L'épicurien Lucrèce est à sa place dans le monde. Ce monde, où tant de gens désirent entrer par vanité, serait bien fade, même dans Molière, sans la mordante épice des satires d'Alceste. Mais on l'appelle; les maréchaux veulent juger son affaire avec Oronte. C'est beaucoup pour peu de chose. Philinte essaie de pacifier le cœur de son ami. Celui-ci :

> Hors qu'un commandement exprès du roi me vienne
> De trouver bons les vers dont on se met en peine,
> Je soutiendrai toujours, morbleu! qu'ils sont mauvais,
> Et qu'un homme est pendable après les avoir faits!

Il n'est pas si exagéré, Alceste! Le mot pendable est hyperbolique. Quoi! Alceste cédera au roi sur une question de goût. Il a tort... Mais il crie; il ne fallait pas crier. Qu'il ait tort ou raison, il aura toujours tort.

Une fois clos ce très petit incident, nous rentrons dans le monde des interminables conversations. Acaste et Clitandre se disputent élégamment le mérite du bon ton et le cœur de Célimène qui n'en a point. Ils n'en ont pas. La prude Arsinoé s'annonce; la coquette, un instant éloignée, reparaît :

CÉLIMÈNE.

Que me veut *cette* femme?

Il y a une manière féminine de préciser son inimitié dans le pincement des lèvres et l'emploi du démonstratif.

Mais Célimène ne s'en tient pas là; comme les

grands orateurs elle a laissé voir sa conclusion dans l'exorde. Avec l'air d'abandon et la facilité quelquefois maligne que la nature a accordée au sexe le moins fort, elle dénigre celle que tout à l'heure elle va complimenter. La piété d'Arsinoé n'est que « franche grimace, »

> Dans l'âme elle est du monde ; et ses soins tentent tout,
> Pour accrocher quelqu'un, sans en venir à bout.
> Elle ne saurait voir qu'avec un œil d'envie
> Les amants déclarés dont une autre est suivie ;
> Et son triste mérite, abandonné de tous,
> Contre le siècle aveugle est toujours en courroux.
> Elle tâche à couvrir d'un faux voile de prude
> Ce que chez elle on voit d'affreuse solitude ;
> Et, pour sauver l'honneur de ses faibles appas,
> Elle attache du crime au pouvoir qu'ils n'ont pas.
> Cependant un amant plairait fort à la dame ;
> Et même pour Alceste elle a tendresse d'âme.
> Ce qu'il me rend de soins outrage ses attraits...

Célimène retient Alceste, en le désespérant, parce qu'Arsinoé le vise d'un œil oblique. Affaire de pure jalousie :

> Elle veut que ce soit un vol que je lui fais ;
> Et son jaloux dépit, qu'avec peine elle cache,
> En tous endroits sous main contre moi se détache.
> Enfin je n'ai rien vu de si sot à mon gré ;
> Elle est impertinente au suprême degré...

Tartuffe est un hypocrite, Orgon un imbécile,

Mme Pernelle une maniaque, Arsinoé une grimacière. Les gens pieux jouent un rôle peu honnête dans Molière; il n'y a d'honnêtes que les gens sans religion ou les indifférents. J'en excepte Alceste, car je le suppose chrétien, quoiqu'il n'en laisse rien voir; en tout cas, il est bon et n'affiche pas le scepticisme. La minaudière Célimène, qui le joue, voudrait jouer Arsinoé; son orgueil attache l'un à son char; elle veut se venger de l'autre. Elle va griffer, elle caresse d'abord. Après l'avoir si bien dépeinte, elle accueille sa rivale avec une aimable charité qui ne veut rien laisser voir de ses secrets sentiments. Merveilleuse souplesse du monde, en général, et de certains esprits, en particulier, féminins ou autres !

Quel heureux sort en ce lieu vous amène ?
Madame, sans mentir, j'étais de vous en peine.

ARSINOÉ.
Je viens pour quelque avis que j'ai cru vous devoir.

Les papillons ou damerets s'évanouissent; les femmes demeurent, le duel commence. Les armes sont, d'un côté, l'envie, le dépit, l'hypocrisie, de l'autre, la jeunesse, l'esprit, l'orgueil; des deux parts, même finesse, même égoïsme, même ironie, même vice et même élégance. L'une est belle, Célimène; l'autre est mûre, Arsinoé; l'une a des amants, l'autre n'en a plus. Arsinoé veut Alceste; Célimène, qui ne sait pas si elle le veut, a juré qu'Arsinoé ne l'aurait pas. Jalousie, méchanceté, subtilité, faux semblants, tout le génie féminin est là, en lutte contre lui-même, vicié jusqu'à la moelle, malgré quelques beautés des dehors. Il est une autre femme que Molière n'a pas assez connue.

Arsinoé parle :

Madame, l'amitié doit surtout éclater
Aux choses qui le plus nous peuvent importer;
Et comme il n'en est point de plus grande importance
Que celles de l'honneur et de la bienséance,
Je viens, par un avis qui touche votre honneur,
Témoigner l'amitié que pour vous a mon cœur.
Hier j'étais chez des gens de vertu singulière,
Où sur vous du discours on tourna la matière;
Et là, votre conduite avec ses grands éclats,
Madame, eut le malheur qu'on ne la loua pas.
Cette foule de gens dont vous souffrez visite,
Votre galanterie, et les bruits qu'elle excite,
Trouvèrent des censeurs plus qu'il n'aurait fallu,
Et bien plus rigoureux que je n'eusse voulu.

La bonne âme !

Vous pouvez bien penser quel parti je sus prendre;
Je fis ce que je pus pour vous pouvoir défendre....

On sait ce que vaut cette timide protestation des lèvres, quand le regard approuve :

> Je vous excusai fort sur votre intention,
> Et voulus de votre âme être la caution.
> Mais vous savez qu'il est des choses dans la vie
> Qu'on ne peut excuser, quoiqu'on en ait envie.
> Et je me vis contrainte à demeurer d'accord
> Que l'air dont vous vivez vous faisait un peu tort;
> Qu'il prenait dans le monde une méchante face;
> Qu'il n'est conte fâcheux que partout on n'en fasse,
> Et que, si vous vouliez, tous vos déportements
> Pourraient moins donner prise aux mauvais jugements.

Voilà où en voulaient venir les longues insinuations d'une parole dorée, à faire dire, par d'autres, ce qu'Arsinoé brûle de dire elle-même, sans l'oser; à contenter sa haine, en la sucrant d'un peu de charité.

> Tant de fiel entre-t-il dans l'âme des dévotes?

La tendre amie, pour finir, avec une onction pénétrante que dément la flamme maligne du regard :

> Madame, je vous crois l'âme trop raisonnable,
> Pour ne pas prendre bien cet avis profitable,
> Et pour l'attribuer qu'aux mouvements secrets
> D'un zèle qui m'attache à tous vos intérêts.

Cette femme est bien la rivale de Tartuffe.

Célimène n'a pas perdu son sang-froid; elle a tout écouté, l'air recueilli, la bouche un peu serrée. Comme César, qui dictait deux lettres à la fois, elle écoutait Arsinoé et déjà préparait sa réponse. A défaut de force la femme possède la finesse. Célimène n'a pas d'intentions moins bienveillantes pour Arsinoé, qu'Arsinoé pour Célimène :

> Madame, j'ai beaucoup de grâces à vous rendre.
> Un tel avis m'oblige ; et, loin de le mal prendre,
> J'en prétends reconnaître à l'instant la faveur
> Par un avis aussi qui touche votre honneur ;
> Et comme je vous vois vous montrer mon amie,
> En m'apprenant les bruits que de moi l'on publie,
> Je veux suivre, à mon tour, un exemple si doux,
> En vous avertissant de ce qu'on dit de vous.

Le bon cœur !

> En un lieu, l'autre jour, où je faisais visite,

absolument comme Célimène,

> Je trouvai quelques gens d'un très rare mérite,
> Qui, parlant des vrais soins d'une âme qui vit bien,
> Firent tomber sur vous, Madame, l'entretien.
> Là, votre pruderie et vos éclats de zèle
> Ne furent pas cités comme un fort bon modèle ;
> Cette affectation d'un grave extérieur,
> Vos discours éternels de sagesse et d'honneur,
> Vos mines et vos cris aux ombres d'indécence,
> Que d'un mot ambigu peut avoir l'innocence,
> —Cette hauteur d'estime où vous êtes de vous,
> Et ces yeux de pitié que vous jetez sur tous,

> Vos fréquentes leçons et vos aigres censures
> Sur des choses qui sont innocentes et pures ;
> Tout cela, si je puis vous parler franchement,
> Madame, fut blâmé d'un commun sentiment.

C'est la même sincérité dont usait tout à l'heure Arsinoé. C'est un échange de procédés chrétiens ; c'est la correction fraternelle. Rien de si beau, sauf l'ironie. Le fond, le voici : Je suis coquette, mais vous êtes orgueilleuse ; je suis légère, vous êtes hypocrite. Ce n'est pas fini :

> A quoi bon, disaient-ils, cette mine modeste,
> Et ce sage dehors que dément tout le reste?
> Elle est à bien prier exacte au dernier point,
> Mais elle bat ses gens et ne les paye point.
> Dans tous les lieux dévots elle étale un grand zèle,
> Mais elle met du blanc, et veut paraître belle....
> Pour moi, contre chacun je pris votre défense,
> Et leur assurai fort que c'était médisance,

tout comme Arsinoé. — Le piquant de la réponse, c'est qu'elle est calquée sur le premier discours. Rien de plus doucement moqueur :

> Mais tous les sentiments combattirent le mien,
> Et leur conclusion fut que vous feriez bien
> De prendre moins de soin des actions des autres
> Et de vous mettre un peu plus en peine des vôtres;
> Qu'on doit se regarder soi-même un fort long temps
> Avant que de songer à condamner les gens ;
> Qu'il *faut mettre le poids d'une vie exemplaire*
> *Dans les corrections qu'aux autres on veut faire.*

Ces deux vers méritent de passer en proverbe. La vengeance est complète, la péroraison l'achève :

> Madame, je vous crois aussi trop raisonnable
> Pour ne pas prendre bien cet avis profitable,
> Et pour l'attribuer qu'aux mouvements secrets
> D'un zèle qui m'attache à tous vos intérêts.

Quoique jolie, Célimène a la malice de cet animal dont on prétend que nous descendons. Elle singe, à la perfection, sa rivale. Toutes deux possèdent l'éloquence rusée de l'insinuant Ulysse. Si elles ont tant d'esprit et si méchant, c'est que le cœur n'en trouble pas la lucidité. Elles se visent de sang-froid, pour se faire, à armes courtoises, de cruelles blessures. Il est à souhaiter que la peinture soit exagérée, tant elle est odieuse, et tant l'âme humaine nous y paraît abaissée, sous la transparente élégance des formes les plus civilisées. Mais la nature n'a pas permis que ce sang-froid fût de longue durée. La femme est toute sensibilité ; son calme, s'il n'est pas le calme surnaturel de la vertu, se perd vite dans une invincible émotion du corps et de l'âme, des nerfs et de la volonté. Arsinoé, moins sûre de son fait, et qui ne se sent plus le prestige de la jeunesse, est la première démontée :

> A quoi qu'en reprenant on soit assujettie.
> Je ne m'attendais pas à cette repartie,
> Madame; et je vois bien, par ce qu'elle a d'aigreur,
> Que mon *sincère* avis vous a blessée au cœur.

Sincère !

Le reste est moins intéressant. Célimène triomphe sur le trophée des cent victoires que lui dresse la foule des soupirants. Arsinoé, au contraire, se découvre plus qu'il ne faut, après avoir dissimulé plus qu'il ne convenait. Sa jalousie éclate et ses prétentions font rire. C'est une Bélise dévote, passée à l'arrière-garde des beautés fanées, et qui soupire après des soupirants. Aussi, combien n'est-elle point comique, lorsqu'elle ose dire :

> Si nos yeux enviaient les conquêtes des vôtres,
> Je pense qu'on pourrait faire *comme les autres*,
> Ne se point ménager, et vous faire bien voir
> Que l'on a des amants quand on en veut avoir.

Mais Célimène veut une victoire de plus. Elle sort, et, par une raillerie nouvelle, prie Alceste qui rentre, de tenir sa place, un instant, auprès d'Arsinoé, sa rivale. Qu'a donc fait le pauvre Alceste, pour être ainsi persécuté par ses ennemis et ses amis? Car Arsinoé est une amie. Sa constance, qui s'est accrue avec le nombre des années, s'imagine qu'elle va recevoir sa récompense, et que le destin a mis un Alceste sous ses pas, juste pour en faire l'époux d'Arsinoé. C'est encore un fait certain que les illusions d'un opiniâtre désir s'augmentent à mesure que les déceptions se multiplient. Arsinoé prend son air le plus doux. Cette charmante vieille fille a deux buts, perdre Célimène et se placer avantageusement. Elle flatte Alceste, tout comme Oronte l'a fait, avec le même succès.

ALCESTE.

Mon Dieu ! laissons mon mérite, de grâce :
De quoi voulez-vous là que la cour s'embarrasse?
Elle aurait fort à faire, et ses soins seraient grands
D'avoir à déterrer le mérite des gens....

Aujourd'hui,

Tout est d'un grand mérite également doué ;
Ce n'est plus un honneur que de se voir loué ;
D'éloges on regorge, à la tête on les jette,
Et mon valet de chambre est mis dans la gazette.

Non, Alceste ne veut point d'une charge à la cour :

Le ciel ne m'a point fait, en me donnant le jour,
Une âme compatible avec l'air de la cour.
Je ne me trouve point les vertus nécessaires
Pour y bien réussir et faire mes affaires.

> Être franc et sincère est mon plus grand talent;
> Je ne sais point jouer les hommes en parlant :
> Et qui n'a pas le don de cacher ce qu'il pense
> Doit faire en ce pays fort peu de résidence.

On sent que Molière, pour châtier la cour, a besoin d'Alceste. Arsinoé n'en a pas moins envie. Avec l'air de la plus délicieuse candeur, elle accuse son amie, dans l'intérêt d'Alceste, comme elle blessait naguère Célimène pour son bonheur. C'est la même broderie de charité sur le même fond d'égoïsme. Elle plaint un malheureux d'avoir si mal placé son amour dans le cœur d'une coquette! Alors notre honnête homme, avec sa sincère et rude charité :

> Mais, en disant cela, songez-vous, je vous prie,
> Que cette personne est, Madame, votre amie?

La franchise d'Alceste est aussi bien peinte que l'hypocrisie de Tartuffe. Arsinoé ne s'effraie point. « Sa conscience » lui ordonne d'avertir un infortuné dont « on trahit la flamme ». Elle a touché le seul point sensible; elle a réveillé les doutes du susceptible amant. Il est trompé :

> Cela se peut, Madame, on ne voit pas les cœurs;
> Mais votre charité se serait bien passée
> De jeter dans le mien une telle pensée.

Il raille, il souffre! Alceste veut des preuves;

il en aura ; il lira son infortune dans une lettre de Célimène à Oronte.

> Et, si pour d'autres yeux *votre cœur* peut brûler,
> On pourra vous offrir de quoi vous consoler,

ajoute l'incomparable Arsinoé, sûre d'un seul bonheur, le malheur d'autrui, et qui offre sa main à celui dont elle martyrise le cœur.

DOUZIÈME COURS

Le Misanthrope ou l'Homme atrabilaire (Suite).

DOUZIÈME COURS

Le Misanthrope ou l'Homme atrabilaire (Suite).

L'action devenait presque tragique ; Philinte la ramène à ses proportions ordinaires. Il s'agit toujours d'Alceste :

> Non, l'on n'a point vu d'âme à manier si dure,
> Ni d'accommodement plus pénible à conclure :
> En vain de tous côtés on l'a voulu tourner,
> Hors de son sentiment on n'a pu l'entraîner !

Ridicule, ce n'est point Alceste qui l'est, mais un tribunal de maréchaux réunis pour forcer un honnête homme à manquer au bon goût et à la bonne foi. Car il est question, je pense, de lui faire dire que les détestables vers d'Oronte sont beaux et très beaux. Molière se moque, mais ce n'est pas d'Alceste. Alceste s'est montré, en effet, le plus impartial des hommes :

> Je ne me dédis point,
> Et tomberai d'accord de tout, hors de ce point.
> De quoi s'offense-t-il ? et que veut-il me dire ?
> Y va-t-il de sa gloire à ne pas bien écrire ?
> Que lui fait mon avis qu'il a pris de travers ?

Nous nous rappelons la délicatesse d'Alceste, son style indirect et les instances d'Oronte pour savoir, de force, la vérité qui lui fait haïr le critique de la façon la plus odieuse et la plus ridicule. L'excellent Alceste continue :

On peut être honnête homme, et faire mal des vers.

Boileau est-il traité de misanthrope pour en avoir dit autant à Chapelain ?

Ce n'est point à *l'honneur* que touchent ces matières.

On sait que le tribunal des maréchaux était un tribunal d'honneur :

Je le tiens galant homme en toutes les manières,
Homme de qualité, de mérite, et de cœur,
Tout ce qu'il vous plaira, mais fort méchant auteur.

N'est-ce pas être charitable que d'arriver à cet accommodement ? Pour finir,

Monsieur, je suis fâché d'être si difficile ;
Et, pour l'amour de vous, je voudrais, de bon cœur,
Avoir trouvé tantôt votre sonnet meilleur.

C'est parfait. — Philinte aurait dit tout ce que l'on aurait voulu. Au regard de cette puissante réunion de maréchaux, l'académie lui aurait semblé fort peu de chose. En nos jours heureux, il eût décliné la compétence des tribunaux civils et mis la justice du côté de la violence administrative, par amour de sa tranquillité. C'eût été un excellent préfet. Comme Molière sait bien se moquer du monde et de ses Philintes ! Philinte, je le connais. Il a l'épiderme sensible et la bienveillance sincère. Il est si doux d'être bienveillant, de s'en rendre compte et de recueillir, dans les regards d'autrui, l'expression de la reconnaissance ! Il y a un véritable égoïsme de la bonté, entendons-nous, de celle qui ne coûte aucun sacrifice appréciable. Voulez-vous connaître à fond le caractère d'un homme ? voyez s'il est capable de quelque immolation. Dans ce cas, pardonnez-lui bien des travers; car vous en avez. Philinte, à table, est un délicieux convive ; il provoque, autour de lui, la discussion; il lance avec adresse le mot qui anime la jeunesse à la riposte. Il jouit du feu roulant des attaques et des répliques, des plaisanteries acérées, des gaietés spirituelles, des générosités superbes. Il avoue, un jour, dans un moment d'épicurienne sincérité, qu'en prodiguant la joie et la vie autour de sa personne, on le met dans cette heureuse disposition de l'esprit qui facilite le labeur de l'estomac et fait mieux goûter les douceurs d'une agréable digestion.

Eliante n'a pas, au même point, cette placidité d'une nature amoureuse d'elle-même et de la paix à tout prix. On raille, devant elle, l'amour d'Alceste et sa persistance à trouver méchants des vers qui sont détestables; Eliante le défend noblement :

> Dans ses façons d'agir il est fort singulier;
> Mais j'en fais, je l'avoue, un cas particulier;
> Et la sincérité dont son âme se pique
> A quelque chose en soi de noble et d'héroïque;
> C'est une vertu rare au siècle d'aujourd'hui,
> Et je la voudrais voir partout comme chez lui.

Que c'est bien dit ! Un bon point à Eliante. Même elle accepterait volontiers le cœur d'Alceste, s'il se lassait de Célimène; et Philinte serait heureux, en dernier ressort, d'accepter l'aumône du cœur d'Eliante, si Alceste épousait la coquette. Il y a, dans le monde, de ces chassés-croisés d'âmes tranquilles, qui font dépendre leurs affections des circonstances et brûlent ou gèlent à volonté, suivant l'occasion. Combien Alceste est différent ! L'amoureux de la coquette n'est plus un homme ; c'est un orage. Il tombe, comme un ouragan, dans l'entretien pacifique d'Eliante :

> Ah ! tout est ruiné,
> Je suis, je suis trahi, je suis assassiné.

Célimène... (eût-on pu croire cette nouvelle?)
Célimène me trompe, et n'est qu'une infidèle.

Qu'il est naïf !

O juste ciel! faut-il qu'on joigne à tant de grâces
Les vices odieux des âmes les plus basses !

Il ne sait donc pas qu'Eole, le dieu des vents, habite le cœur capricieux d'une coquette. Il aime, et l'amour, dans son égoïsme, rêve des conversions irréalisables. Mais ni l'amour-propre de l'amour ni sa témérité ne changeront, ni son despotisme, ni sa violence, ni sa timidité, ni sa faiblesse. C'est la même *ritournelle*, depuis que le monde est monde. Philinte hasarde un mot.

ALCESTE.
Ah! morbleu! mêlez-vous, Monsieur, de vos affaires.
(*A Éliante.*)
C'est de sa trahison n'être que trop certain,
Que l'avoir, dans ma poche, écrite de sa main.
Oui, Madame, une lettre écrite pour Oronte
A produit à mes yeux ma disgrâce et sa honte ;
Oronte, dont j'ai cru qu'elle fuyait les soins,
Et que de mes rivaux je redoutais le moins.

Et le cœur d'Alceste, dans son désespoir, supplie la douce Eliante :

En recevant mon cœur,
Acceptez-le, Madame, au lieu de l'infidèle.

40

S'il avait l'esprit présent, si la passion n'en était la maîtresse, il se garderait d'une telle folie. Mais il est dans la nature de l'affection qu'on nomme l'amour de courir aux extrêmes; c'est aussi un besoin pour l'homme, dans l'excès du malheur, d'en désirer d'autant plus vivement le remède et de se précipiter sur les apparences du bonheur. Pour se débarrasser de la vie et revoir sa Chimène, Rodrigue la prie de lui plonger son épée dans le cœur. C'est pour échapper, sans retard, à son infortune. Moins tragique et plus original, encore tout chaud d'un amour déçu, Alceste demande la main d'Eliante ; comme Rodrigue, il ne sait ce qu'il dit. Rodrigue nous fait pleurer, Alceste nous fait rire. Toujours la même comédie. Eliante, qui pourrait se mettre en colère, ne méprise point le cœur que lui offre Alceste ; elle cherche néanmoins à le ramener du côté de Célimène ; car

> Une coupable aimée est bientôt innocente.

On ne saurait mieux parler. — En somme, Eliante semble lui dire : Aimez-la; si décidément vous ne l'aimez plus, je ne vous refuse point... Pourtant Philinte n'a pas perdu toutes ses chances.

Ces affections prudentes, ces transactions réfléchies
dans les choses du cœur, ces délicatesses à l'eau
de rose ne sont pas sans avoir un certain petit
charme, en dépit de la fadeur du genre. Par bonheur, sur ce fond assez terne, tranche la brusquerie de l'excellent bourru que nous connaissons.

Mais il est en face d'un ennemi cent fois plus
rusé qu'il n'est vrai lui-même, malgré l'excès
de sa franchise.

CÉLIMÈNE.

Ouais ! Quel est donc le trouble où je vous vois paraître ?
Et que me veulent dire, et ces soupirs poussés,
Et ces sombres regards que sur moi vous lancez ?...

ALCESTE.

Ah ! ne plaisantez point, il n'est pas temps de rire.
Rougissez bien plutôt, vous en avez raison ;
Et j'ai de sûrs témoins de votre trahison....

Vous pouviez en aimer un autre, c'était votre
droit ;

Mais d'un aveu trompeur voir ma flamme applaudie,
C'est une trahison, c'est une perfidie,
Qui ne saurait trouver de trop grands châtiments ;
Et je puis tout permettre à mes ressentiments.
Oui, oui, redoutez tout après un tel outrage ;
Je ne suis plus à moi, je suis tout à la rage.

Oreste n'est pas plus tragique :

> Percé du coup mortel dont vous m'assassinez,
> Mes sens par la raison ne sont plus gouvernés ;
> Je cède aux mouvements d'une juste colère....

Il va la tuer peut-être.... Je tremble :

> Et je ne réponds pas de ce que je puis faire.

Je ris. — Alceste, dans son trouble, a oublié de dire le motif de son courroux ; il donne beau jeu à Célimène. L'amazone, un moment surprise, ressaisit vite les rênes. A qui s'exalte jusqu'à la violence, sans raison, on a le droit de répondre avec une certaine hauteur :

> D'où vient donc, je vous prie, un tel emportement?
> Avez-vous, dites-moi, perdu le jugement?

Alceste en vient-il à l'histoire du billet doux écrit par sa maîtresse au détestable Oronte, l'accusée a eu tout le loisir de reprendre son sang-froid et d'imaginer quelque ingénieux détour. Elle raille, elle ment :

> Oronte ! qui vous *dit que la lettre est pour lui?*...
> Mais si c'est une *femme* à qui va ce billet,
> En quoi vous blesse-t-il, et qu'a-t-il de coupable ?

Alceste veut lire. La dignité blessée de Célimène refuse de rien entendre. La lettre la confondrait ; c'est l'heure de l'audace :

Il ne me plaît pas, moi.
Je vous trouve plaisant d'user d'un tel empire
Et de me dire au nez ce que vous m'osez dire !

L'empire d'Alceste sur Célimène ! Certaines femmes ont de ces tournures stupéfiantes ; la fantaisie de leur raisonnement brise le fil du discours et fait faire à la logique des soubresauts impossibles; mais leur intérêt n'en souffre jamais. C'est là le fond immobile de leur mobilité. — Accusées, elles accusent; témoin Célimène. Alceste est presque persuadé qu'il est le coupable :

De grâce, montrez-moi, je serai satisfait,
Qu'on peut pour une femme expliquer ce billet.

Il s'adoucit ; il voudrait avoir tort. — Autre chemin de traverse où Célimène embrouille son malheureux interlocuteur; maintenant elle lui donne raison ; mais de quelle manière ? il s'agit toujours du billet :

Non, il est pour Oronte ; et je veux qu'on le croie.
Je reçois tous ses soins avec beaucoup de joie,
J'admire ce qu'il dit, j'estime ce qu'il est,
Et je tombe d'accord de tout ce qu'il vous plaît.
Faites, prenez parti ; que rien ne vous arrête,
Et ne me rompez pas davantage la tête.

C'est-à-dire : vous êtes un homme impossible à vivre; il faut absolument vous donner raison;

c'est le seul moyen d'avoir la paix; je suis la plus malheureuse et la plus généreuse femme du monde; vous en êtes l'homme le plus insupportable; elle va pleurer.

Alceste résume la scène en un vers qu'il s'adresse à lui-même :

C'est moi qui me viens plaindre, et c'est moi qu'on querelle !

Tout haut :

Rendez-moi, s'il se peut, ce billet innocent.

Il ne sait déjà plus contenir l'expression de son amour. Célimène est maîtresse du champ de bataille; elle poursuit sa facile victoire; c'est la coupable; elle injurie l'innocent Alceste :

Allez, vous êtes fou dans vos transports jaloux,
Et ne méritez pas l'amour qu'on a pour vous....

Singulier amour !

Allez, de tels soupçons méritent ma colère;
Et vous ne valez pas que l'on vous considère.
Je suis sotte, et veux mal à ma simplicité
De conserver encor pour vous quelque bonté;
Je devrais autre part attacher mon estime,
Et vous faire un sujet de plainte légitime.

Pour un roi de la nature, et qui a raison, Alceste, traité de fou, de jaloux, fait une mine assez piteuse. La reine a détrôné le roi; elle règne. Du reste, rien ne nous paraît exact comme cette difficulté qu'a l'intelligence féminine « de rester dans la question. » Saint Louis, qui aimait tant la reine Marguerite, sa femme, ne voulut jamais qu'elle eût part au gouvernement après lui. Il craignait, sans doute, la mobilité de ses impressions. A plus forte raison, Alceste, le plus honnête homme du monde, n'aurait-il pas dû se livrer, pieds et poings liés, à la plus variable des jeunes filles. Il en est le jouet; il m'émeut cependant par la sincérité de son amour :

> Oui, je voudrais qu'aucun ne vous trouvât aimable,
> Que vous fussiez réduite en un sort misérable;
> Que le ciel en naissant ne vous eût donné rien ;
> Que vous n'eussiez ni rang, ni naissance, ni bien;
> Afin que de mon cœur l'éclatant sacrifice
> Vous pût d'un pareil sort réparer l'injustice;
> Et que j'eusse la joie et la gloire en ce jour
> De vous voir tenir tout des mains de mon amour.

Son éloquence embrasse les épines d'un chardon. Nouvel incident :

Alceste a perdu son procès. Alceste n'est pas un hâbleur. Il a tenu sa promesse et n'a pas visité ses juges. C'est là un excès d'honneur comme il y en a peu. Il est accusé, en outre, d'un livre abominable ; Oronte appuie la calomnie. Alceste perd une partie de sa fortune; il sera exilé. Célimène, les juges, Arsinoé, jusqu'à la philanthropique impassibilité de son ami Philinte, tout l'accable, tout l'écrase. Il n'y tient plus, il s'en ira; il fuira le monde. Balzac l'a fait. Il est sorti de la foule, pour écrire de très beaux livres, sur les bords fleuris de la Charente. Est-ce un misanthrope? Alceste qui n'écrit point, mais qui a une manière à lui de dire la vérité et de juger la cour, est-il déjà si déraisonnable? Il l'est, dans l'expression outrée de son légitime emportement. N'y a-t-il pas lieu, néanmoins, d'user, à son égard, de quelque indulgence? Philinte le détourne de son projet, mais en vain :

Non, vous avez beau faire et beau me raisonner,
Rien de ce que je dis ne peut me détourner ;
Trop de perversité règne au siècle où nous sommes,
Et je veux me tirer du commerce des hommes.
Quoi! contre ma partie on voit tout à la fois
L'honneur, la probité, la pudeur et les lois;
On publie en tous lieux l'équité de ma cause ;
Sur la foi de mon droit mon âme se repose....

Sublime naïveté !

Cependant je me vois trompé par le succès :
J'ai pour moi la justice, et je perds mon procès!...
Il court parmi le monde un livre abominable,
Et de qui la lecture est même condamnable,

Un livre à mériter la dernière rigueur,
Dont le fourbe a le front de me faire l'auteur !
Et là-dessus on voit Oronte qui murmure,
Et tâche méchamment d'appuyer l'imposture !
Lui qui d'un honnête homme à la cour tient le rang,
A qui je n'ai rien fait qu'être sincère et franc....

Comme ces vers sonnent le plein de la plus parfaite droiture !

Qui me vient, malgré moi, d'une ardeur empressée,
Sur des vers qu'il a faits demander ma pensée ;
Et parce que j'en use avec honnêteté
Et ne le veux trahir, lui, ni la vérité,
Il aide à m'accabler d'un crime imaginaire !
Le voilà devenu mon plus grand adversaire !
Et jamais de son cœur je n'aurai de pardon,
Pour n'avoir pas trouvé que son sonnet fût bon !

Jusqu'ici rien de mieux ; mais Alceste se hâte trop de généraliser :

Et les hommes, morbleu ! sont faits de cette sorte !
C'est à ces actions que la gloire les porte !
Voilà la bonne foi, le zèle vertueux,
La justice et l'honneur que l'on trouve chez eux !

Aussi se gardera-t-il d'en appeler de ce jugement inique :

Car il veut qu'il demeure à la postérité,
Comme une marque insigne, un fameux témoignage
De la méchanceté des hommes de notre âge.

Il manque à la vertu d'Alceste un dernier trait,

la patience. Il tombe sous son fardeau, victime de ses vives impressions, de l'image idéale qu'il s'est faite de l'homme à la ressemblance de son honnêteté et surtout de cette divine perfection dont rien n'a altéré le type dans son âme. Il va loin, trop loin. Pour avoir trop espéré de l'homme, il en désespère; un païen n'aurait pas vu l'homme de si haut; un chrétien devrait avoir plus de résignation. Est-ce qu'Alceste serait un janséniste ? Il n'y songe guère ; il haïrait ; Alceste croit haïr, il aime, au fond ; mais il est inconséquent ? En effet, sa faiblesse prouve contre sa sévérité, et sa vertu atteste que l'homme n'est pas sans vertu, quoi que son impatience prétende. Il est donc très inconséquent. Soit. Il n'en ressemble que plus à l'homme ; il n'est pas moins le très honnête Alceste. Laissons-le dire :

Allons, c'est trop souffrir les chagrins qu'on nous forge :
Tirons-nous de ce bois et de ce coupe-gorge.
Puisqu'entre humains ainsi vous vivez en vrais loups,
Traîtres, vous ne m'aurez de ma vie avec vous.

Il est tout simplement en colère. Sa douleur l'égare ; son amour trompé lui fait croire qu'il hait l'homme qu'il a aimé à l'excès. Il n'a donc pas lu cette parole des saintes Ecritures : *Omnis homo mendax ; toute humaine perfection nous abuse.* — Alceste pourrait vivre à la campagne ; l'air de la cour l'empoisonne et l'étouffe. Il peste

<pre>Contre l'iniquité de la nature humaine ;</pre>

Il jure

<pre>...De nourrir pour elle une immortelle haine.</pre>

Vous vous rappelez cette mère courroucée qui menace son fils du loup. Aussi terrible est notre misanthrope en colère contre l'objet de son amour. Il a tort cependant ; et puis, à la longue, il se fait monotone. Il nous fatigue dans les élans trop multipliés de son indignation. On serait tenté de croire que Molière, pour exciter notre gaieté et faire passer son amère satire de la cour, pour donner à sa comédie, d'ailleurs si fine, une allure populaire, exagère, à dessein, le travers d'un fort honnête homme, et force, plus que de raison, la note d'une colère bruyante et comique. Même la lassitude nous incline insensiblement du côté de Philinte, qui fait face à cette vertu trop hérissée, avec un calme, cette fois, tout à fait raisonnable :

<pre>... Je tombe d'accord de tout ce qu'il vous plaît:
Tout marche par cabale et par pur intérêt;
Ce n'est plus que la ruse aujourd'hui qui l'emporte,
Et les hommes devraient être faits d'autre sorte.</pre>

> Mais est-ce une raison que leur peu d'équité,
> Pour vouloir se tirer de leur société?
> Tous ces défauts humains nous donnent, dans la vie
> Des moyens d'exercer notre philosophie :
> C'est le plus bel emploi que trouve la vertu.

C'est parler comme un saint, tandis qu'Alceste?...

Est-ce qu'Alceste, pour n'avoir pas assez de philosophie, n'aurait pas de vertu? Au contraire, il lutte, à sa manière, à grands cris. Il est bon, il agit, il veut le bien, il en souffre, sans craindre la souffrance; c'est pour avoir voulu réaliser en lui et dans les autres une vertu impossible qu'il est si découragé. Son malheur est généreux. Cependant, au point où nous en sommes, le défaut d'Alceste commence à nous peser plus que l'égoïsme de son indolent ami. C'est dans la nature, et nous oublions vite que Philinte exerce sa patience à tout supporter uniquement pour ne pas souffrir. Sans doute, la vertu d'Alceste est incomplète, mais elle est. D'ailleurs, il n'y a point ici-bas de vertu abstraite; même le drame ne veut pas de perfection, et la comédie permet qu'on rie de nos défauts. Mais rira-t-elle de la vertu, et jusqu'à quel point? Il y a une si petite différence entre rire et se moquer! La vertu de justice, en particulier, ne souffrirat-elle pas dans nôtre âme d'être vue si longtemps, si vivement, sous son côté ridicule, sinon ridiculisée elle-même? — En tous cas, Philinte parle d'or. Nous l'avons entendu tout à l'heure peindre son indifférence ; il voyait les méchants avec le même sang-froid que des loups pleins de rage; toute sa philosophie consistait à se croiser les bras. Qu'il est changé ! Maintenant toute vertu qui n'agit point ne mérite nullement le nom de vertu ; car,

> Si de probité tout était revêtu ;
> Si tous les cœurs étaient francs, justes et dociles,
> La plupart des vertus nous seraient *inutiles*.

Autrement dire : pas de vertu sans action. Ce n'est plus Philinte ; ou plutôt c'est l'éternel égoïste prompt à conseiller aux autres ce qu'il est incapable de faire. Mais prenons-y garde. Ce léger fard d'une agréable vertu qui cache le vide absolu du cœur pourrait, à l'heure psychologique du dénouement, déterminer la dernière impression de la pièce, celle qui reste, et nous ranger du côté de Philinte. La logique ne règle pas les émotions de l'homme, cet animal moins raisonnable parfois qu'inconséquent; l'intérêt concilie tout. Il y a même, entre la parole vertueuse de Philinte et sa froide nonchalance, une heureuse contradiction qui nous permet d'admirer sa morale (la dernière) et de suivre l'exemple facile de son indifférente modération.

La pièce court au dénouement. Alceste, avec beaucoup de raison, veut que Célimène prononce entre lui et Oronte. Oronte est du même avis. Célimène se débat :

> Mon Dieu! que cette instance est là hors de saison!
> Et que vous témoignez tous deux peu de raison!
> Je sais prendre parti sur cette préférence,
> Et ce n'est pas mon cœur maintenant qui balance :
> Il n'est point suspendu, sans doute, entre vous deux,
> Et rien n'est sitôt fait que le choix de nos vœux;
> Mais je souffre, à vrai dire, une gêne trop forte
> A prononcer, en face, un aveu de la sorte ;
> Je trouve que ces mots, qui sont désobligeants,
> Ne se doivent point dire en présence des gens;
> Qu'un cœur de son penchant donne assez de lumière,
> Sans qu'on nous fasse aller jusqu'à rompre en visière;
> Et qu'il suffit enfin que de plus doux témoins
> Instruisent un amant du malheur de ses soins.

Ce faux semblant de charité d'une fille coquette et vaniteuse, qui ne se prononce point entre ses deux amants pour les garder tous les deux, cette hypocrite bonté se rencontre, à point nommé, avec la fausse vertu de Philinte. Le tableau est complet. Heureusement Célimène,, malgré sa duplicité politique, ne saurait nous abuser ; sa coquetterie brille en plein soleil ; il n'y a d'aveugle que son amant. Mais Philinte peut nous faire illusion et nous inspirer l'amour d'une vertu qui n'en est pas une, Alceste nous éloigner d'une vertu réelle et devenue ridicule. Je ne dis pas qu'au fond, nous détestions Alceste ; il s'en faut. Cependant qui voudrait être, comme lui, vertueux et moqué ? Au contraire, qui n'embrasserait volontiers la vertu facile de Philinte qui ne fait rire personne ? Disons encore que la vertu a par elle-même un relief qui attire les regards ; autrement elle ne serait pas capable de servir d'exemple. Sur sa gravité naturelle la plus fine poussière s'aperçoit et tente au moins le sourire. Que sera-ce si la comédie, qui exagère à dessein les travers, peint les travers de la vertu ? S'il y avait place pour elle, (et ce n'est pas douteux) dans la comédie de Molière, il fallait mettre sur ses lèvres la satire du vice, sans la rendre elle-même ridicule. C'est un jeu dangereux que de faire rire de la vertu.

Célimène a son châtiment. Arsinoé, la terrible. Arsinoé, a découvert deux petits billets adressés, l'un à Acaste, où sa rivale se moque de Clitandre, l'autre à Clitandre, où elle se moque d'Acaste.

La coquette, du reste, y raille impitoyablement comtes, vicomtes et marquis. Arsinoé, conduite par une amie charitable, accompagnée des deux frivoles courtisans ci-dessus nommés et bernés, prie Célimène de se justifier. Chacun a son compte dans la prose maligne de l'accusée, « le grand flandrin de vicomte », « Clitandre qui fait tant le doucereux », « le petit marquis, » Oronte lui-même « l'homme au sonnet, qui s'est jeté dans le bel esprit, et veut être auteur malgré tout le monde, » enfin Alceste, « l'homme aux rubans verts. Il me divertit quelquefois, écrit la trop légère ennemie de la prude Arsinoé, avec ses brusqueries et son chagrin bourru ; mais il est cent moments où je le trouve le plus fâcheux du monde. » C'est la deuxième trahison patente de l'ingrate Célimène, sans compter les infidélités moins appréciables. Alceste comprendra-t-il enfin qu'il faut renoncer à cette femme sans cœur, qui n'a d'esprit que pour se moquer, et dont la seule constance est dans la suite de ses inconstances ? Non. Il l'épousera, si elle veut le suivre au désert, c'est-à-dire à la campagne :

Oui, je veux bien, perfide, oublier vos forfaits....

Il l'aime, tout en la nommant perfide, comme

il aime l'homme, en croyant qu'il le hait :

> J'en saurai, dans mon âme, excuser tous les traits,
> Et me les couvrirai du nom d'une faiblesse
> Où le vice du temps porte votre jeunesse....

Le tendre bourru !

> Pourvu que votre cœur veuille donner les mains
> Au dessein que j'ai fait de fuir tous les humains,
> Et que dans mon désert où j'ai fait vœu de vivre,
> Vous soyez, sans tarder, résolue à me suivre.
> C'est par là seulement que, dans tous les esprits,
> Vous pouvez réparer le mal de vos écrits,
> Et qu'après cet éclat qu'un noble cœur abhorre,
> Il peut m'être permis de vous aimer encore.

C'est digne et généreux de la part de l'offensé, quoique un peu raide. Malgré quelques excès de langage, notre imagination aperçoit une belle campagne, un magnifique château, de nombreux serviteurs. Il n'y a pas de désert en France, et Célimène sera heureuse, si elle le veut, avec Alceste qui a encore la faiblesse de l'adorer. Cette faiblesse, il la sent ; il nous prévient même

> Que c'est à tort que sages on nous nomme,
> Et que dans tous les cœurs il est toujours de l'homme.

Il se connaît, il se juge, il est humble. Pour son bonheur, il aurait dû, depuis longtemps, s'accommoder à l'homme plus qu'il ne l'a fait. Mais la sévérité de sa justice nuit à la perfection de sa charité. Tel qu'il est, il vaut mille et un Philintes.

Nouvelle déception. Alceste a compté sans Célimène :

> Moi, renoncer au monde avant que de vieillir,
> Et dans votre désert aller m'ensevelir!
> ALCESTE.
> Vos désirs, avec moi, ne sont-ils pas contents?

Ce vers renferme toute la bonhomie d'un grand cœur.

> CÉLIMÈNE.
> La solitude effraie une âme de vingt ans.

Nous sommes tentés de prendre son parti. Elle épousera Alceste, s'il habite Versailles. A son tour, il la refuse. Célimène est constante avec elle-même : compromise par la découverte de ses artifices, elle trouvera un refuge pour son honneur dans l'homme aux rubans verts ; mais à la campagne, jamais! On y médit cependant... avec moins de finesse qu'à la cour. Aussi notre héros :

> Puisque vous n'êtes point, en des liens si doux,
> Pour trouver tout en moi, comme moi tout en vous,
> Allez, je vous refuse; et ce sensible outrage
> De vos indignes fers pour jamais me dégage.

Puis il se tourne vers Eliante, plus timidement que tout à l'heure, au fond avec le désir de trouver une consolation dans son âme charitable, sinon avec la vague pensée d'un hymen dont il se reconnaît indigne. — Indigne! Eliante le prend au mot, et cette fin de la pièce est cruelle :

> Vous pouvez suivre cette pensée;
> Ma main de se donner n'est pas embarrassée;
> Et voilà votre ami, sans trop m'inquiéter,
> Qui, si je l'en priais, la pourrait accepter.

Décidément la bonté d'Eliante a son terme, et sa douceur n'est pas sans acide. Remarquons, en passant, que tous ces personnages de jeunes filles à marier, qui vivent si familièrement avec les gens de la cour, comtes, vicomtes et marquis, n'ont rien absolument des grâces candides de leur âge; ce sont des types inventés qui n'ont de la femme que la plus fine malice; ce sont des enfants à qui l'auteur prête la sécheresse d'une expérience équivoque. Fussent-elles légères, leur langage ne répond pas à leur jeunesse; il n'y a là de réel que la peinture d'un vice abstrait, l'égoïsme, plus raffiné dans le cœur et sur les lèvres de la femme du monde. J'excepte Arsinoé qui est la vive figure d'une prude et méchante vieille fille.

Philinte est dans le ravissement, et les deux seuls amis de l'infortuné se promettent leur cœur, (s'ils en ont un) sous ses propres yeux, sans pitié pour son malheur. Il y fallait mettre au moins plus de convenance. Alceste, avec autant de générosité qu'il montrait naguère de bonhomie, en peignant à Célimène les délices de la solitude conjugale, Alceste leur souhaite toute la félicité possible. Pour moi, ajoute-t-il,

Trahi de toutes parts, accablé d'injustices,
Je vais sortir d'*un gouffre* où triomphent les vices,

La cour!

Et chercher sur la terre un endroit écarté,
Où d'être homme d'honneur on ait la liberté.

On dirait l'accent de Corneille. — Philinte a réfléchi. Après l'avoir abandonné, il veut retenir Alceste dans cet enfer où il ne respire plus.

PHILINTE.
Allons, Madame, allons employer toute chose
Pour rompre le dessein que son cœur se propose.

O la belle amitié! Admirons plutôt la bonté d'un misanthrope qui n'a que des vœux de bonheur pour ces deux égoïstes.

Concluons : — Il y a, en réalité, deux personnages dans cette comédie, l'un abstrait, la cour ou le monde, une sorte d'idéal du mal ; l'autre qui est Alceste, bon, vrai et vertueux ; c'est la belle nature opposée à la nature dépravée. Or, l'homme qu'a imaginé Alceste, n'est point du tout celui qui est, surtout à la cour. De là une contrariété perpétuelle pour l'admirateur, une déception journalière, une irritation croissante, un *ridicule achevé;* là est le péril. On prétend que Molière n'a voulu railler que les défauts d'Alceste, ses faibles, surtout son inconséquence, et faire voir ce que gagnerait sa vertu à rentrer dans des bornes plus naturelles. Je ne nie pas que telle fût la pensée de l'auteur. Quant à dire qu'il a, d'un pinceau d'artiste, représenté, sans songer à plus, *l'humeur d'un atrabilaire*, je n'en crois rien. C'est ne point comprendre la portée de l'écrivain. Il a voulu donner une leçon ; il l'a manquée. En général, nous ne faisons qu'un de l'homme et de son caractère. Que l'homme soit grotesque, et sa vertu risquera d'être une caricature de la vertu. Aristote, un païen, ne permet à la comédie que de tourner le vice en ridicule. D'ailleurs Molière, dont le cœur découragé domine et entraîne le génie, semble nous dire : Voyez Alceste, il est bon, juste, délicat, humble et charitable, droit et sensé ; il ne se loue jamais. Le monde, s'il avait un vice, le lui pardonnerait ; il n'a qu'un travers, dans son excès de vertu, et le voilà trahi, calomnié, condamné, bafoué, poussé à bout, abandonné. Osez donc être vertueux avec de pareilles espérances, ou soyez-le sans défaut. Or, c'est impossible. Il reste donc à la vertu mêlée d'inconséquences, sous prétexte qu'elle n'est point parfaite, le privilège d'être moquée par la comédie et par les comédiens. C'est assez de railler les vices.—Cependant cet Alceste, qui n'est un misanthrope que suivant la vulgaire définition du monde, et qui a la naïveté de se croire aimé de Célimène, car il dit :

Je ne l'aimerais pas si je ne croyais l'être,

placez-le dans une société moins raffinée, plus simple, plus franche, où l'on se passe les mots un peu verts et l'exubérance des figures pittoresques, où l'imagination est plus vive, le cœur plus jeune, où tout l'atticisme est dans l'âme, il sera plus à son aise et plus gai; sa brusquerie honnête ne gênera pas, autour de lui, l'élégance de l'égoïsme ; il n'usera pas son temps à tuer le ver caché sous la phrase académique. Il aimera, il sera aimé. Donnez-lui une femme douce, bonne, assez chrétienne et patiente; ce n'est pas si rare;

elle en fera ce qu'elle voudra. Qu'est-ce même qu'un mouvement d'orage pour troubler le bonheur ? Un peu d'électricité, dans un ciel heureux, ne vaut-il pas mieux que les douces fadeurs débitées sous le vernis d'un plafond doré. Alceste n'est un misanthrope qu'à la cour (1).

Au fond et philosophiquement, Molière semble dans le vrai; la vertu n'est que trop souvent l'objet des riseés d'un monde corrompu; mais ce monde, Molière, sous prétexte de le peindre et de lui infliger une leçon, nous en a moins inspiré l'horreur qu'il n'a livré la vertu au ridicule. Seulement, pour un froid observateur, Alceste est un homme

(1) « *La misanthropie* vient de ce qu'après s'être beaucoup trop fié, sans aucune connaissance, à quelqu'un, et l'avoir cru tout à fait sincère, honnête et digne de confiance, on le trouve, peu de temps après, méchant et infidèle, et tout autre encore dans une autre occasion ; et lorsque cela est arrivé à quelqu'un plusieurs fois, et surtout relativement à ceux qu'il aurait crus ses meilleurs et plus intimes amis, après plusieurs mécomptes, il finit par prendre en haine tous les hommes, et ne plus croire qu'il y ait rien d'honnête dans aucun d'eux. » (Platon, — *Phédon*, traduction de V. Cousin, t. I, p. 258 et 259.)

Ce vrai misanthrope est plus silencieux qu'Alceste. Alceste s'indigne. Pour s'indigner, il faut aimer. D'ailleurs Alceste aime Célimène; quelle charité ne montre-t-il pas pour Oronte ? il est, au dénouement, la dupe de Philinte et d'Eliante; il fait des vœux pour leur bonheur. Ce n'est pas là le caractère de la haine et de la misanthropie.

que le monde de la cour n'a pas compris, n'a pas aimé, parce qu'il n'aime point. La plupart des qualités qui font l'homme, Alceste les possède; elles ont tourné contre lui. C'est précisément parce qu'il était homme, malgré quelques défauts, dans toute la beauté du mot, que le monde n'a pas voulu de sa personne. Un homme, dans ce sens là, et qui ne veut pas même du mensonge des compliments banals, est toujours monotone, gênant, vexant. C'est plus qu'un vulgaire mortel, malgré ses contradictions. Il dérange la paix des consciences à la mode et l'uni des pensées trop ordinaires ; c'est un reproche perpétuel, c'est un danger de tous les instants, c'est l'ennemi des sous-entendus ; sa charité trouble l'harmonie des médisances, sa franchise blesse les sottes vanités, sa droiture embarrasse les plus subtiles coteries, sa parole démasque les fines hypocrisies. C'est une lumière dont le monde ne veut pas ; le monde raille Alceste et s'en débarrasse. Il ridiculise ses *honnêtes travers*, son ton bourru, ses chagrins généreux, ses emportements sans malice, sa bonhomie, son amour, sa faiblesse, son inconséquence, l'excès de sa franchise. Il ne lui pardonne point sa vertu. Le monde brillant, dont l'idéal tout en dehors répugne à la solide vertu, le monde menteur, qui hait cet homme de bien et le pousse à bout, est plus misanthrope que lui.

Une dernière observation.—Molière, dans cette comédie, est un critique judicieux du mauvais goût, un moraliste aigri et cependant profond, un parfait satirique. De bien loin il distance Boileau, qui n'a ni cet œil perçant, ni cette plume vive, facile et légère, et qui pèse sur sa phrase du poids de son lourd génie. Molière donne des ailes à son vers, mais Boileau a une honnêteté qui inspire la confiance et rassérène le cœur. Molière, qui fait rire du bien, ne semble pas avoir mis de cœur dans son œuvre.

CONCLUSION

Essayons, pour finir, de résumer Molière en quelques traits.

On se sent ému d'une douloureuse compassion quand on voit tant de génie dans une âme si mal ordonnée, tant de native bonté réduite à rien dans un découragement si profond.

Certes, nul autre n'a peint l'homme plus au naturel que notre comique, et plus vivement, avec ses passions, ses travers, ses ridicules. Malgré cette profusion de types différents qu'on a vus ailleurs, sans doute, et qu'on croit revoir sur la scène, depuis Sganarelle jusqu'à Philinte, Molière semble avoir possédé l'âme elle-même de chacun de ses personnages, vécu leur vie et parlé leur langage. C'est une merveille. Il atteint, en un certain sens, l'idéal de la comédie, dans ses grandes pièces. Il représente le vice plutôt que le personnage vicieux, c'est vrai; mais à son idée il donne la couleur et la vie d'un être humain. Il exagère les caractères, le plus souvent, dans une juste mesure; il est original, jamais il n'est bizarre. S'il reste naturel jusque dans son audace, si son style plein de feu ne vous laisse jamais reprendre un terme prétentieux où perce la vanité de l'auteur, il n'en a pas moins saisi et observé la fine nuance qui sépare, dans le tableau d'une vie ordinaire, l'art d'avec la nature.

Comme il a peint toute la société, il a parcouru aussi, sans trop forcer la note, toute la gamme de l'éclat de rire, du rire et du sourire; la naïveté de ses peintures provoque, plus d'une fois, une irrésistible gaîté. S'il connaît l'homme à fond, Alceste, Chrysale, Gorgibus, M. Jourdain et maître Jacques, pas un atome ne lui échappe de la malice féminine : témoin Armande, Arsinoé, Célimène et d'autres; on dirait de la haine. Même il a parfaitement connu Martine, la fille des champs, et martyrise le français à sa manière, comme il imite, à s'y méprendre, l'éloquence familière de l'honnête épouse du bourgeois gentilhomme. Le pathos des savants, le jargon des précieuses, l'argot des médecins, le fin parler des femmes à la mode, l'élégance achevée des conversations de la cour et jusqu'au patois de nos paysans, autant de dialectes qui lui sont familiers. Il tire, en partie, sa force comique de la justesse de l'expression, de la brusquerie du mot propre et des proverbes de la sagesse populaire.

Chacun de nous, s'il le veut, peut voir son Sosie sur les tréteaux et rire de sa propre figure peinte avec une désespérante fidélité. Molière est un implacable satirique.

Il a rendu un vrai service aux lettres, en ramenant l'expression de la pensée au modèle unique, à la nature, par son exemple, ses préceptes et son ironie. Je ne sais pas même si La Bruyère et Fénelon n'ont point exagéré, en accusant le galimatias et le jargon de son style ; ou, du moins, les fautes en passent inaperçues, comme celles d'une conversation aisée, animée, agréable et quelquefois négligée.

Avouons toutefois que Molière est souvent banal, sinon incorrect, quand il fait parler l'amour ou la vertu (1). Sa facilité tourne alors à la volubilité.

Il a un autre défaut : il se moque, à plaisir,

(1) Voir, en particulier, les discours du père de D. Juan et les discours d'Elvire.

de la vraisemblance, surtout au dénouement de ses comédies; et les mariages civils de ses héros, par-devant notaire, s'arrangent à la hâte, comme ils peuvent, pour la satisfaction du bon public. C'est plutôt, en réalité, un peintre de mœurs, et de mauvaises mœurs, qu'un vrai poète dramatique. Pas de drame, en effet, là où il n'y a pas de liberté morale. Mais quel peintre que Molière! Comme ses emprunts à l'antiquité, à l'Italie, à l'Espagne, à nos vieux fabliaux, sont insignifiants en regard de son génie!

Son vice capital, le voici : Dans la nuit où son cœur a enseveli son intelligence, il ne voit que le mal, sans opposition; ou, s'il a un idéal du bien, il est vulgaire. Pour Molière, « l'affaire de la comédie est de représenter, en général, tous les défauts des hommes; la grande règle de toutes les règles, c'est de plaire, » dût le cynisme des tableaux provoquer « les grimaces d'une pruderie scrupuleuse. » Plaire par la peinture du vice, sous prétexte de corriger, voilà son but. Il n'a que trop réussi. Il est bouffon au besoin, obscène plus d'une fois, très souvent immoral. L'homme lui semble fatalement gouverné par l'instinct, les habitudes, les appétits, le vice. La piété, c'est l'hypocrisie ou l'imbécillité; les sentiments sublimes sont de faux semblants inventés par l'orgueil. En revanche, il déifie l'adultère (1).

S'il a représenté, une fois, la vertu sur la scène, il l'a mise au supplice et réduite au désespoir. Qu'il rentre dans le vrai par intervalle et nous élève un instant, d'ordinaire il n'en reste pas moins dans le faux. Le faux est son domaine. Après nous avoir raillés, pendant trois ou cinq actes, il nous abandonne, sans lumière, dans la nuit qu'il nous a faite. Non cependant. Pour tirer les lecteurs du doute où les plonge son incrédulité, il leur conseille de suivre leurs penchants, d'obéir à l'égoïsme de la nature, de pratiquer la « morale des honnêtes gens (2) » et la sagesse de l'indifférence.

Sa morale égare; son rire, à la réflexion, fait mal; il ne sort pas du cœur.

Corneille et Bossuet ont vu l'homme dans la pleine lumière de la raison et de la foi; en lui faisant entendre de dures vérités, ils lui ont laissé de sublimes espérances. Molière, qui a peint et renfermé l'homme dans sa nature déchue, sépare, en un siècle chrétien, les lettres et l'art d'avec

---

(1) Un partage avec Jupiter
  N'a rien du tout qui déshonore. (*Amphitryon.*)
(2) Sainte-Beuve.

Jésus-Christ. Le Dieu de Pascal est bien dur pour notre faiblesse; où est le Dieu de Molière?... S'il existe, il ressemble au Dieu des écoles de demain; il n'en est fait mention que pour le réduire à rien et le contraindre au silence. Molière a idéalisé le mal. — Ami obstiné de la nature et calomniateur de l'homme, c'est un digne contemporain de la Rochefoucauld, un fils de Rabelais, un ancêtre de Rousseau, un précurseur impie de Voltaire. C'est un méchant magicien qui me fait rire, malgré moi, d'un père outragé, d'un mari trompé, de la famille, du Ciel, de l'honneur, de mon âme et de toute pudeur. C'est un mauvais génie.

Quand donc la France, qui, après douze siècles de foi, répudia Jésus-Christ pour la grimace de Voltaire, cessera-t-elle d'appartenir à Voltaire, à Rousseau, à Molière, pour être encore la glorieuse patrie des héros de Corneille et de Racine, la France de saint Louis, des rois, et de Jésus-Christ!

FIN

TABLE DES MATIÈRES

PRÉFACE. VII

PREMIER COURS. Esquisse de la vie de Molière. — Influence de sa vie sur ses œuvres. — Coup d'œil sur quelques-unes de ses comédies. 9

DEUXIÈME COURS. *Les Précieuses ridicules* (1659). 39

TROISIÈME COURS. *L'Avare* (1669). . . . 67

QUATRIÈME COURS. *L'Avare* (Suite). . . . 99

CINQUIÈME COURS. *Les Femmes savantes* (1672). . 133

SIXIÈME COURS. *Les Femmes savantes* (Suite). . 183

SEPTIÈME COURS. *Le Bourgeois gentilhomme* (1670). 229

HUITIÈME COURS. *Tartuffe* (1667). . . . 277

NEUVIÈME COURS. *Tartuffe* (Suite). . . . 317

DIXIÈME COURS. *Le Malade imaginaire* (1673). . 375

ONZIÈME COURS. *Le Misanthrope ou l'Homme atrabilaire* (1666). 419

DOUZIÈME COURS. *Le Misanthrope ou l'Homme atrabilaire* (Suite). 471

CONCLUSION. 503

— Lille. Typ. J. Lefort. 1882. —

www.ingramcontent.com/pod-product-compliance
Lightning Source LLC
Chambersburg PA
CBHW071715230426
43670CB00008B/1014